U0549664

被禁錮的自由與附著其上的靈魂，一名**巴勒斯坦**囚犯的獄中手記

THE TALE OF A WALL BY NASSER ABU SROUR

麥慧芬一譯

納瑟・阿布・瑟路爾許

Reflections on the Meaning of Hope and Freedom

牆

目錄

第二篇　我、我的心，以及一個最受約束的地方

編輯推薦

這本書是關於一名巴勒斯坦囚犯最深刻也最令人傷痛的自白。但閱讀過程中，作者的敘事與情感節制而冷靜，作為被刑求招供且關押超過三十年的囚犯，儘管自身經歷巨大苦難，亦看盡戰爭衝突的殘酷與俘虜囚徒們的悲憤，他並未詳盡記述刑罰的疼痛，也沒有過於大聲的吶喊與控訴。然而，這仍然是一個需要被聽見的聲音。

如果你記得二〇二四年美國國家圖書獎翻譯獎得獎作品《臺灣漫遊錄》，那你或許也可以讀這本同年入圍該獎項的作品。翻譯獎入圍的作品都是從不同語言翻譯成英文，這些來自國際四面八方的聲音，都是希望被更多人聽見的聲音，而本書的作者納瑟則沒有到場任何頒獎典禮或出席任何一場新書發表會的自由。

想理解這本書，需要對於以巴衝突歷史有一定的瞭解。你需要知道大浩劫（或稱大災難，即Nakba）發生於一九四八年前後，其後果之一是迫使大量巴勒斯坦人流離失所。也可能需要瞭解巴勒斯坦人的「石塊起義」（Intifada, 1987-1993），它是以色列對巴勒斯坦地區及人民長期迫害下的一次反撲，本書作者納瑟正是參與了這次起義而最終被關進監獄的政治犯之一。具體事件在書中描寫十分隱晦，只能透過提到的線索與關於作者的少量報導、版權方提供的資訊來拼湊。但我們可透過作者的文字，瞭解到一位二十出頭的青年巴勒斯坦人，如何思考和參與屬於自己本土的歷史，並在漫長的囚禁歲月中，不斷反思與經歷種族衝突後所帶來創傷。

《牆》是一本閱讀起來有些沉重的文本，它不僅有地緣政治、歷史、個人身分的敘事，也呈現出納瑟抒情和悲傷的一面。全書分為兩篇，第一篇談他過去自我身分與認知的形成，以及監獄生活的種種——移監、探視、生離死別、女性監獄發生的事件記述、如何面對永遠失去自由的絕望……無期徒刑的囚犯唯有依附牆、「吊掛」（精神上的）在牆上，他才能讓自己保持理性。第二篇他寫了與一名法律工作者女性的相遇，她的身分沒有明確交代，但大約能推測出是一位具有阿拉伯血統但從小生活於其他地中海國家的女性。納瑟書寫了她到監獄訪視巴勒斯坦囚犯時的相遇，之後逐漸發展成親密關係，不過這段關係完全只能建立在數次的探視和書信往返上。然而，讀者會驚訝於他們之間的感情羈絆，以及因無期徒刑為這段關係所帶來的最深的痛苦。

在《奧斯陸協議》後，以色列和巴勒斯坦達成暫時的和平，許多的囚犯被分批釋放，然而有些人一直沒有出現在釋放名單上，如同納瑟。他形容那些人：「他們從原來盤旋的半空中回到了現實，拋棄了所有之前開始規劃的浪漫冒險，因為所有的承諾都是一場謊言。他們回到了那堵牢固的牆身邊，那堵牆是故事的開始、中場，也是結局。」他見證了自己巨大的失落，當初堅信民族與信仰的敘事，然後採取行動，但不是每個人都能如當初擘劃好的故事結局一樣獲得救贖。《牆》帶給我們關於人性、身分、愛乃至國際衝突、地緣政治、歷史的描述，以及作者特有的文學敘事方式，都值得我們在此刻的時空下去閱讀與深思。

謹將此書獻給
再也看不到任何東西的瑪茲尤納（Mazyouna）；
看得比我遠的南娜（Nanna）；
以及眼中總是有我的夏莎（Shatha）

那堵牆如此說道

親愛的讀者，

在您手中所攤開的書頁，初初一讀，似乎是一名囚犯在經過了長時間的遲疑後，決定埋頭寫出來的故事。然而絕非如此！書中的內容並不是我的故事。我充其量就只是名見證者罷了，提供我所見所聞的重大事件證詞。這是一堵牆的故事，那堵牆不知道什麼原因，選了我作為它所說所為的見證者。書中的字字句句，都源於唯一而具體的那堵牆的支持，沒有這樣的支持，就不會有這本書。若沒有那堵牆的恆久照護，書中的字句必已支離破碎地散於風中。在旅程的一開始，那堵牆就賦予了所有定義我的特質以及一直以來大家所熟知的我的名字——不論在難民營、城郊、牢獄，或一名女子的心中。

我就是那堵牆的聲音。這是那堵牆決定的訴說方式。這是一個牢獄的故事，此類故事所有的病症、混沌與困惑，在這個故事裡一個都不少。這本書裡的內容，不是在某個知識分子聚集的咖啡館中，於某個杯觥交錯、故事紛陳的桌邊，經過了夜半討論後所誕生的孩子。不是！這個故事是由一堵堅硬到幾乎無法顯現出我所鑿字跡的水泥牆子宮所孕育而成。這是一個生於鋼鐵與水泥之中的文本。

我用了自己所掌握的一切詞彙、語句來寫這本書。有時候我會把這些詞彙、語句拆開，有時候則會將之綑綁在一起。在撰寫的過程中，我堅守那堵牆指示的每個字詞，並嚴守只適用於那堵牆的規則。我的撰寫，猶如某個生命時鐘即將停止擺動的人所說出的臨終遺言。我的撰寫，除了那堵牆的堅持外，沒有運用任何文學技巧。我的撰寫，是因為在毫無生氣的貧瘠時期，閱讀已經變成了一種懦弱的行為。

祝大家有一段艱難的閱讀旅程！

納瑟・瑪茲尤納・阿布・瑟路爾許（Nasser Mazyouna Abu Srour）敬上

第一篇

我、我的真主，以及一個最受約束的地方

放手與堅持

兩週前，我脫離了一段長時間行屍走肉的狀態，決定閱讀一本齊克果（Kierkegaard）[1]的書。他在書中談到愛，辯稱保存愛的最佳方式就是放手讓摯愛離開，並拒絕接受所有諸如依賴與利己主義一類行為的占有本能。齊克果還宣稱只可能透過信仰的非理性，才能做到這種放手。

對我來說，閱讀這本書很費力氣。我的牢房裡突然間塞滿了「怎麼會這樣」的問題。牢房必須擴大才能創造出空間，容納因為齊克果這傢伙的論點而如潮水般湧入的問題。這類的空間延伸，在我的牢房只會極罕見地出現——我從來不曉得牢房延伸的原因是為了我，還是為了牢房自己。一個小時後，牢房的門依然關著，且依然上著鎖，然而不知道怎麼回事，與這些問題一起被鎖在牢房裡，卻變成了一份尋找可能答案的邀約。

在我看來，一切都始於一個問題，而確信是懷疑的孩子。我們為何會憑藉非理性的信仰之力拋下所有短暫的事物，只為了那無限的至高存在？放手怎麼會帶來滿足與接受？緊貼著牆，怎麼

1　譯注：索倫・齊克果（Søren Kierkegaard）：一八一三—一八五五，丹麥神學家、哲學家、詩人、社會評論家，普遍被視為第一位存在主義哲學家，憂鬱而多產，曾被稱為「丹麥瘋子」。著有《反諷的概念》（The Concept of Irony with Continual Reference to Socrates）、《恐懼與戰慄》（Fear and Trembling）等諸多作品。

會變成跨越到牆另一邊的最短途徑呢？親手把自己綁起來，真的理智嗎？將自己充滿了愛意的心，導向沒有特定目標之處，真的合理嗎？

這些問題的回答，以及在我遭到關押的漫長歲月裡所出現的許多其他疑惑的回覆，接踵而至。這是當控制、支配與依附的本能，都透過放手的行為而化解時，會出現的答案。

這趟旅程起於放開自己曾經相信的一切：你，一個曾披掛過上千次「我」的人。每一個「我」都透過你來說話，儘管每次重新披掛上「我」的你，多多少少都有些改變，但你依然相信那無數次「我」的敘述。有時候你維持著信念，但其他時候你則是擺脫了壓垮你的宗教遺產。前一天還是個自由戰士，第二天卻成了屈服於現實的奴隸，現實得以讓你一瞥天堂的禮物，儘管它的細節足以粉碎你的存在。你將身邊的所有物品全都神聖化，卻沒有為自身留下任何神聖之處。前一分鐘你還在那塊被你填入滿滿字句與意義的領土上稱王，下一分鐘卻受制於其他時代、因某些人的其他目的所創造出來的字母系統中。然後你將所有自己想知道的事情深深埋進心中，你的問題變成了懷疑，你的懷疑變成了錯誤，而你的錯誤，則是爆發為一團火焰，讓你無法從中逃脫。你於是迷失在那拒絕結束的過去時代的黑暗中，於是被毫無陽光以照亮黑暗、沒有月光能賦予美麗的文化抑鬱夾裹其間。

所以，你該轉向何處呢？除非深入自己的內心，否則你無法逃離自己，因為你唯有放開眾多次要的自我，堅守住唯一且獨特的身分，你才能夠成為你。唯有這樣，自我才會邁步向前，為你的存在要素賦予名字與敘述，並為之填滿意義。這時，你已在心中穩穩地建立起一個自我，而這個自我一直以來都讓你得以從過去給予你某種保護感的宗教、社會與政治壓迫中解脫。前述的每一種壓迫都會在你的身上行使暴力。這些壓迫指控你、強迫你為自己辯護，直到所有的辯護之詞再也站不住腳，而你就此成為第一個譴責自己的人。

一旦放開那些所有，你就有可能與真正的自我達成和解，而你之前以為的一切，其實只是個扭曲版本的自我。現在，你可以用一幅自己的壁畫重新武裝自己，至於這幅壁畫，則是你傾盡所有繪製而成的結果。你會在一個沒有矛盾、沒有衝突，也沒有對抗的內在地理環境中，為它找到安頓之所。你的眾多自我不會互相否定、不會彼此批判，也不會有任何一個自我堅持著他才是你的聲音，所有的一切都在你的心中——你要說、要保留、要溝通，或者是你被迫隱藏的一切。

隨著問題規模愈來愈大，我也替我的牢房感到憂心忡忡，只不過這樣的憂慮並未能阻止我。我回到了一九九三年的冬天，回到了希布倫監獄（Hebron Prison）審訊區的第二十四號牢房，以及我在牆上鑿下的那四個字：「再見，世界！」當時，我對齊克果和他的放手論一無所知，不過我似乎從一開始就知道，若想活下去，我必須放開重獲自由的可能，並擁抱那堵牆。在還沒有領悟到真正的意義前，我就已經放開了手，不再把自由當作一個需要答案的問題。然而透過這樣的行為，我卻得以將自由這件事，以夢想的方式保存下來，並在確定無法實現之前，一直維持著這個夢想的美麗。在這一點上，我和每一個意識到自身束縛的其他巴勒斯坦人一樣，我們為了獲得自由，必須先失去自由，我們為了活下去，必須先死亡。

我與牆之間的眉來眼去很早就出現了。遭到監禁的這些年間，我與牆的關係一直持續著，就好像生命就是依賴著這樣的關係才得以延續，那堵牆始終是我保持安定的唯一支柱。我讓它成了我穩定的參照點，藉由那堵牆，我可以計算出身邊每一個元素的位置、速度與距離。沒有，我並沒有成為這個宇宙的中心點，相反的，我在這個宇宙中找到了我的位置。在這個穩定的位置上，一個人可以掌握星星的定位、一杯晨間咖啡所加入的糖粒量、有多少道陽光悄悄穿進那扇望向無處的窗子，或者當夜幕落下時，美麗同伴的洋裝布料是如何地透薄如蟬翼。

於是，我在擁抱那堵牆的瞬間，我的牆也放棄了它的實體性，轉而護衛我植入其間的所有意圖與渴望。實在令人摸不清頭腦吧，對一個已經放棄自由的人，一堵牆又能如何限制他的自由呢？一個如此緊緊依附著那堵牆，幾乎要讓牆給窒息的人，一個對著那堵牆猶如向愛人般談情的人，一個在那堵牆的羽翼之下，維持著一切的老習慣，甚至連最私密的習慣也依然照舊的人。這個人講述著各種令人不可置信的功績，那堵牆可能相信，但其實完全不瞭解實情。其他的時候，這個人對著牆解釋著康德所稱的本體，並論稱事物的真實性並不存在於我們的知覺與感覺之外。如果這個人無法說服那堵牆，他就會推倒棋盤，重新擺放棋子，因為事物本來就得依照我們想要的樣子呈現。

我以為讀完了齊克果的書，就可以逃離所有在我心中爆開的不確定與疑問。但是在突然與不經意的情況下，齊克果的這本書卻讓我的思緒踏上了一趟穿越時間之旅，至今我依然相信這趟旅程沒有回頭路。我隔著明亮的距離注視著自己生命中的不同階段，其中滿滿的細節、重大的事件與人物，有些是真的，其他則只是我想像所虛構出來的東西。我的存在懸浮於當下與另一段時光之間，那段時光訴說著某個熟悉的故事，而故事中出現的所有臉孔，全與我的臉孔相似。在那段多維度的時光中，我多日失重地漂浮著。任何感官知覺都無法觸及我，任何物理定律都無法將其慣常的法則施加於各種事物之上。在異常活躍的自保本能作用下，我決意墜落，緊握住始終加諸於我的一切，和近半個世紀以來我一直緊抓不放的一切。我不假思索，就這麼機械地將那次墜落的過程，傾盡於紙頁之上，就好像這樣做或許可以讓我重新找回自己的安全感。

我因此看到了自己生命中曾經發生的事情——以及仍在發生的——都不過是一座宏偉設計的一部分，將我與牢房中的那堵牆連結在一起。

濫觴

沒有人能選擇他的開始。然而經過我們短暫生命中的所做努力，隨著我們對自己眼前環境的認識，以及拓展生活圈的邊界，我們便開始思考關於何時、如何以及我們將何去何從的問題。

我們對於起源的追溯，始於自家的門前。若想寫出我們最初事蹟的序言，只能參考周遭的環境以及普遍存在的道德機制與社會結構。從我們的父母開始，身邊的一些人把我們當成監護對象對待，他們在我們身上施加各種權威、控制與壓迫。等我們長大一點後，家庭與社會的權威益發加劇，各式各樣的規矩與路標，堵住了我們前進的道路。冗長清單上，詳列著要求我們接受的東西，包括需要注意的、怨恨的、喜愛的一切，還有如何應用這些規矩的、相互矛盾的指令。所有試圖擺脫家庭、社會與傳統陳舊枷鎖的努力，全都以失敗告終。當通篇敘述中的動詞第一型態、最後型態與主要型態，全都是祈使語態時，你無處可躲。

我出生在一個難民營中。這個難民營靠近一個至今依然被稱為和平之城[2]的地方，只不過整座伯利恆（Bethlehem）都知道和平正是那座城市所沒有的東西。在愛的先知帶著他充滿喜訊的

2 譯注：耶路薩冷。在希伯來語中，「耶路」的意思是「根基」，而「撒冷」則為「平安」，「耶路撒冷」的意思就是「以平安為根基的城市」。

福音離開那座和平之城時，就已捨棄了那座城，任其墜入槍矛的叢林中。我父親對於和平之城的歷史一無所知，就算他知道，我想他也不會為此費神。在我父親眼裡，彌賽亞與其他的先知沒什麼不同，他們都說了很多他一點都不瞭解的東西。不過我想即使他瞭解那些先知的預言，也不會感興趣。我父親要擔心的事情太多，他唯一認同的先知們，只有那些在入侵者抵達兩小時前，預言需要逃離村子的先知。兩小時前，也就是說，在某一天他拋下了自己所熟悉的一切，只懷抱著「上天會眷顧他」的天真信仰，開始赤足前行。

彌賽亞的城市伯利恆是收容我父親的地方。這座城市已享用過了它最後的晚餐，所以桌上沒有任何剩餘的食物可以留給一名二十多歲的年輕人。這名二十多歲的年輕人在離開村子之前，早已習慣了先洗去太陽留在眉間的酷暑，再食用自己勞動所收穫的水果。他沒有花費精力去瞭解這塊土地的心理學，也沒有去分析各個時節的混亂與變動。從他還是個孩子開始，就像先知那樣，學會了接受所有上天賜予的東西，他很清楚抱怨一點用都沒有。短短的幾個月內，伯利恆為他豎起了一個帳棚，帳棚的資助來自於許多國王、蘇丹與總統們的共同努力——而我父親直到離開村子的前一天，都還堅信這些提供資助的人物，都是我祖父的雜亂故事裡的虛構人物。

數年過去，我父親的工作不停更換，他的雇主說著他聽不懂的語言，讓他建造看起來很奇怪的房子。最後，他終於攢夠了錢定親。我母親不滿十四歲就和父親結了婚，她需要我父親的協助，才能完成她管理一個家庭的學習歷程。從五感敏銳度的提升開始，帳棚生活的簡陋，很快就將這個鄉下小丫頭變成了這座帳棚的女主人，學習著所有必要的經驗與技能，開始了她艱鉅的任務。

我父親熟練地展現了他的陽剛魅力，我是他證明男子氣概的第五個孩子。從一九四八年第一次大浩劫（the Nakba）*到一九六七年的第二次大浩劫之間，我父親共斬獲了八次的勝利。每一個小小複製寶寶出生時的哭聲，都見證了求生的本能，以及揭示我父親期待補償所失之物的渴望，但他其實非常清楚永遠也無法挽回自己所失去的一切。出於這樣的情況，以及有意識的預先規劃，我父親讓我們背負起了重擔，要我們償付他被竊取的一切：他的過去與現在、他的土地以及曾經在那片土地上移動的一切生物——那些中的和小的夢想——以及許多他從來都沒有想過的其他東西。

同時，能力與技藝只有中人之資的父親，因為擔負一個人口數遠超他能力所及的家庭壓力而備受煎熬，這甚至是需要額外奉養我祖父母之前的狀況。若非我母親敏銳的女性直覺，父親必然會倒在生活的重擔之下。母親與許許多多的婦女一樣，察覺到丈夫的無能與失敗之後，出門加入了勞動行列，至於她們這種不怎麼嚴重的反叛行為所引起的社會責難，則是直接遭到她們的漠視。就這樣，因為一九八〇年代的新經濟因素，我們家在母親的權威之下，進入了母系時代。

父親也會展現權威，他想憑藉本能驅動力，以及從歷史悠久且依然蓬勃茁壯的社會結構中所繼承下來的方法，主導我們的生活。然而，在恪守這些規矩、習俗與傳統的過程中——因為身處

* 編按：大浩劫（the Nakba，意為大災難）又稱巴勒斯坦人大逃亡，發生於一九四八年以色列在巴勒斯坦地區和阿拉伯國家之間發生的大規模戰爭，這段期間造成數十萬巴勒斯坦人被迫逃離家鄉，此戰亦激化阿拉伯國家與以色列之間的對立情勢。

占領區的焦慮以及占領區對社會結構的威脅，這些東西得到了進一步的強化——父親反而成了它們的受害者。我觀察到他的教養方式在我哥哥姐姐身上造成的結果。不過窮困最終還是弱化了父親的男子氣概與跋扈天性。短短幾個月前理所當然屬於他的權威，由母親接管後，他也屈服了。父親並沒有做出任何值得一提的反抗嘗試，整個權力移轉過程非常平和。

當父親讓渡給母親大多的掌控權後，他開始發掘自身未曾察覺的內心層面，而這樣的情況讓我和比我小的手足成為受益者。他變得與我們較親近，注視我們的時候，眼中也不會再帶著恐懼。他重新得到了聆聽的能力、開始對看到的事物感到驚嘆。我是所有兄弟姊妹中最幸運的一個。經歷了許多個待在他身邊的長長夜晚後，我成了他最寵愛的孩子。大哥每次提起父親時，從來不會忘記提到這一點。

父親由於被剝奪了其他的選擇，而不得不熟練地扮演起他的新角色。非常清楚自己角色反轉的他，在母親開始推行她的教養與經濟舉措時，持續注視著她。同時，母親也注意到了他投過去的目光。社經方面的變化讓她突然之間變成了掌權者、變成了要應付所有問題的人。除了身為一名母親的直覺與沉重責任的覺悟外，她沒有任何專門的知識或訓練，但是母親依然很快就發展出了她的能力，能夠做出精明的決定，並為不同的目標與需求，進行財務分配。我的母親完全違背了馬克斯那句「自由只不過是資產階級關心的一件事情罷了」的名言，她著手將自己的自由範圍擴大到了新的領域，並且自信滿滿地認定她年幼的兒女們，一定也可以將她提供給他們的空間利用到極致。

在我們那個瀰漫著自由氣氛的小小家中，我有生以來第二次注定成為這種自由氣氛下的主要受益者。那個時候，我剛好步入青春期，開始了年少的叛逆。我探索一切可以破壞家庭與社會結構的機會。對於一個胃口超過營帳生活侷限的男孩來說，我母親所提供的不僅僅是從事青春冒險的新可能，她也讓我們餐桌上的食物變得豐富多樣，我們因此而開發了舌尖上的品味。我們關於食物的字彙漸漸豐富到足以描述那突然出現在廚房角落，裝滿了籃子的各式新水果。水果籃在穿梭其中的鮮豔色彩與強烈香氣的刺激之下，彷彿在歌唱。桌上出現肉菜的恩典之日，每週也多了一天，不再只是週五一成不變的馬庫魯巴（maquba）[3]了。

我父親繼續做著他賣舊衣的攤販小生意，經手的全是已經明確知道是二、三手或甚至更多手的舊衣。每週六他都會早早把我叫醒，要我幫他把舊衣物高高地堆在他的鐵推車上。我的工作是在父親到城裡的市場占據一塊兜售處後，把這台推車推到他那兒去。他永遠都無法理解為什麼我每次都那麼晚到，後來他放棄了詢問原因。我要怎麼向他解釋通往市場的那兩條路呢？一條是捷徑，走這條直抵市場的路，會讓我父親多上幾分鐘的焦慮等待，那輛推車上堆著一個男孩所有想要逃跑的夢想，而這些夢想，壓得男孩直不起腰。另一條路的距離比較遠，卻能遠遠地繞過我的

3 譯注：馬庫魯巴（maqluba）為巴勒斯坦最有名的國寶米食菜餚之一。一般在餐廳吃不到，屬於主人在家宴客時的食物。馬庫魯巴的阿拉伯文意思為上下顛倒，意指其烹飪與上桌的方式，因此中文也有人稱之為「倒栽蔥盆飯」，作法是將所有準備好的蔬菜食材油炸備好，雞肉炒軟煮熟後，一層層鋪疊入鍋，最後在菜肉之上覆蓋調味好的生米，慢火燉煮至熟成後再放置至少半個小時，確保所有食材互相吸收香味與養分。最後將鍋子上下翻轉，倒扣在盤子送上桌。

學校，減少碰到同學的風險。走這條遠路，往往就可以不用在每次碰到一個朋友時——或運氣特別不好，碰到好幾個朋友時——徒勞地去掩飾那些爬在臉上的羞愧淚水。我不太知道哪一種情況讓我更窘迫：是父親那台載滿了虛假承諾的推車，還是擁有一雙無能之手，無法實現那些虛假承諾的父親。

難民營

若有人能投注一些最低限度的努力在帳棚周圍的建物結構上，將各個部分組織起來，消弭內部的矛盾，那麼這些建物結構應該也可以呈現出類似城市的樣子。這裡的每棟建築物都在用它自己的方式訴說著這座城市的歷史。舉例來說，有一棟一九七〇年代的現代建築物，猛地出現，吸引了路人的目光，這是第一棟講述這座聖城某個古老故事的建築。一道聚光燈光對準了刻在石頭上的宗教符號，另外還有一幅超現實、看起來像是異教徒的圖像。只擷取這座城市曾經歷的無數時代之一，並刻畫著這座城市的第一位殉道者與拯救者——在手腳遭釘子釘入而血流不止的同時，依然掛在那兒祈禱著解救——這並沒有什麼錯。

街道對面是一棟一九五〇年代的建築，光禿禿的石塊全都沒有任何符號。這棟建築物將它所禮拜的神祇和先知的姓名全藏了起來，就像是想起了伊斯蘭教伊始的拂曉之際，任何聲明都可能激起多神信仰的古萊什部族（Quraysh tribe）[4]的怒火。至少你會這麼以為，直到走近了那棟建築物，才會發現建築物上雕刻著對於唯一真主的感謝，而在這唯一真主的旁邊，沒有可以禮拜的

4　譯注：古萊什部族（Quraysh tribe），先知穆罕默德出生時期統治麥加的阿拉伯部落。

第二個或第三個神。

就在你相信自己以一名博士生般的辯才，成功揭開這座城市一系列的身分之時，又出現了打擊你的第三項元素，於是在剛進入這座城市時所感受到的困惑又捲土重來。下一棟房子——或看起來像一棟房子的東西——對著從耶路撒冷之旅返回的朝聖者大聲呼喊，邀請他們入內，藉著親吻一個石塊而得到祝福。先知雅各的妻子拉結（Rachel）當年在前往希布倫途中，曾斜倚在這個石塊上休息，自那之後已更迭過數千次春秋。

正當這座城市準備靜下來，將所有的鐘聲、祈禱者的要求，以及大家吟唱的聖歌都變得和諧時，我的父親，以及一整隊像他一樣根本沒有房子的人一同現身，並豎立了帳棚當作陋居。沒有多久，那個地區的第一頂帳棚，變成了一座難民營。這座難民營位於城市的正中心，儘管始終活在邊緣，卻因為能在邊緣地帶找到一處棲身之地而心懷感激。

這座難民營連續經過了好幾個不同的階段，一開始是布料帳棚時期。只不過當風起時，吹刮的風對這些尚未在一個地方找到扎根之道的渺小人類毫不留情，於是人群四處逃散。接著是磚棚期，那是國際善心人士掩蓋難民營人民的赤裸與脆弱的一個年代，也是在這段時期，難民營族群中有人彼此勾結，他們瞭解到任何眼前的利益，不但無法讓自己獲得自由，當下的習慣成自然，反而會使難民營的環境成為永恆。最後是水泥棚時期的降臨，由那些廉價勞工一雙雙的赤手空拳建蓋而成。他們在失去了自己的土地後，最後決定接受那些迫使他們離鄉背井之人的解救。他們在自己屋舍的頹垣殘壁上，將勞力出賣給來此尋找故土的入侵者，儘管如此，他們依然對自己真主所許下的承諾堅信不移。

我在脆弱與串謀的那個階段走入這片場景，出生在一個處於邊緣的家庭，活在滿是邊緣人民的邊緣之地。就像所有邊緣的孩子一樣，我開始探索自己的邊界。我緩緩地到處遊蕩，完全感覺不到匆忙與倉促。每一個小時都像一輩子那麼長，而緊鄰我們這個區域的房子數量，甚至不超過我皮粗肉糙、沒穿鞋的一隻腳的腳指頭數量。但是我的雙腳很快就變得愈來愈強壯，開始帶著我輕鬆穿越難民營的巷弄與附近區域。一年年過去，我身體的約束感愈來愈強烈。當時那副身軀並不瞭解難民營根本無力為成長於此的孩子騰出空間。

難民營那些孩子的四肢愈長愈壯實，雙腳也開始愈來愈不耐煩於持續走著相同的路徑。他們對於所有發生在其他地方的事情本質與型態，對鄰近區域外面的一切事物都感到好奇，但是鄰近的區域卻不斷地縮小，直到這個空間阻斷了我們最後一息呼吸。所有其他地方的事物似乎變得愈來愈大——太陽、雲朵、繁星。難民營外的那頭，人們看起來如此和善。他們總是經常換穿新衣服，以至於從遠處看著他們的我，幻想著在某一個節日去他們家拜訪後，就決定再也不離開。誰會責怪客人啊？那邊的房子有美麗的白牆，還有俯瞰後院小花園的後陽台，以及眺望開闊廣場的前陽台。我幾乎可以嗅到那邊房子的味道有多麼乾淨。但是在節日降臨時，我明白了為什麼節日總是如此快速地在早上離開：因為孩子們不論在睡前往枕頭裡塞了多少夢想，節日帶來的禮物都是那麼地單調無趣，留下的失望又如此沉重。

青少年的我再也無法忍受難民營的邊界了。我根本無法制止自己跳過邊界，去聆聽外面那些房子所訴說的傳奇。我確信那些房子描繪的故事必然要比我母親說的故事精彩，而且那些故事中一定有很多我弄不清楚的細節，以及讓我晚上無法成眠的快樂結局。所以我跳過了邊界。吸引我注意的第一件事是房舍整齊的線條。那些房子背向難民營，我不知道這是故意的安排，抑或是因為超出我的理解範圍，那些整齊的線條，竟呈現出一種具有敵意的姿態。之後，那裡的人所投注過來的凝視，進一步鞏固了這種敵意的基礎。那些曾經歡迎節日降臨自家的人，現在關上了他們陽台上的門。一切猶如某場犯罪電影中的劇情，電影裡的年輕人受到好奇心驅使而偷溜進去後，只能悄悄地逃竄於不同的黑影之間，直到他找到回去難民營的路。

第一次與另一邊的相遇，並沒有讓我生出任何足以阻止自己重蹈這項實驗的恐懼感。沒錯，那次的接觸只增長了我的好奇心。現在的路似乎更近了，而另一邊的一切都在誘惑著我的雙腳再試一次。這一次我非常驚訝地發現那些房子全打開了門。街上滿滿都是慶祝節日的人群。第一次的經驗，完全沒有讓我做好準備迎接這嶄新的畫面。沒有牆可以掩藏緊張與錯誤的步伐，緊緊盯著我的目光讓我無處可逃，眾人對我的猜忌也令我無法平靜。牆另一邊的那個地方究竟有些什麼東西，足以讓他們要去害怕一個因為上帝賦予了無盡好奇心而飽受折磨的孩子？害怕一個放任孩子發揮想像力的母親？害怕一個走在時代之前的年輕人？或害怕一個正在扼殺自己居民的難民營？

這座仿冒的城市，從四面圍繞著難民營，也在四面鎖上了大門，防止任何逃脫。當我們的屋舍與附近的區域因為初來乍到者而喧鬧不已時，難民營也不斷在尋找新的開放空間，希望能容納這些新到者，直到難民營放棄了努力，然後窮盡一切方式，將所有人都擠到營區之內。這些孩子開始承襲難民營的邊緣化生活，因為對於一座不再過問難民營所發生的任何關於流亡或迫遷的話題，並當成謊言加以駁斥的城市而言，不論難民營說什麼或做什麼，都不會對它的歷史或地理環境產生任何影響。這座城市將大量的指控傾注在難民營頭上，最大程度地降低自己的痛苦。這座城市不但剝奪了難民營多樣化的身分，還在字典中找到所有與叛徒、逃犯、移民、難民、陌生人、流亡者、異族等詞彙的同義詞將之納入。

這類的詞彙所產生的效果，是將難民營拉離到實際發生或未曾發生的現實之外。這類的詞彙迫使難民營進入一個平行的時空當中，並開始緩慢而井然有序地編織著與外界隔閡的思維。各個重大事件都依據一本小說的字母表排置，訴說著難民營在大浩劫時代的異化歷史。大浩劫之前的年代被忘得一乾二淨：以帳篷為合理正當之物的前伊斯蘭時代、成為麥地那手握大權之人與領袖的移民先知[5]，以及十字軍與薩拉丁（Saladin）[6]。難民營的歷史沒有傳奇。我們沒有騰雲駕霧、手持鐵鎚的英雄，沒有充斥著神祇的世代、沒有與真主對話的凡人、沒有走在水上的聖人，也沒有從石頭中取水的先知。

---

5 譯注：先知穆罕默德。

6 譯注：薩拉丁（Saladin, 1137-1193）為庫德族的穆斯林，當時埃及、敘利亞、葉門與巴勒斯坦的蘇丹，創建了埃及阿尤布王朝（Ayyubid dynasty）。薩拉丁打敗了十字軍，成功收復耶路撒冷，是伊斯蘭世界最知名的穆斯林英雄之一。

被侷限在一個狹隘的四方形空間內，手腳束縛於被壓縮成拼字積木的字母表*，難民營必須用新的符號、英雄與重大事件創作自己的傳奇——其中有些是真的，有些是出於想像。另類的現實。難民營的人被迫發明出撰寫傳奇的工具與器械，以防他們在組織傳奇素材的過程中，記憶變得衰老、視線變得模糊。難民營裡沒有撰寫傳奇的菁英分子。沒有人可以復活一個論述，讓頹樓得以重建，讓任何一扇仍然存在的門因此開啟。沒有人可以編織出一幅景象，讓那些因為途中的苦痛，以及失落之巨所離散的一切重新聚合。

結果難民營發現自己孤伶伶地被阻絕於一切之外。它被一個不同的敘事所圍困，這個敘事不但以鄙視的態度對待難民營，還在所有的文本中刪除了它的存在，對其遺產所遭到的毀壞絕口不提。這個敘事為了確保其種族的純粹性，在他們之間豎起了高到無法攀越的高牆。於是難民營將目標轉向了在那兒長大的孩子，這些孩子不再接受難民營就是他們的身分，也不覺得自己屬於難民營。這些孩子拒絕讓難民營邊境成為想像的極限，也不接受邊緣化的政策。

大浩劫的第二代等了二十年才擺脫掉肩膀上那些縛於鐐銬的失敗傳奇，這些根本不是他們自己的傳奇。一九八七年，難民營的成員宣布起義，他們用石頭寫下了自己的第一頁傳奇。他們露出了胸膛、伸出了手臂、砸毀了神像、打碎了玻璃屋頂。在父執輩退避的同時，子姪輩邁步向前，成就了他們自己的故事。難民營、村莊與仿冒的城市……等待、勝利、解放、回歸……偉大

* 編按：指難民營不僅被物理所束縛，連文化與語言的表達都被壓縮成僵硬、幼稚化、無法建構複雜傳說的型態。

的夢想與年輕的英雄……烈火中的一個難民營、一道海岸與一座山：一首史詩所需要的一切要素全都成了真，那是一篇寫在牆上的傳奇。那是一個世代，這個世代在一天前還停留在他們的難民營邊境，心中滿是疑問，然而現在卻變成了這個地方的主人、故事的作者。那些曾經帶著監視的目光，現在開始尊敬以待。難民營揚棄了之前屬於自己的節慶，轉而為這一個世代慶祝。屋子牆面上掛的照片，是前一天的殉難者，以及將於翌日留下最令人不可置信勝利紀錄的人。這次的傳奇更新了這片土地上的故事，也恢復了一種時空感。這些傳奇還建造了橋樑、拆除了高牆、用逃跑與倖存的面罩，換取一塊在外出作戰時，蒙在臉上的布。這次的傳奇甩開了美麗的詞藻，改用行動展現，將父執輩那一代的先知言詞，轉換成了被打斷的骨頭與躺在墓穴中的溫熱軀體。

伊斯蘭教初始之際，曾於濱棗樹下立下過一次著名的誓約。[7] 然而在任何接受或拒絕我們難民營的土地上，它卻無法與周遭的任何團體、於任何樹下達成任何協議，若非這次的傳奇，難民營的人民永遠也無法與深埋在那塊曾經屬於他們土地之下的過去達成和解。當新的世代取代了前一代的菁英，也接受了回歸的社會風潮，並圍繞著這股思想，形塑出了一個集體想像，這次的集體想像制訂了前途路徑，也最大程度減少了所有的絆腳石與阻礙。難民營人民的想像，再次讓夢

7 譯注：樹之誓約（The Pledge of the Tree）：伊斯蘭教先知穆罕默德在西元六二八年帶領一眾穆斯林同伴（Sahaba）赴麥加朝覲，遭到古萊什部族拒於城外。穆罕默德派哈里發奧斯曼（Uthman ibn Affan）進城與古萊什部族領袖溝通進城事宜。但古萊什部族拘禁了奧斯曼，並拒絕告知奧斯曼的下落，讓穆罕默德等穆斯林誤以為奧斯曼遭到殺害，於是大家在一棵樹下向穆罕默德起誓為奧斯曼復仇。此舉成功讓古萊什部族退讓，不但立即釋放奧斯曼，還派遣使者與穆斯林簽訂阿呼達比亞條約（Treaty of al-Hudaybiya）。

想可能成真。透過這次的傳奇，難民營恢復了早已消失的字母。這兒的人民現在拿回了自己的文字，沒有停止地用文字書寫他們直達天聽的歷史。

每一個故事都有三個面向——時間、地點與人物——一如某些問題也同樣會將這三個面向結合在一起。然而難民營沒有時間，也沒有地點來構成其敘事內容的必要元素。長達數十年的占領切斷了時間與地點的連結，使它們漂往相反的方向。對於那些在第一次或第二次大浩劫中被迫離鄉背井的人，他們的時間指針早已凍結在了土地之上。他們將自己的手錶，像鑰匙般高高掛在帳棚的門上，只是為了以備上天萬一在夜幕降落時，又賜下第二個逾越節、第二次出埃及，讓他們從放逐荒野的悲慘流浪中獲得解脫。失去了時間感的現在，重大事件只能以大浩劫之前或大浩劫之來定義。他們種植的所有東西、收成的一半、留在地裡的一切，還有鳥兒啄食的一切——全都是大浩劫之前。而他們無法種植的一切、無法收成的一切，以及不能提供給鳥兒的一切——則都屬於大浩劫之後的時代。當一個地方停止在時間中移動，就會目睹到年輕人肩上扛著他們的祖母，背上馱著所有能夠背負的一切的景象，這個地方害怕會有一次驅散所有塵埃的宇宙爆炸，屆時將沒有任何復甦的可能。

雅克・德希達（Jacques Derrida）[8]曾說：「文本之外無一物。」難民營的故事是一個沒有時間或地點的文本，因此難民營存在於時、地之外。它寫著自己獨一無二的故事，並為了那個可能

8 譯注　雅克・德希達（Jacques Derrida, 1930-2004），法國哲學家，當代解構主義大師。

早至，也可能遲到的突破，盡可能地消耗這裡的兒女。故事中的所有元素都繞著那個突破打轉。自難民營開始書寫自己歷史的那一刻開始，我就知道有一個文本正在等著我。有時候是我寫著文本內容，其他時候則是文本寫我。然而我卻沒有去做任何可能拯救自己的事情，也沒有去做任何事情確保未來的生活，就像身邊人活在那被截斷的人生中一樣。這些事情我一樣都沒做！我只做了剛好相反的事情。

以石塊為武器的大起義，一九八七—一九九三

一九八七年的秋天，我即將滿十八歲。已安排好了優先要務的我，覺得自己正走在正確的軌道上。那些站在難民營邊界的長長日子、那些因為看到另一邊而猛烈翻攪的嫉妒與憤怒，都無法束縛我的夢想。由太陽、月亮與隱跡匿蹤的銀河所組成的宇宙母體，正在幫助我達成自己的目標。這些目標中，有些還算樸實，有些則是特別複雜。在那位我母親從請求接過她肩上極為沉重的負擔，到解決家庭開銷愈來愈大的挑戰，事事都向祂祈禱求助的真主眼中，天下似乎沒有太困難的事情。

天上數不清的星星與天體都證明這個工作不過是小菜一碟。我還是個孩子的時候，就慢慢瞭解到，在我眼中，各種天體的運行以及它們變換的位置是如此可愛。每當我覺得沮喪時，只需要閉上眼睛，就能夠奪走照亮滿天黑暗的每一顆星星。我知道母親的真主可以不費吹灰之力地以完全一樣的作法完成一切。祂只需要行使祂的惻隱之心，以有益於我的方式部屬字母表上的所有字母就可以了。畢竟對祂來說，藉由那個神聖的指令「出現」，萬事皆有可能。

上帝其實與這座難民營一樣：是個屈服與接受之處、是個被刪節的字母，以及是個時、地之外的存在。我自願服侍那位只需要兩個字就可以讓一切成真的真主。然而不論我如何回答該生或

該死的這個大哉問，這座難民營都牢牢束縛著我。神的照護依然控制著我的事情，有時候是清除一條滿佈荊棘的路，有時候卻讓一些我確定理應不費吹灰之力的事情，阻礙重重。我盡可能地吸收父母對事物所有深刻的看法，但是他們兩人都不擅交涉，因此我花了很長的時間，甚至更長的夜晚，與上天討價還價。憑藉著在對抗難民營苛刻邊境過程中，所打磨出來的敏銳感知與機靈，我努力地想要說服上帝改善我們的處境，或至少調整一下交易的條件。

我繼續過著我的日子，就好像除了我之外，時空都不存在。我在其他人的身上，察覺不到一絲像我這樣，為了得到自己主張的神聖照護而努力爭取的影子。其他人祈禱、齋戒，讚頌所有聖名，死守著服從與奉獻的信仰。除了一天的五次禱告外，他們還會在夜幕初垂、夜半時分以及夜晚結束的時候起身，額外再加上一、兩次的祈禱，猶如想要單純藉由禮拜的數量，來贏得神的贊同。同時，就我所處的邊界位置來說，即使我屈服——或一再屈服——於特定慾望的拉扯，我也會因為對一位有能力救贖我的慈悲真主，表達自己信任的虔誠話語而感到安心滿足。

我在確認了自己的優先事項後，就開始傾注身上的每一分力氣與精力去達成。學校的證書證明了我的努力，也成就了我的虛榮心。有一陣子，我覺得似乎沒有什麼做不到的事情。星星與行星都如我想望的那樣對齊，近到可以掃過我的指尖。這是個明顯的跡象，證明上天同意了我對未來所擬定的規畫，那是一個遠在難民營、邊界，以及我認為理所當然存在的人們以外的未來。但是這種想法轉瞬即逝，因為難民營、邊界以及那些人的看法與我迥異。他們所擁有的神的照護更深刻；他們宇宙母體中的元素，組織結構更佳。絕望搶下一口麵包的罪行，與那些因素結合，共同融進了一個統一社會之中，這個社會因憤怒而爆發，並在以石塊為武器的大起義（the Intifada）中崛起。

大起義期間，難民營看到了一個孕育機會的歷史時刻。如果那次的危機可以有更好的管理、對難民營的求助關上的那些門，可以重新打開就好了。大起義成了民間傳奇的英雄，不過這個新英雄寫下的傳奇，將取代所有的其他傳奇，而過去的神話英雄，則將帶著他們那些接受各種多元詮釋的故事，從舞台上退場。

很快地，就像是擔心會失去機會似的，難民營搭建好了自己的舞台。再也無法容忍任何失望的難民營，有如專業老手一般，挑選了自己的角色、英雄與對話。流離失所的人上場，站到了舞台中央，帶著褪去一切之前定義他們邊緣本能的軀體。沒多久，在這場戲劇的第一幕中，廣場與巷弄就滿是熱血自由流淌的英雄，這些英雄們首次倉促上場，就讓子彈射穿了身軀。這些場面中，沒有任何一幕會讓你聯想到斯巴達的英雄或雅典的護衛者。我們沒有厭倦了乏味天堂的半神，下凡來藉由死亡尋獲永生。痛苦的暫時性、折磨的空間侷限性，以及死亡的不可改變性，主導了每一場戲中的每一幕。

威脅者的牆愈圍愈近，上面掛著的相片與海報都呈現出傳奇的元素。年輕的靈魂上畫著一個國家、一次革命，與一個三角標誌的壁畫。他們拒絕接受四分之一的勝利或半敗的歷史。他們拒絕接受神承諾的限制與之前的判決。這些人選擇與那些大家出生、成長在一個沒有祖國的土地上等類似的言論背道而馳。他們選擇丟棄那個由一種宗教將大家結合成共同體的幻想，因為宗教在將他們分開的時候就已消亡。取而代之的是這些人塑造出了一種新的想像。他們讓分裂的人民團結在祖國之下——一個可以喚起身體實存感以及土地具體地理性的概念。

這樣的劇本儘管有其侷限性，但劇院卻擁有足夠大的空間，將所有參與表演的人全部納入，讓他們發揮即興創作以及進行角色、人物和演說的互換。這座難民營的定義特徵，正從分離進化到團結、孤立演變為整合。所有的一切都以一種非凡、達爾文式的方式推進，就像在尋找一個配偶以避免滅絕的厄運，而牆面則是繼續以噴塗的標誌與海報更迭著顏色，並隨著物質與精神狀況的連續變化而改動。藉著記錄這個地方的記憶，牆本身成為了重大事件舞台上的一個主要演員。

菁英分子的撒謊能力，以及人民對於信仰的需要，形成了架構任何傳奇的兩大基本要素，而這些傳奇的設計目的，則在於建立起相關律法，讓一個社會能夠臣服於某個政權的權力與正統性之下。巴比倫的漢摩拉比（Hammurabi）以及關於那位善良國王令烏圖（Utu）[9]銜命，為人民提供神聖引導的神話、中國女媧神以黃泥創造統治菁英，以棕泥創造平民百姓；[10]根據印度教的說法，神我（purusha）[11]，世間第一個人，口吐出種姓制度中的最高階級[12]等所有的傳奇，都是

9　譯注：烏圖（Utu）：蘇美神話中的太陽神。
10　譯注：作者認知有誤，根據《太平御覽》引《風俗通義》，「俗說天地開闢，未有人民，女媧摶黃土作人，劇務，力不暇供，乃引繩於絙泥中，舉以為人。故富貴者黃土人也，貧賤凡庸者絙人也。」也就是富貴者為女媧以黃土捏製而成，其他的一般平民百姓則是女媧以繩子浸入黃泥後所甩出來的泥點所造。
11　譯注：根據《佛光大辭典》，梵語purusa為神人，意即「人」，指個人之精神本體。又作神我諦、我知者。或單稱「神」、「我」。
12　譯注：根據傳說，婆羅門階級出於神我的頭，剎帝利出於神我的肩膀，吠舍出於神我的大腿，而首陀羅則是出於神我的腳。

人類社會之所以能夠透過法律、禮法與社會規範而統一所依賴的基礎。古代文明的興起，讓世界充斥繁盛與頹傾、死亡與復甦。所有上帝的先知只需要做一件，那就是讓人類對所有之前出現的謊言產生質疑。

我們需要一個擅長將新的謊言揉合進傳奇中的世代，這個傳奇會否認所有我們之前相信的一切：大浩劫、驅逐、謀殺、徒勞的付出、臣服的價值、父執輩的忠告，以及母親們的恐懼。我們需要有新的謊言能夠相信，並在真相的祭壇上，燒盡我們仍擁有的祭品。

我們需要一整個世代的先知，他們擅於在牆上寫作、擅於在緊張與飢寒交迫的環境中生活。這些先知被釘於十字架上慷慨就義，並就近埋葬，如此我們就能向人民宣揚他們的謊言。當這個世界沉重到他們再也無法承受時，這些先知也會挖好自己的墓穴，為我們的靈魂做出最後一次禱告。

我們需要先知，他們必須是我們團體的一員，食用我們所吃的食物，建造的房子和我們在同一場洪流中遭到淹沒，並喝著和我們一樣苦的咖啡。我們需要沒有結婚的先知——又或即使結了婚，也只有一個妻子——即使他們對妻子不忠，也不會拒絕承認自己的背叛，更不會像過去部族中最後的男人們那樣，對妻子充滿嫉妒之情。

我們需要先知，他們會將我們的磨難變成一行詩、將我們的疑問變成研究專題、將我們祖母的故事轉化為疏離與陌生，並將我們的出走，變成回歸。我們需要的先知，要能說我們瞭解的語言，並將話語中的每一個字母轉化成信念。

我們需要一個大起義的世代，一個屬於秋天的世代，一個會拋下所有遮掩裸體的無花葉、向內心中早已破碎的鏡子，暴露出自己羞恥之處的世代。一個授予我們有史以來最佳頭銜的世代：石塊世代（the Generation of Stones）。

疑問

告訴我你將為何而戰，我就告訴你你是誰！

是什麼在阻礙你的睡眠？是什麼樣的夢境讓你在清晨驚醒？是什麼把淚水注入你的眼中？雨水遲到時，你會焦躁嗎？你在做愛時是什麼樣子（或者你比較喜歡更直接的問題型態？）當母親意外驟逝時，你的頭是枕在誰的胸膛上？對著鏡子說話，會讓你感到煩惱嗎？看到自己的影子時，你會跳起來嗎？

你相信哪一位先知？在你狹隘的小世界裡，有上帝的一席之地嗎？如果你的世界大一點，又會如何呢？你是否擅長任何一種舞蹈？是你所擁有的東西，還是你所沒有的東西，定義了你的貧窮？你都怎麼喝咖啡？如果我可以讓你選擇世上所有可能的事情，你有選擇的能力嗎？你是天蠍座嗎？你是否曾向陌生女子打招呼？什麼樣的女人會讓你屏息，讓心臟忘記跳動？十月對你有什麼特殊意義嗎？死的時候，你打算往哪個方向躺下？如果有輪迴，來世你還會是你嗎？你又會輪迴到哪裡？

告訴我你將為何而戰，我就告訴你你是誰！

這些以及許多其他難以回答的問題，全都重重壓在一個還沒過完十八年人生的年輕人身上。

是什麼樣的問題，在一個由催淚瓦斯罐以及更重要事情主導的世界裡，竟讓一個人清楚地說出叛逆的答案？我為什麼不在有機會的時候，逃離這些問題？畢竟當子彈在窄巷中狂飛時，生存的教導原則就是要轉身奔跑。只不過我並沒有跑。我放任這些問題從四方八面攻擊我，直到每一個問題都成了一種追尋、查訪與實驗的誘因。

我並未試圖將這些問題依重要性排列，直接開始了我的追尋。這些問題都很美麗——這是我發現的第一件事。這些問題所意味的可能性、出現的承諾，不論是直接或迂迴，也很美麗。噢，這些問題好極了！噢，相較之下，這些問題的答案是多麼微不足道啊！這樣的感覺在我心中執拗地不肯離去，儘管大起義事件，使我的許多疑問被迫延遲。

我驚嘆於同儕們竟然如此輕易地找到了他們的答案。如果是戰爭的不斷往復讓他們精疲力竭，那也難怪他們能在吃下餐桌上所有殘留的食物——因為他們太晚上桌，以致於那些等著他們回家的人，早已在絕望中放棄等待——之後，躺在任何大地所給予的硬枕上入睡。他們睡在那些到了早上又會繼續派他們出去追逐夢想的夢中愛人身邊。他們懷抱著革命必將獲勝的強烈信仰入睡，即使這樣的信仰會奪走他們的性命也在所不惜。對於這種擺脫疑問、堅守某個答案所帶來的安慰的非凡能力，我深表嫉妒。我也嫉妒他們精疲力盡後的睡眠。但我始終沒有放手。面對頑固的問題，我以更執拗的態度因應，只不過這也代表我的焦慮永遠也沒有減輕的時候。夜晚的輾轉反側，讓我身體的左、右兩側佈滿瘀青。我從來看不見山：我只看到山外的一切，正呼喚著我去發現。

對那些參與其中的人來說，大起義氣氛中的某樣東西激起了他們某種最後一次的感覺：你做的每一件事都很可能是人生的最後一件事。什麼都無法保證你的明天，即使你的這一天即將過完也不例外。推遲到下週的親吻，很可能會便宜了他人的唇，而非你的唇。某次愚蠢的爭論後，不與父親和解的決定，很可能會奪走拯救自己靈魂的祈禱。某夜激情的行為中，女方在最後一刻的臨陣退縮，很可能會成為你最痛苦的失落。昨天擦身而過的子彈，可能在一個小時內就讓你喪命。藏在母親床下的勝利旗幟，很可能會成為你的裹屍布。

這表示等待的時候已經結束。緩緩行事，祈禱明天會更好的時候也結束了。我站在牆頭的時候同樣過去了。然而一直以來，我始終無法放棄那堆積如山的問題、堆得比山更高的可能性，以及一股幾乎將我吞噬殆盡的飢渴之心。

我開始尋找。六年的尋尋覓覓，對一股無法滿足的飢渴，以及對無法滿足於只有單一可能答案的問題們，會帶來什麼影響，在此，我將那幅景象留給各位讀者想像……

各位的想像結束了嗎？

至於我，甚至還沒有開始。

小小神祇

我們選擇專注的各種關切、利益與擔憂的議題，透露了我們是怎樣的人。當棲息在我們內心的興趣擴大，我們會變得更寬大，一如當這些興趣縮小，我們也愈變愈渺小一樣。每一個在我們內部紮根的關懷，都藉此形塑我們：決定我們的活動、睡眠時段、早餐桌上慶祝的事情、聽的歌、向上帝求情所花的時間，以及我們買的書的書名與價格等種種輪廓。這些都是我們所定義與熱愛的事情：也正是定義我們的事情。這些也都是我們在第一次與人見面，並被要求自我介紹時，第一句話就會表明的事情。

除了自己關切的事情之外，石塊世代還選擇了聚焦其他事情的發生原因：被占領的阿拉伯領土，其統治者不敢以戰爭手段重新奪回領土；面對自家養出來的竊賊，虔誠供奉著自家戰敗的事實時，一言不發的阿拉伯人；以外國文字書寫而成的民族主義演說；圍繞在數十億窮苦人民身旁的是世界聚藏的財富；正死於飢餓的數百萬人民，在世界重要且極具影響力的首都中，被貶抑成塞在報紙最後幾頁的數字、統計資料與平均值；童工與他們無神論的監工；廉價勞工與甚至更廉價的工作環境；身體受到鹹豬手騷擾的婦女；一個從未放棄努力的女性運動；試圖喚醒癱瘓的男子氣概的演說……在一個個的示威遊行之間，在殉道者的喪禮與下葬儀式之間，巴勒斯坦人依然為其他人的悲傷，找出了時間與感情哀泣。我們在窄牆上挪出了空間，書寫其他人所經歷的磨難細節，直到所有的景象與口號全都混融在一起，變成了一個怪異的聖壇，祭祀著苦難的生存尊嚴。那份尊嚴所提供的石塊，蘊藏著希望，足以彌補我們額外所承受的挫敗與絕望。

我們說著各種痛苦的語言。在拒絕接受宗教、膚色與信仰的成見之後，我們的言論範圍擴大到了整個地球。我們鮮血淋漓的赤裸胸膛，揭露了一個未開化東方世界的謊言，那是西方需要用來定義他們原始野蠻獸性的謊言。在我們的尊嚴與價值辭典中，他人的痛苦與我們的痛苦之間，沒有顏色或氣味可以區隔，因為我們認同所有反抗不公不義的言論，也支持那尚未成功、仍待努力的演說。

我們大聲拒絕接受那些為國王與蘇丹而寫的無聊頌詞。我們改弦易轍去閱讀納欣・希克梅特（Nâzım Hikmet）[13]與阿瑪爾・當寇（Amal Donqol）[14]的作品，閱讀武元甲[15]與切・格瓦拉（Che Guevara）[16]。我們圍著火堆與美洲原住民共舞。我們為上百萬的阿爾及利亞殉道者[17]誦念

---

13 譯注：納欣・希克梅特（Nâzım Hikmet, 1902-1963），土耳其詩人、劇作家、小說家，有人稱他為「浪漫共產黨員主義者」，因政治信仰遭到多次逮捕。

14 譯注：阿瑪爾・當寇（Amal Donqol, 1940-1983），英文姓氏另作 Dunqul，埃及詩人。

15 譯注：武元甲（1911-2013），越南軍事與政治領導人，曾任越南國防部長與副總理。

16 譯注：切・格瓦拉（Che Guevara, 1928-1967），阿根廷馬克斯主義者、醫生，古巴、剛果與玻利維亞游擊隊領導人，古巴強人卡斯楚的政治與軍事伙伴，曾任古巴國家銀行行長，工業部長。在玻利維亞遭俘處決。多年來，他的名字在拉丁美洲，均與「革命」、「社會主義」、「共產主義」密不可分。

17 譯注：一九九四—一九九六年阿爾及利亞內戰期間因為宗教而遭到殺害的人，其中包括著名的阿爾及利亞十九殉道者，他們是天主教、基督教等宗教神職人員。

《可蘭經》的開端章。我們飛奔過去砍斷繞在利比亞奧瑪．阿爾穆赫塔爾（Omar al-Mukhtar）[18]脖子上的套索。我們在臂彎中盡可能堆滿從阿塔圖克（Atatürk）[19]後代大破壞中拯救出來的阿拉伯文書籍。我們在戴高樂（de Gaulle）[20]的勝利後，與他重現歷史：巴黎遭到火吻、巴黎遭到毀滅，但巴黎解放了。我們說著痛苦的各種語言，但是我們依然有微笑以及因笑話而大笑的餘地。當我們漫長的死亡終將結束之時，我們會把它埋在後園中，誦讀著我們為了這個場合而創作的勝利詩篇，並對屆臨的勝利與更美好的生活抱持信心。

當大家擁抱了所有關切的議題後，儘管我們的公共廣場已沒有多餘的空間了，卻依然挺立在原地。在僅存的狹小空間中，我們玩著童年的遊戲。我們記起了童年的失落，也記起了對於一分純真的需要，這分純真包容了錯誤，囊括了寬恕的肯定，也納入了我們對於浪漫主義及其各種特有的誇張需求。我們所有的女子都變成了美麗的詩人阿爾坎薩（al-Khansa）[21]，我們的逝者則全都去了一個確定是天堂的地方。我們讚美我們的詩人，即使他們在辭世之前，只完成了一首詩。我們複述著詩人們的奇遇，其中部分細節出自我們的捏造，但是面對一個正在說故事的孩子，誰

18 譯注：奧瑪．阿爾穆赫塔爾（Omar al-Mukhtar, 1858-1931），伊斯蘭教伊瑪目與利比亞革命者，兩次利比亞反抗運動的領導者，被利比亞視為國家英雄，也曾分別在查德與埃及反抗法軍與英軍。最後遭利比亞殖民軍隊俘虜，處以吊刑。

19 譯注：穆斯塔法．凱末爾．阿塔圖克（Mustafa Kemal Atatürk, 1881[?]-1938），土耳其共和國國父、第一任總統與陸軍元帥。

20 譯注：夏爾．戴高樂（Charles André Joseph Marie de Gaulle, 1890-1970），開創法國第五共和的總統，二次大戰時期的同盟國領袖之一，被譽為法蘭西的守護神。

21 譯注：阿爾坎薩（al-Khansa）：第七世紀居住在阿拉伯半島的一位女詩人，為前伊斯蘭與伊斯蘭初期最具影響力的詩人之一。阿爾坎薩這個阿拉伯文字的意思為「塌鼻子」，是阿拉伯人為瞪羚取的綽號，比喻美麗。

會斥責他說謊呢？我們也只不過誇張了一點點罷了！

如果沒有夢想框住一個艱鉅而漫長任務，怎麼算是傳奇？反叛的浪漫思維教會我們諒解。每當有人躊躇不決或退縮時，我們就原諒對方。我們為每個人製造藉口，即使是那些永遠無法為自己找到藉口的人也不例外。我們相信那些記錄我們抗爭的文獻中所讀到的內容：毫無作為的人不會犯錯。於是我們也能夠原諒自己犯下的所有的錯。我們接近人群、觸及他們的痛苦與生活的艱難。我們緊貼著他們跳動的心臟，盡可能在他們可以承受的範圍內加快我們的行動速度，減緩他們精疲力竭的時間。人民相信我們的意圖，他們相信我們。他們大開屋門，為我們提供庇護。我們在人民那兒尋求避難之所，給予他們保護作為回饋。

大起義為我們所有人提供了行事的根據，讓我們每個人都成了小小的神祇。我們以自己的形象塑造這個神祇，並賦予祂我們的浪漫思維、我們的寬容，以及我們對於所有侵犯罪行的寬恕，不論嚴重性。我們將這些神祇納入了我們關切的廣大空間中，直到祂進入最前列的先鋒之伍。這個神祇奮戰、抵禦，並紡出我們迫切需要的小小奇蹟。目標猶如夢想：只有當我們理解、感知，並全心信賴自己的能力一定可以達成目標時，我們才能夠真正成長，超越夢想，進而真正實現我們的目標。只要相信壓迫的普世性與貧困的全球性，我們就可以擺脫自己的地方主義。

我們都是不滿二十歲的人，卻已將自己獻給了那些至今已走入第三個千紀的目標。我們與那些貶抑人類自我的幻想戰鬥。我們照亮了那些為了他們的目標而征戰、付出生命，並已成為神祇的傳奇英雄。我們也是揮灑熱血、付出生命的神祇。我們是沒有神座、沒有天堂可以稱為家的神祇，我們也未從虛無中創造出任何東西。我們沒有頒佈任何教令、不追求任何禮拜，也不接受任何人的燔祭。我們窮盡自己生存的一切去奮戰，在能夠睡眠的時候入睡，並不斷地說謊，直到自己疲憊到無法說謊為止。

我們巨大，超越我們的國家：我們的海洋、我們的土地，還有我們的天空。

我們的神聖，高於我們的聖地：我們的清真寺、我們的教堂，還有我們的聖壇。

我們的美味，勝過我們的花園：我們的蘋果、我們的椰棗，還有我們的葡萄藤。

我們的古老，甚於我們的歷史：迦南、阿德南（Adnan），還有阿拉伯語。

我們的辯才，贏過我們的詩人：塔拉法（Tarafa）[22]、庫沙伊爾（Kuthayyir）[23]，還有以姆魯蓋斯國王（King Imru' al-Qays）[24]。

我們更……我們更……我們更……

我們都是說謊的神祇，但是我們相信自己的謊言。我們相信巴勒斯坦依然可能建國、相信路還很長，也相信在這輩子可能看不到建國大業的完成。我們相信自由依然可能實現，儘管需要各式各樣條件的配合，儘管我們的犧牲可能還不夠。我們從未停止過相信，一天都沒有。我們從未停止過戰鬥，一天都沒有。若沒有戰鬥，我們必已消失在稀薄的空氣中。我們從未放棄過我們的

22 譯注：塔拉法（Tarafa, 543-569），古阿拉伯詩界最受讚譽的七大詩人之一，出身巴克部落（Bakr）。
23 譯注：庫沙伊爾（Kuthayyir, 660-723），阿拉伯伍麥葉（Umayyad）時期的詩人，出身阿茲德部落（Azd）。
24 譯注：以姆魯蓋斯國王（King Imru' al-Qays），西元五世紀末、六世紀初的詩人，也是金達王國（Kingdom of Kinda）最後一任國王。

目標，一天都沒有。這麼做不過是為了讓我們更像一個人。

阿拉伯的首都全都病了，病源是這些城市各自承受的邪惡，以及各種竭力鼓吹向當下現實屈服的強烈言詞。阿拉伯的首都已病入膏肓至開始嘔吐，這些城市將城裡的巴勒斯坦難民、所有曾一路潛行鑽入城內並擾亂各首都殖民邊境的外來之人，全都吐了出去。阿拉伯人期待可以治癒自己的疾病，於是參與了一九九一年的馬德里會議（the Madrid Conference），而巴勒斯坦人則是把自己藏在奧斯陸與其他的歐洲首都中，開始終結我們曾經相信的所有謊言中，最美麗的那一個。

我完全沒有察覺到正在生成的現實與我們的謊言背道而馳，我持續著自我欺瞞與相信，直到一九九三年的冬天。

那年的冬天始於我遭到逮捕。仲冬時分我被判處終身監禁。那個冬天的終結尚未開始。

被推遲了的早晨

一九九三年一月。我在難民營外的朋友家度過了一個寒夜。當天在贏得了一場光榮的勝利後，我打著精疲力盡的哈欠，靜待睡眠降臨。清晨來得很快，就像是迫不及待地想要知道，在勝利者的眼中，這個世界會是什麼樣子。他們的太陽會從哪兒升起？夜晚會從天際的哪一邊滑過？他們只加一點點糖的晨間咖啡，嚐起來會是什麼味道？在這樣的一場勝仗後，勝利者會餓得想吃早餐嗎？他們會洗臉嗎？又或者他們的眉間依舊因為勝利的塵土而髒兮兮？我想要知道自己回到大學校園時，看起來會是什麼樣子。我會不會顯得高一點？更有吸引力？我喜歡的女生會不會注意到我的勝利，而不再像最近幾個月這樣對我視而不見？

我不斷將各種期待與問題裝入那個早晨，直到擔心早晨可能永遠都不會來臨，以免自己在明天早晨的肩膀上，堆上更多的包袱。我的兩個朋友很快就睡著了，但是勝利者因為自己勝利而產生的焦慮，卻將睡眠從我的眼中驅離。「最後一次」的那種幽靈般的感覺也一樣被趕跑了。在那種酣醉、勝利的心態下，任何事物都無法保證早晨的到來，短短的一個小時就可以將我那天所成就的一切全偷走。就像只要短短一個小時，就可以強行將我所有關於下午兩點的演說，以及我和娜塔莉對話的記憶，全都送去地獄一樣。娜塔莉是位衣著暴露的年輕助教，我用自己編造出來的圓桌武士敘述，令她對我青眼有加。兩個月前，她邀請我朋友和我去她位於耶路撒冷其中一個老社區的家裡吃冰淇淋。我想她必然注意到了我這個為了吸引她的注意，費盡創意心思，聒噪多話的難民無賴。冰淇淋真是美味可口啊！一幀幀記憶的畫面爭先恐後地出現，我在疲憊不堪與睡眠的浪潮間，半夢半醒。

清晨驟然而至，比預定的時間提早了好幾個小時。這個早晨隨著一支猛然砸抵在我額頭上的步槍槍管降臨，粉碎了娜塔莉溫熱身軀的美妙景象。這個經驗與一般關於死亡的描述一點都不像。據說人在死亡時，會在幾秒內，看到自己人生的走馬燈。輪到我時則是冷硬的鋼鐵凍結了一切。它凍結了時空、凍結了我，也凍結了拿著步槍的那個人，以及他這麼做的一切理由與動機。它凍結了我對他的恐懼，也凍結了我對他所代表的一切的痛恨。整個被凍結的宇宙，繼續朝著某個未經定義的中間區域而去，而我們在那兒失去了我們明確的特徵、感官，也失去了我們的角色劃分。

鋼鐵的慈悲直接而狹隘，因此這一刻很快就結束了。突然之間，我們全都再次認知到了自己所扮演的角色。我是個充滿恐懼的人，與槍管接觸的腦門冒出了冷汗。面對我的是強壯的男人，渾身散發著軍人的威嚴。其他體態健碩的人則是在那個時間與地點圍出了一條警戒線。我的兩個朋友站在旁邊，被認定與案件毫無關聯，他們在沒有事先串供的優勢下，努力試著解釋當下的情況。現場還有受到項圈控制但不斷狂叫的動物，迫切地想要吞噬掉屋內所有的敵人氣味，只要控制者鬆開束縛，牠們就會動作。

猶如一把自動武器發出的持續爆裂聲響，一道奇怪的聲音朝著我咆哮出一連串的問題。這道聲音帶著一股濃濃的腔調，將我們每天都在使用的詞彙變得含糊不清。不是，這不是死亡。我如果死了，這道聲音所提出的問題，應該是關於我的真主與我的信仰、某位先知在世界末日之際降臨，或是其他類似的事情，而我不會知道任何這些問題的答案。但是這道聲音提出的問題，都與我非常熟悉的人與地有關。其實也沒有差別，因為我依然無法提供任何答案。不是出於拒絕或高傲的態度，而是我根本無力言語。在所有遭到凍結的其他東西裡，那冷硬的鋼鐵也凍結了我的舌頭。問題一直沒有停止，而我也依然無法發出任何聲音。難道那道聲音聽到了我晚上的計畫，也聽到了我為早晨所幻想虛構的冒險？難道那道聲音聽到了關於娜塔莉和她那一碗碗冰淇淋的事情？又或者聽到了我喜歡的女孩如何對我視而不見？那道聲音是不是專門來破壞我等待許久的大學入學、自信與勝利的時刻？

一切都暫停了下來。現在的我位於場景中央，衣著整齊地站在那兒。現場有更多的步槍與伸出來的手臂。那是我被帶走前看到的最後一幕。我被帶上了一輛車，車裡不但發出鐵與火藥的惡臭，還迴響著仍然極度飢餓的狗的吠叫。那道聲音又響起，重複問著關於昨天的問題。你什麼時候起床？你旁邊是誰？有吃早餐嗎？吃了多少？誰幫你準備食物？何時離家？去了哪兒？你穿什麼衣服？衣服是什麼顏色？你為什麼要花這麼久的時間準備？

這一次，我開始回答問題了。伴隨著問題而落在全身每一吋皮膚之上的毆打，讓我的感官得以恢復。就像是一開始缺乏真實感的場景，因為暴力的優勢而變成了現實。除非將暴力本質當作最主要與最基本的要素，寫入這樣的場景中，否則這樣的場景根本無法帶來真實感。儘管如此，在一個接一個的問題之間，我驚訝於自己竟有能力回想起各種畫面、狀況與對話。我想像我的父母與他們聽到我遭到逮捕後的反應。我記得最後一次和姐姐茵席拉赫（Inshirah）對話的內容。我可以看到那個視我於無物的女孩，希望她聽到我被抓走的消息時會哭。我記起了冰淇淋的味道，以及娜塔莉那天沒有穿的衣服。接著砸過來的另一個問題，然後是另外一張需要仔細審視的照片，以及更多結結巴巴的回答。同時間，清晰入耳的狗喘聲從非常近的地方傳過來，讓我的心智愈來愈混沌。

車子突然間停了下來，然後又繼續行駛，但這次只走了半分鐘，就再次停下，車內迸發了吵雜的騷動。車裡的一切，包括那些狗，似乎全在下車時撞到我身上。之後大概是一分鐘或更長時間的靜默。再然後，毫無預警地，好多隻手伸向我被捆住的雙手與雙腳，他們粗魯地把我提了起來，半拖半拽地走了好幾米後，將我丟進一間屋子裡，砰地甩上了門。

若想以正規的語言描繪審訊區，很困難。審訊區裡的人全被切斷了與五感的連結力，他們在進入審訊區前對五感的認知全遭到顛覆。感官資訊的混亂，讓他們脫離了時間、地方與身邊所有實物的本質。他們畢生所累積的詞彙，再也不適用於描述任何事物，而那些有過審訊區經歷的人，在描述自己經驗的時候，往往訴諸於根本不存在於字典裡的詞彙。你會看到他們在訴說某些細節時出現結巴的狀況、使用的詞句與他們描繪的主題風馬牛不相及。牆不再是一大塊混凝土。鐵鍊會根據綑綁的手腳形狀而彎曲或束緊。被囚禁者的尖叫，也提升到了神祕的領域。靈魂與軀體分離，各自體驗著完全不同的生活。

時間在審訊區裡毫無意義。不論每一回合的審訊是長是短，你都不再計算時間。空間被限縮在一堵牆上，他們把你吊在牆上，直到審訊結束。你需要將注意力限縮在兩件可能保證存活的事情上：在破壞所有胃口的絕望環境下，將東西吃下肚，然後大力敲門，以防你錯失獄卒突然出現的時機——即使只有一眨眼的功夫——讓他允許你有機會在為時已晚之前，將已下肚的腐壞食物從體內排出。

在審訊區裡，你的自救努力與另外一件心心念念的事情共存，那就是逃離這股從你進入這個房間後，就緊抓著你不放的腐敗氣味。這股惡臭有個非凡的來歷，而每一個被關押在此的人，都以自己的方式訴說著這段來歷，讓惡臭的故事無限複製。那個時候，若有機會可以洗個澡，清除身上那股已經在鼻孔內生根的臭味，我必然會殊死爭取。洗完澡並穿回自己的衣服後，我還需要探查自己的嗅覺是否可以毫髮無傷地恢復。每當審訊者對我及我身上臭味顯露出厭惡，都會讓我全身流淌深深的羞愧。五花八門的鞭打手段與惡劣至極的字眼所傳達的謾罵，甚至充斥在審訊區的死亡氣味，都無法成功地將我的人性從沉睡中戳醒。唯一成功刺激我的，就是我身上的腐臭味、從心中生出的憎惡感，以及在這羞恥感根本無足輕重的地方產生的羞恥感。

在審訊區裡，他們在你身邊構築了一道無知之牆，切斷了你的所有方向感。他們將你像一對骰子般搖動，直到你不斷暈眩，入睡成為不可能的任務，即使疲憊達到有史以來的最嚴重的程度，也不例外。

在審訊區裡，你與你的真主以及所有的信仰重新建立關係。你所經歷的痛苦可能會驅使你瀕臨最後一次向上帝祈求，之後就永遠背離信仰和信念的地步。

在審訊區裡，四季的更迭不再具任何意義。太陽的升起或陽光遭到遮蔽也同樣失去了意義。當四堵牆將你圍困其中並不斷逼近時，這些事情就已停止出現。

在審訊區裡，你成了你自己汗水的氣味、崩潰的滋味，以及你自己思緒的獵物。你像是一份老舊的影印文件，文件中全是你以躊躇不決的筆跡在上面簽字的紀錄。

在審訊區裡，你就是一切，但沒有任何東西屬於你。

認罪

「認罪就是背叛。」這是我們巴勒斯坦抗爭中最醜惡、最令人反感的名言之一。這是一句不成熟、霸道又輕率的評斷。在那些以一種超脫於痛苦範疇以外的語言，所寫成的浪漫、革命的夸夸之言中，這句隨處可見的句子，是沒有經歷過鏽鐵窒喉氣味的人所傳遞下來的一句審判。這是對你毫不留情地狠剝、壓垮你的精神，並放大連珠砲訊問攻擊力的一句批判。這是漠視你流血的身軀、斷續的氣息、信仰的極限，以及無法承受之惡臭的一句判決。這也是迫使你走出黑暗的中古世紀，進入文藝復興時代，但這個時代卻在你認罪後再也無法賜予寬恕的一句審判。在你出生一小時前，就停止發放贖罪券的一所教堂內，米開朗基羅的天使正冷眼旁觀著眾人對你的責難、對你指指點點的控訴，並隨時準備向你猛撲。

這個場景幾乎已遭人廢棄。你坐在認罪的椅子上，周遭將你緊緊包圍的，是一種你那敏銳的東方味蕾覺得陌生的咖啡氣味。你開始清啜著咖啡，就好像是你死前所喝的最後一樣東西。經過了一個月只有鞭打可以讓你感覺到暖和的日子後，你的合作與坦白，換來了一根可以吞雲吐霧的香菸獎賞。類似「請」、「慢慢來」，以及「你想再喝一杯咖啡嗎」之類的句子從身旁傳出，而這些聲音僅僅在一個小時前，還因為你的靠近而流露出厭惡。當你在寫下最初幾個歪歪斜斜的字後，你聽到有人請你去休息一下，如果那樣可以緩和手指的顫抖的話。然後你又開始寫下自己最近的過去與遙遠的過去，以及在這兩種過去之間，你所做過的所有可以讓自己遭受指責的事情。你持續寫下更多會讓自己受到譴責的事情，而所有能讓你脫罪的內容，卻被迫省略。

又或者那只是你以為你正在做的事情，直到你被帶回你的牢房，而牢房的門在你的身後被大力關上。你驚訝地發現你寫了一份自白書，提供了他們需要用來不僅為你的過去定罪，也判決了明天及之後每一天的罪證。你意識到那個提出問題的男人感興趣的，從一開始就只是你未來可能會做的事情，而非你確實做過的；他審判的是你的未來，因為你的過去現在已從他的身邊滑過。你還發現你供認了所有你打算要做的事情：你睡覺是什麼樣子、夏日的酷熱中你會躲進陰影裡幾個小時、打在你身上的雨滴數、你在一天開始時的心情、你的牙刷顏色、你會錯過的親吻與約會次數、你母親臉上出現第一條皺紋時的年紀、你的妻子第一次看另一個男人第二眼的時候、你的孩子中誰會第一個因你的缺席而咒罵，哪一個又會是第一個詛咒你的孩子。

當你再也不介意自己寫下的事情是左手還是右手去執行的時候，你在審訊區的日子就結束了。最後的報告翻譯是否精準，再也提不起你的興趣。你最大的努力方向，反而是要對自己有一個全新的瞭解。你需要重新獲得能力去確認方向，去確認太陽的方位、自己影子的位置、那些你所愛以及勉強去恨的人的名字與臉孔、一週的天數、自己的出生年月日，以及你覺得自己與父親還是母親更親近。

然後你開始自我檢驗，突然之間，因為這可能是你最後一次提問的機會，於是你提出了自己一直以來都在拖延面對的許多問題。這就是終點了嗎？犯過的錯當中，哪一個讓你最焦慮不安？你曾多少次真心實意地對母親說「我愛你」？當你因為爭辯酒精飲料是否符合伊斯蘭教律（halal or haram）而拒絕它時，究竟有多蠢？下一次的勃起是什麼時候，你還記得上次這麼興奮是什麼時候嗎？哪個朋友會最想念你，而你真的在乎嗎？這些問題突然全終止了。你的疑問全縮進了心中，取而代之的是包容了各種身分與信念的一種信仰。在那些身分與信念中，是否有任何一個擁有寬恕之力，可以將你從自己親手寫下的罪惡中解救出來的？你的心中突然翻湧著接受與寬容。

事情並未就此停止。沒錯，接受的想法持續在心中擴大，我與小昆蟲為伍的幾個小時就足以證明這一點。這些自信滿滿的小蟲開始在我的牢房裡四處晃蕩，一如那些知道如何走暗路，而且絲毫不怕任何危險會傷及性命的人。我慢慢習慣了這些小蟲溫和又懶散的存在，這種共存的型態，若是在以前——僅僅不過幾個月之遙——只有在我實在太懶得用任何必要的手段將牠們打死在牆角時，才可能出現。

我想佛洛伊德應該不會接受我對那些小生物的解釋。我覺得他可能會深挖最近幾個月間的重大事件以及正在發生的事情。他應該會在我的牢房裡安排一個會議，和我、我的恐懼，以及我的想法談一談，旁邊陪伴著小昆蟲們。他以他在心理分析上的獨到眼光，專注地研究了我的狀況後，他大概會歸納出以下幾點：「在這種環境下，你內心的寬容與大度，真的是讓你這麼做的原因？亦或是拯救那些小生物其實是你需要比你弱小的牠們，讓你被吊在那個地方的牆上時，可以重拾一些你所失去的東西：你需要一種將其他生命的生死掌控在手中的權力？在你被壓垮擊潰之後，你需要那些比你更不幸的生物。」

沒錯。如果不是碰到一些更弱小的生物，看到牠們用虛弱無力的手，向我們指出牠們的存在，若不是看到牠們害怕可能激發我們內心噴發的暴力，我們根本察覺不到自己掩藏的力量之泉。他人的不幸曾多少次成為我們的慰藉，撫慰了我們對自己悲劇的厭惡，只因為對方的痛苦比我們的痛苦更大、更可怕？我們談論團結、普世痛苦、全球壓迫的一切言論呢？那都只是我們在昨天才需要的慰藉嗎？

佛洛伊德不是我人生早期所閱讀的東西，真是謝天謝地。若早早就有所接觸，我一定會讓事情變得更複雜，而那是我當下最不需要的情況。

我的審訊階段結束了，不需要再出現於那個把我吊在牆上的昏暗地窖中。一群鐵裝車抵達，這些車子的任務是要吊起更多的人，因此審訊者需要牆上的每一吋空間。我的自白內容足以保證一個無期徒刑，不過是在其他的關押的地點，面對其他牆面的圍困。在審訊處的最後幾個小時，我用來沉思我的黑牆，就像是初次發現那是我唯一可以依靠的東西。我在牆上尋找任何自然的契合之處，暗示著我們注定要重逢，並重拾一段長久的夥伴關係。即使在那個時候，我就已很清楚知道，除非緊緊抓著那堵牆，一如沒有其他可以依靠之物地堅守它，否則目標永遠也無法達成。就算這麼做代表著自己之前肯定的一切都將粉碎，我也能放棄所有牆外的事物。我放棄了當下的答案，轉身去擁抱未知的問題。我放棄了娜塔莉的冰淇淋，卻緊緊抓住了盛滿無限可能的小小空碗。我放棄了那個對我視而不見的女孩，去堅守著另外一個女孩假裝不認識我的可能性。我放棄了曾經是我家的世界，轉而擁抱現在我所生活的這個世界。

幾個月來，我第一次直挺挺地站著，面對那堵牆。用一片小而冰冷的金屬，我開始刻下過去這二十七年來一直陪伴我的四個字。四個我還沒有說出口的字：再見，世界！

單獨監禁

不要在你居住的任何世界扎根過深。那樣只會在根被拔除時感到更加疼痛。當你的根將被拔除時，活在生命的表面就可以了。不要因為過於珍惜生命中的事物，而把根往深處延展，如果你能設法將自己提升到那些東西之上，你的本質也就超越了那些東西。

在與自己習於居住的世界分別時，我並沒有說太多告別的話。但是當我與那堵用來吊我取供的牆和解時，我卻說了許多話。前幾個月，那堵牆吞噬我三分之一的體重，但它的胃口遠不僅如此。離開前，我並沒有投去最後一眼，檢視自己的遺留物，我只是等待著新的生存體驗即將帶來的意外。我原諒了自己所有的過錯，因為監獄就像信仰一樣，會清除之前的一切。除了我刻下的那四個字之外，我並沒有將自己的忠告寫下來提供給未來的獄友，牆上其他黑黑的空間，全都原封未動，留給在我之後進來的人，因為監獄有如溺水，是種特殊又孤獨的體驗：每個人都以自己特有的方式進入這樣的狀態，什麼準備都不足以讓你應對以充滿了水的肺部去呼吸這件事，除非你親自去體驗用充滿了水的肺部呼吸的感覺。

審訊者並沒有完全放過我。他們從我的口袋裡，扒出了所有他們感興趣的東西，以及尚未決定該怎麼處理的資訊後，他們極力主張有必要將我單獨監禁並延後發監。發監到佈滿整個巴勒斯坦土地上無數座監獄其中一所，是正常程序的下一步。他們這麼做的託詞，是我對他們的夢想依然造成威脅。他們需要鎮壓住我所有殘餘的革命想法，而那些想法正是我之前賴以建立自由與回歸傳奇的基石。

用來運送囚犯的鐵獸被稱為移監巴士（busta）[25]。我費力地從金屬車身側面鑽出的小孔往外看，可以分辨出這時還是初春。我並沒有偷看太多眼，因為我的注意力正放在自己內心的其他孔洞上，我透過這些孔洞，檢視那些自己留下來的問題與不完整答案的混亂狀況。確實，我熱切地等待著抵達我們的目的地以及回到我的牆邊，清楚知道所有空白的空間，以及大量未寫下的問題與答案，因為這些問題與答案都源於我。我就是這些問題與答案運作的空間。我就是疑惑與肯定。我就是那個為了能住在牆裡，而從牆頭跳下去的小男孩。移監巴士另一側車身上的孔洞，是我留在難民營的舊有型態：我的邊緣化、地方的疏離感、日常生活的拘束，以及經過一波演講就放棄信仰的人民。那波演講宣告著即將實施的措施，而那些措施可以把人民的仿冒城市從不確定的存在中拯救出來，這樣大家就可以再次完整了。那些措施可以把我們的墓園大門全擋起來，讓

25 譯注：busta（或作 bosta）原為埃及與部分黎凡特區（the Levant）的公共汽車，後由以色列引用為運送囚犯的交通工具，包括巴勒斯坦囚犯。根據媒體報導，以色列的移監交通工具環境惡劣，且旅途冗長，運送巴勒斯坦囚犯的拿順部隊（Nahshon Unit）以侮辱巴勒斯坦囚犯著稱。這種車分為三部分，第一部分是正常商用巴士的規畫，設有二十個座位，第二個部分以鐵隔板與第一部分隔開，左右各有一條長椅，第三個部分是獨立牢籠，均為關押手腳都上銬的巴勒斯坦囚犯之處，第二與第三部分正中央留有一條相連的狹窄通道，為軍犬走動之處，目的在於威嚇囚犯。根據搭乘過這種移監車的巴勒斯坦人表示，由於這種車子厚實的鐵板、鐵椅子與缺乏通風設備，車內冬寒夏酷熱，加上車內人數過多以及有人大量抽煙，車內的囚犯都有窒息的問題。巴勒斯坦人也稱之為移動的墳墓。

我們老邁而死。

移監巴士裡的其他羈押者，在聽到我將被送去位於巴勒斯坦正中心、被占領的城市拉姆拉（Ramla）一座監獄的單獨監禁區時，紛紛表達同情，這讓我愈來愈緊張。他們似乎知道一些我不知道的事情，但是我沒有提問。不論將面對什麼，我都準備好了。我的書頁一片空白，便於用我想要的任何色彩、選擇的任何字母，迎接各類型態的寫作。沒有人可以命令我聽從他的信條、他禮拜的神，抑或將他玷污周圍牆壁的半真半假的言辭強加於我。這是我的出生，由我來決定自己的第一聲哭泣、第一次邁步、第一個使用的詞彙，以及說出這些詞彙的對象與方式。這次由我來選擇我要朝哪個方向去尋找我的那堵牆，也由我來移除牆上的渾沌不明、模糊不清與質疑。

我是那些即將到來的時刻，也是遲來的季節。任何海洋都無法再吞噬我，因為我就是海洋的主宰，宰制海面與海底。我也是墓穴的主宰，沒有任何枷鎖能夠束縛我。萬事萬物都遵奉我的意旨。我將棲身於那個地方的中心點，即使漂浮在其表面之上也不離開它。我會用我的方式訴說那個地方的故事。如果我想衝向空中遨翔，直到失去所有的方向感後再回歸地面，沒有根可以纏住我的雙腳。我不會仇恨獄卒，也不會仇恨那道他即將關上的門所懷抱的信念。除了浪費精力，並且為自己另增一道枷鎖外，仇恨一無是處。除了我為自己關上的那道門外，沒有其他的門。

聲音在移監巴士中迴盪，我注意到了不同語言的氾濫。有人在用阿拉伯文抱怨著車裡的擁擠。有人在用相同的語言哭喊著要士兵鬆一鬆他手腕上扣得過緊的手銬。第三個人在威脅著士兵若繼續忽視他如廁的要求，他就要尿在自己身上了。另一個人說著一口東部的希伯來語方言，他們的族群長久以來一直處於西化的猶太復國主義計畫邊緣，對於被主流接受已經不抱任何期待，還開始了從主流世界竊取好處。最後一個語言是俄文，這個聲音因為一件小事針對另外一名囚犯驟然拉高。

車內的騷亂平息後，我的思緒重新回到早已下定決心要解決的許多事情上，這樣可以讓我恐懼的心有所準備。移監巴士在一座監獄入口停下，之後往前行駛了不過十幾呎，又停了一次，將我們帶到一個隔離區的入口旁。我的手腳雖然都被扣上了鐐銬，但還是能在水泥階梯上向下走幾階。我遵從其中一位移監士兵的手勢，轉向左邊，然後在另外一個手勢動作指示下，停下了腳步。有道門打開，一隻手把我推了進去，門在我身後被關上。第一天已然開始。

三十六間牢房在深達三公尺的地下，共用一個大概四十公尺長、五公尺寬的空間。每一間牢房都有兩張鐵床，上下疊置。床對面是洗澡與進行其他必要活動的地方。這些都在一個不到五平方公尺的牢房內。怎麼可能有這樣的一個水泥生物生存於世間？是怎樣一隻老朽的手設計出這樣的一個地方？又是怎樣一隻靈巧的手建造出這樣的一個地方？負責管理這個地方的人，會有什麼樣揮之不去的恐懼？他們究竟有多麼害怕才會挖出這樣的墓穴，然後將他們最糟糕的惡行與恐怖活動藏於其中？

我環顧四周，透過牢門上的格柵，看到了其他囚犯們疲憊不堪的臉孔，這令我想起了自己。但是當我匆忙撲向掛在牆上的那面小鏡子時，在那個遭到潮濕地下空氣腐蝕且缺乏陽光的鏡面上，我卻看不到任何熟悉的東西。我再回頭去看那些疲憊不堪的臉孔。從他們位置所發出來的聲音，傳遞出與疲憊相反的訊息。那是刺耳、大嗓門的聲音。遠處的聲音也加入了合唱。這些人物、這些聲音，以及他們說的話：一切的一切都非常熟悉。這些都是撒謊的神祇。當他們的迎新話語如撲天蓋地般湧過來時，我正掛在自己的牢門上。當他們繼續說著，不停地說著他們所有的謊言時，我堅持掛在牢門上的時間更長。他們請我喘口氣，把這裡當作家一般，所有的聲音才沉寂了下來，不過他們承諾不久之後會再來找我說話。

那間牢房裡的任何細節都無法引起我的興趣。我唯一在乎的就只有那堵牆。我的牆已剝去了它在審訊區時穿的黑色喪服。現在這堵牆的著色可能是白色，但前提是如果有人能夠投入一點點的努力，去除沾在牆上的污跡——各種不同形狀、顏色與氣味的污跡。我確定自己和這堵牆都亟需好好地花時間洗個澡。

我站在牢房的正中央，半裸著身子，扒除了所有抵達此處之前所發生的一切。我開始為牢房裡的每一個特點取名。鐵架變成了一張床。屋頂變成了藍色，然後是更多的藍色，直到出現了一片天空。嵌著金屬條的門消失了：取而代之的是一道由門卡操控的飯店套房房門，可以將不速之客全阻擋在外。那堵牆則轉變成了一份文件，我可以在這份文件上編撰出所有我想要的文本。

就在我持續忙著給所有東西取名時，簡直不輸托洛茨基（Trotsky）[26]的激昂演講又再響起。那些說謊的神祇如果早在土裡深深紮根，並放棄了在塵世上遨翔，就絕對無法在這個墓穴中堅持

26 譯注：列夫．托洛茨基（Leon Trotsky, 1879-1940），本名Lev Davidovich Bronstein，俄國革命者與政治理論家。與列寧齊名的政治人物，一九〇五年的俄國革命、一九一七年的十月革命與俄國內戰的核心人物。

他們的謊言。只有突破了地心引力的拉力，他們才能在那個新空間裡宣揚他們的革命。只有擺脫了牢門與鋼鐵物理屬性的執念，他們才能抓住自己的握把，將疲憊的面具從臉上剝除，並為他們的革命祈禱。

整個景象都讓我驚訝。這個墓穴提供了我迫切所需的深度與複雜度。我需要進入一個類似這樣的景象之中，感覺與我在審訊區的時間，距離了好幾個光年之遙。我需要這個景象，裡面有撒謊的神祇、他們疲憊的臉孔，以及他們精力旺盛的口舌，這樣我才能我恢復自己的平衡感與信仰。這個景象架起了兩堵牆之間的連結，舊的那堵在難民營中，那是我以前總是習慣站在上面準備往下跳的牆，而新的那堵則是我準備跳上去的牆，卻無法肯定自己是否堅持得住。幾個月的單獨監禁，正是我需要的環境，遠離任何干擾，以冷靜審慎的態度，將自己與那堵牆的關係系統化。若我當時即刻就被發監牢到主要的監牢之一，擠在數百上千名囚犯之間，夾在數千上萬個關於牆以及牆之後的故事當中——這些故事許多都雷同，但也有一些互相矛盾——我也就不可能系統化處理自己與牆的關係了。我需要那個短暫的休止時間，孤立獨處，以始終相隨的三人行型態：我、我的真主，以及一個最受約束的地方，完成我的整趟旅程。這是一個處在聖所中神聖的三位一體。在它的謊言之外、在它的恐怖之下、在它的天空之上、在某些失望背後、在其他失望持續到來之前，在它的胸膛中、在埋伏等待著它的到來時、在緊緊靠在它旁邊、在它的墓穴中、在它的真相裡、在它的目的中：這裡將是我寫下流亡經歷的空間。

當心受到傷害時，不論是安靜地癒合或死亡，它們都渴望獨處。我曾見過康復與癒合的靈魂，儘管獨處的那個地方存在著壓迫、監獄結構中存在著暴力、會施予非人的折磨，而虐待也每天毫無間斷地上演。我曾見過那些靈魂如何在早上與他們的軀體分開，只有當夜晚來臨時，靈魂才會再度回到軀體之中，尋找著當天新增的所有傷口。我在簡陋的庭院中，看到他們在唯一曬得到陽光的那個小時裡的情況。他們站在硬實的地上，頭上是帶刺的鐵絲網，但他們的眼睛會發亮，就像是很久很久之後，第一次看到某個人那樣。當太陽從視線中消失時，我聽著他們重重的呼吸聲，吸進太陽的最後一道光線。我和他們一起向下走進了墓穴之中，他們的胸膛現在充滿了生命力，足以支撐他們熬到走入陽光中的下一個小時。他們說太陽每天只在正午為他們升起，然後一個小時後，就從這個星球上消失，我相信。當這些神祇的《可蘭經》是謊言、宗教是盲目的信仰，而聖行（Sunna）是痛苦時，誰能與祂們爭辯？

我那幾個月的單獨監禁，是一道連結兩個世界的橋樑。在那幾個月裡，我放下了自己世俗的字母，開始學習天空子民的語言，這讓我能夠用新的詞彙重新編織舊的講詞。那幾個月教會了我太陽的稀有、陰影的照顧，以及當我遨翔其間時，我那狹小的牢房有多麼寬敞。我學會了夜間對話，也學會了如何將自己從被腐蝕的鏡面下所發現的祕密，鑿在牆上。那些祕密包括了水的渾濁、傷口的深度、藥品的不足，還有靈魂癒合的能力。包括了幻想的神奇與夢境的精確細節。還有在想像的邊緣，與一名女子那些令人顫抖的相遇。

然後，我的單獨監禁期結束了。遙遠的幾公尺外，移監巴士張開了鐵嘴，帶來了新的威脅。我唯一能做的事情，只有等待。

飢餓

一九九三年的那個夏天，我不是唯一從單獨監禁區出來的人。不到兩週的時間，單獨監禁區裡的每一名囚犯都走出了牢房。我們的《出埃及記》作者，是遠方的靈魂：所有散落在這片土地各處的囚犯，他們將各自關切的不同議題結合在一起，探討著共同的緣由。

在占領區當權者長久而持續地漠視之下，巴勒斯坦囚犯也早已經習慣藉由絕食抗議以及其他類似的作法，英勇地加入抗戰。這個抵抗行動見證了許許多多的勝利，而果實就是他們生活條件出現了改善。偶爾的失敗並沒有沖淡這些囚犯的決心，也無法讓他們放棄一次又一次地不斷嘗試，儘管絕食需要付出極大的代價，而犧牲者與殉道者更是需要承受極大的折磨。壓制囚犯抗議的，是個無情的機器，擁有所有壓制的必要機制，也具備了掩飾其行為的社會與政治遮羞布，這兩者的結合使得這類意欲達成要求目的的鬥爭，成了一件生死交關的事情。

利用英國託管當局留下的舊監牢，以及在兩次大浩劫的斷垣殘壁上所建蓋的老牢房，占領國政府構築了大量的囚犯集中營，並從一九六七年後，開始用社會意識尚未成型，但失落的痛苦與感覺已充分發展完全的年輕人，去填滿這些集中營。那些年輕人不是奮力戰鬥後遭到殺害，就是奮力戰鬥後被丟入了監獄的陰暗之中。在這些拘留中心裡，遭到羈押的巴勒斯坦人承受了許多屈辱與虐待。當那些拒絕接受所有國際公約與常規協議、蔑視國際法，只接受自成一系的規定與法律系統，把譴責當成了最優先，也是最終的判決，同時完全無視公平正義的軍事法庭，在譴責了巴勒斯坦人的行為後，這些巴勒斯坦囚犯就與時間、地方脫節。在那些監獄裡，囚犯因為無法長期忍受鞭打、疾病、污濁空氣與完全接觸不到陽光的痛苦，於是在絕望到根本不可能活下去的各種環境下，選擇絕食。

每一種需要都對應著一個神祇，大家拜倒在神祇的面前，向神祇承諾，若要求可以獲得滿足，就會奉上祭品並誓言虔誠。若神祇顯靈，信仰就會加深；若神祇對大家的要求延遲回應，或根本不搭理，就會得到詛咒。露西娜（Lucina）是孕育與助產女神；涅普頓（Neptune）的子民是那些船帆破爛、迷失在海上的水手；馬爾斯（Mars）與眾戰士並肩上陣，並在戰士手上的刀劍斷裂時，成為他們的刀劍。一神論者擁有一位真主，其名稱、描繪與托抬寶座者[27]，均可根據需要而隨時改變。在絕食期間，當絕食者的軀體開始消耗自己的血肉之時，絕食者就擁有了所有的神祇。

上帝不再是蒼茫而遙遠的想法，祂與絕食者的親近，遠勝過絕食者自己的呼吸，也勝過絕食者想像中每天準備將肚子填得飽飽的晚餐。在絕食期間，絕食者忘了所有神祇的名稱，諸如唯

27 譯注：伊斯蘭教有四位大天使，負責托抬阿拉的寶座與保佑穆斯林，特別是在穆斯林作戰之時。這四位天使分別為啟示　理的加百列（Gabriel）、守護猶太人的米迦勒（Michael）、書寫人類命運與向其他天使傳達阿拉指令的以斯拉斐（Israfil），以及死亡天使阿茲雷列（Azazel）。

一、獨一無二、仁慈、浩瀚，與令人敬畏這類的字眼，也不會在絕食者的心頭出現。神祇吸引人類心靈各個面向的所有名稱，與一切美好甜蜜的承諾，最後就只剩下長期的折磨。

在絕食期間，最初的十天由肉體背負靈魂，十天之後，兩者的角色互換，肉體成為沉重的包袱。在絕食期間，唯一可以避免夜間畏寒的情形，就是腸道發炎、因等待而產生的發熱症，以及擁抱牆。在絕食期間，你那孱弱的軀體已不會在夜幕垂落之後，引誘並邀請美麗的女子入夢。在絕食期間，死亡與你作伴，而你則守望著它與你並肩的每一次呼吸。除了睡在附近鐵床上的某人死亡，讓你下定決心不能也這樣死去之外，任何事物都無法為你帶來安慰。在骨頭可以承受的範圍內，你盡可能貼著地面入睡。水要放在離自己非常近的地方，近到嘴可以隨時觸及。你在每一個方向尋找基卜拉（qibla）[28]，以便朝著正確的方向祈禱。你俯跪在地，卻沒有任何地面能接納你磕下的頭。你鬆開了頭髮的所有桎梏，那是你身上唯一還在繼續生長的東西。在絕食期間，你拒絕接受所有接觸到的新聞，只相信那些訴說著勝利的訊息。

巴勒斯坦囚犯的第一次絕食是在一九七〇那一年。他們不但沒有取得任何值得一提的重大進展，囚犯阿布都爾．卡德．阿布．阿爾法漢（Abdul Qader Abu al-Fahm）還在這次的行動中殉道。一九七六年發生了另一場類似的絕食行動。第三次的努力是在三年後，由位於內蓋夫沙漠（Negev Desert）的納夫哈監獄（Nafha Prison）點燃。在這所監獄裡，超過一百五十名囚犯擠在

28 譯注：穆斯林祈禱的方向。

沒有床的小牢房中，每天只准許外出接觸一個小時的陽光。絕食行動持續了二十天，在占領國當局強迫灌食的過程中，拉辛姆・哈拉維（Rasim Halaweh）、阿里・阿爾賈發里（Ali al-Ja'fari）與伊沙克・馬瑞給（Ishaq Maragheh）三名囚犯殉道。這次囚犯們收穫了重大成果：安裝在牢房內的床與床墊，取代了之前鋪在地上的薄皮地墊。除此之外，在牢房區庭院接觸太陽的機會不但增加了，而且還固定了時間。那次絕食行動的成就，強化了囚犯對於以自身之力去進一步改善生活環境的自信。一九八四年，一次新的絕食行動，最終收穫了許多進展，其中最重要的就是在牢房中引進電晶體收音機、允許囚犯家屬遞送睡衣與運動衣物，以及增加食物的份量與種類。

那次的絕食之後，囚犯們度過了相對安靜的幾年，直到占領國當局在第一次波斯灣戰爭爆發時，於各監獄內頒佈緊急狀態。戰爭結束時，監獄管理單位拒絕恢復戰爭前的條件，而這個決定導致囚犯發起了一次長達二十天的絕食。這次的行動以爭取到數項改善告終，除了公告單獨監禁區——包括囚禁我的在內，將會關閉外，所有關在那裡的囚犯都將移至其他的囚犯集中營。

我踏著因腳鐐而沉重的步伐，走出了單獨監禁區的門——我喜歡用墓穴這兩個字稱呼門裡的那個地方。不止一次，我佇足回望。肩負獄警責任的那些士兵，臉上因為我的遲疑而挑起了驚訝的表情。他們開始大吼大叫地催促我向前走，有時候還會搭配一下推搡的行為。我不知道哪件事更令他們氣憤，是我逃離了墓穴，還是我表現出了對墓穴的深切渴望。我從移監巴士裡，最後一次注視著單獨監禁區。突然一股恐懼襲至，我震驚於自己要離開我的孤獨監禁與潮濕的夜晚、我的牆與牆面上少數依然還留白之處的現實。我記得陽光照耀的每一個小時，也記得第一道太陽光線打到皮膚上時，自己的軀體如何因為感受到溫暖的撫觸而顫抖。在單獨監禁的那段孤立期間，感覺上有點像我以前總是在涼爽的夜間濕氣中，站在難民營邊界，尋找一處社會之外——這個束縛我一切希冀的社會——的角落：我，就是那個反抗部落道德的人，那個懷抱奇怪問題的人，那個固執地堅持要尋找答案的人。

士兵檢查我們的鐐銬、姓名與編號，在確定了我們赤裸的身軀沒有隱藏任何可能影響囚車行進過程的可疑物品後，移監巴士開動了。與我同車的其他人臉上，全都顯露著緊張。大家因為未知而產生了深刻焦慮，每個人都在問發生了什麼事。我記起了自己曾經偷聽到有關過度擁擠的監獄、十五名囚犯如何被塞進一間狹小的牢房中的事情，於是我心中的恐懼也在上升。在那樣擁擠的環境下，沒有自己的空間，我擔心我與那堵牆的關係會發生變化。我害怕每個傍晚剛開始時的孤獨時光，也害怕夜裡來訪者的渴望將我全部占有。我害怕那些屬於我的名字，和對環境事物的描述會發生變化——在那裡每個人都熟悉某樣東西，並為它賦予自己選擇的名字，卻可能根本沒有為我留下任何命名的權利。我在獨處時選擇放手、依靠那堵牆，以及活在當下的決心，又會發生什麼樣的改變？

移監巴士驟然停下，我們的軀體離開了車上的座位，進入了鐵牆之中，而我也因此從無邊無際、不斷冒出問題的泥沼中獲得解救。每個人都在嚎叫，這樣的騷動引來了看管警衛更大聲的叫囂，威脅著我們若不立即安靜，就要施予嚴厲懲罰。所有人在幾分鐘內就噤聲了，但這樣的結果是出於疲憊與虛弱，而非士兵們的威脅。位於阿什克倫（Ashkelon）的監獄是我們的最後一站，車上的人在接下來的四十五分鐘被分開，我的緊張與恐懼持續升高。

現在，在我寫下這些字句的時候，是二〇一九年二月六日星期三的下午五點。我們剛剛得知法里斯．巴若德（Faris Baroud）的殉難。他是瑞蒙（Rimon）沙漠監獄的一名囚犯，遭判終身監禁後，在那裡度過了將近三十年。那些年之前，法里斯這位殉道者曾坐在移監巴士的鐵獸中，與我只有兩公尺的距離，至今我依然可以聽到，伴隨著他出其不意搥打鐵牆的聲音所爆發出來的哭喊。法里斯這個詞彙的意思是「騎士」，他的名字讓我想到阿斯瑪．本特．阿比．巴克爾（Asma bin Abi Bakr）[29]，她是伊斯蘭教初期的尊貴阿拉伯女性，曾走到不公正的統治者面前，要求為她那吊死在絞刑架上的兒子收屍。「該是讓這位法里斯下來的時候了，難道不是嗎？」她這麼說。現在，另一位騎士終於從他長久依附的牆上走下來。法里斯的心無法承受這一切的喧囂。他曾多次試圖與監獄和解，每次失敗後，又重新努力嘗試。每一次的失敗後，他又會自願逃回單獨監禁——逃向那第一堵牆、逃向牆的起點。最後一次與他見面已是二十五年前，可能還需要另一個二十五年，我才會與他在另外一堵牆那裡相會，屆時另外一個小時的陽光，將照亮最後一次的哭喊……

帶著你所有的鐵獸，法里斯，將它們深埋在心中。在香菸愈來愈稀缺的時候，把你當初讓我

29 譯注：阿斯瑪．本特．阿比．巴克爾（Asma bin Abi Bakr, 595[?]-695[?]），伊斯蘭教先知穆罕默德的同伴，他第三任妻子同父異母的姐姐，也是最早接受伊斯蘭教的信徒之一。在穆罕默德西元六二二年帶領信眾離開麥加，遷移到麥地那的過程中，提供了極大的幫助，成為伊斯蘭教歷史上最知名的人物之一。

一起享用的香菸帶好。維持你那有如低沉獅吼的沙啞聲音。帶上我們沉重的心靈，與拉姆拉涼爽的濕氣，還有違禁品包裝繩，以及一切我們忘記帶上或那些對我們來說過於沉重的東西。帶上你對母親的所有記憶，不論是她生前抑或離世之後的記憶，也別忘了帶走海岸——既是難民營也是海洋的歸處。噢，難民啊，帶上一張家的地圖，以及所有你記得的古老故事，還有你爺爺的鑰匙。不要把這些東西交託給我們，因為我們不再像以前那樣努力奮鬥了。帶上所有你想帶的，為自己選擇任何你喜歡的天堂。現在你離開了，換我們擁有那堵牆，那堵長長的牆。

我會為法里斯，以及所有在法里斯之前出現的高貴的法里斯，還有所有尚未從他們的牆上被放下來的騎士們，寫完這個故事。我會為其他尚未掌握「牆的藝術」，不曉得如何依靠那堵牆，如何緊緊抓住牆而逃離的人，寫完這個故事，讓他們能從中學習，吸收牆的淚水與教訓。因為每一堵牆都有一個故事，而那個故事也都要由某人來述說。每一個說故事的人都擁有一個既無垠又縮限的世界。每一個說故事的人都有一個詞彙庫。他們擁有不完整的東西，也有完整的東西。他們每個人都有痛苦與一段等待的時間。每一個人都有權利述說他們的故事。寫作是一種治療，是一段廣闊的時間帶。寫作是這個世界拒絕給你的開闊空間，在這裡，你可以用任何你所選擇的語言自由創作。

我們抵達了阿什克倫監獄這個令我緊張與恐懼的源頭。四分之三個小時分隔了兩堵牆：一堵是我所背負的牆，一堵則是背負著我的牆。兩堵牆都是我。

阿什克倫

　　移監巴士在一棟老舊的阿什克倫建築外停了下來。海的味道充斥在空氣中，而空氣中的濕氣味道，與我那潮濕的墓穴氣味不同。高高的椰棗樹圍繞在離建築牆壁數公尺之外的地方，樹上一粒椰棗也沒有。短暫的停頓後，圍牆張開了大口，將我們吞噬。又經過了幾分鐘的等待，移監巴士終於吐出了肚子裡的負載物。一道獄門打開，等我們全都擠進去後，那道門又在我們身後哐鏘地關閉。接下來是一段潮濕與無聊的等待。那道門再次打開，這次進來的都是個別的犯人，每一次的搜身過程都是毫無遮掩的公開赤裸。在一名詢問我們所有人未來幾年有什麼打算的官員面前，我們每個人都有一次個別表演的機會。然而除了期待可以有一個小時或更長的洗澡、睡覺時間外，別無其他野心的我們，可以給出什麼樣的答案呢？我們的表演在完全沒有打動觀眾，也沒有贏得任何掌聲的情況下結束。

　　大家行進了一小段距離後，另外一道門開啟，露出了門後的一塊空地。那是監獄的庭院，由四堵水泥牆圍起來，其中三面牆高達兩層樓。（這座監獄總共有五個監禁區，關押的囚犯超過四百人。）進入庭院後，吸引你注意的第一件事是三棵樹：中央一棵高高的椰棗樹，沒有結果，也沒有任何遮陰效果；這棵樹的左邊是一棵正在開花的樹，提供了很大一片遮陰處，而椰棗樹的右邊是一棵遮陰區域不太大的金合歡——真的一點都不大。我就這麼站了一會兒，領略著這裡所有的景象。相較於我之前的那座墓穴，這裡的空間感讓我震驚，但在這個空間內移動的人數也同樣令我驚駭：數十名犯人，以不超過五組的團體數量，正以逆時鐘的方向在這塊空地繞著圈圈。

幾分鐘後，我發現自己置身於其中一間牢房中。七張床上又架疊了七張床。牢房裡有一間小浴室，浴室中有一張木桌和四張塑膠椅。到處都是在行動的靈魂：一個在洗澡、一個在做飯，另一個在打哈欠，還有兩個正隔著一個新的雙陸棋棋盤在互相叫囂。然後一個聲音中帶著一絲權威感的人，過來引導我到我的床位。我開始整理自己的東西時，所有的活動突然停了下來，連叫囂的聲音也中斷了。歡迎之語以及幾個長長的擁抱接踵而至。再之後，每個人繼續之前各自在做事情。擁有領袖聲音的那個人一面幫我整理床位，一面讓我知道這裡其他人的資訊。然後一切都結束了。我睡的是一個緊鄰窗子的上鋪，監獄庭院就在這扇由水泥與鐵條所製成的窗子外。床對面的牆上安裝了一台電視。距離我的頭半尺之外，有另一個人正在睡覺。第一個夜晚開始了。

我坐在我的床位上，看著周遭的一切，試著接受身邊大量的活動。我將頭靠在牆上，並感謝上帝讓牆存在，也感謝上帝沒讓我的頭墜入虛無的空間。那一天是個星期四。晚餐已經準備好了。十四個人聚在牢房正中央，圍著擺放在地上的派發餐盤，形成了一個圓圈。大家以自己的方式或坐或蹲，有些人的姿勢很奇怪，有些人則是很搞笑，不過我並沒有大笑。吃完飯後，所有人一起動手洗餐盤、整理牢房。那個聲音帶著自信的人，邀請我過去與他同坐，然後滔滔不絕、鉅細靡遺地向我解釋明天會如何開始、我一天的其他時間會是什麼樣子、所有我必須要做的事情、要避免的事情，以及什麼是禁止的動作。他說明了我要起床的時間、供應早餐的時間、我們曬太陽的時間，以及時間表上的確切安排。他另外還向我指出我什麼時候可以看書，有時候甚至連閱讀什麼書都有規定。各種什麼地方、什麼時候、怎麼做，以及所有的其他問題，他都知無不言，直到上床睡覺為止。一個晚上竟然可以得到如此多的資訊！

更多的友善之語伴隨著我走回到自己的上鋪床位，我在那兒找到的窗子，將在未來不眠的夜晚，修補我的許多希望。獄友們都轉身去做他們自己的事情了，讓我有機會獨處，消化新的處境。每個角落都藏著故事。有個傢伙說著他正在閱讀的書，另外一個人正在仔細聆聽。還有一個人在煮一壺薄荷茶，離他不遠處是一群在看足球比賽的人。另有一個五十多歲的人正在背誦著什麼，似乎是一首詩。他背誦的內容很長，不時地停下來解釋。夜晚緩緩降臨，正抵達到天花板附近，而我因為等待而精疲力竭。在墓穴時，夜晚總是在關燈之際突然出現，不需要等待。但是夜幕現在卻要花如此長的時間才會落下，我想它在趕來的路上，必然是因為什麼事情耽擱了。黑夜要是現在來就好了，那樣就不會有人注意到我夜間獨自對話的開始，也不會有人發現我在那堵牆上的第一次寫作！

我躺在自己的上鋪床位上，盯著離我兩尺的天花板，開始複習之前所踏入的景觀。我比較這次與幾年前進入另一座城市的經驗。我的意思是我的意識進入了難民營圍牆以外的那個地方，並近距離地仔細檢視著所有擠進了畫面裡的事物、臉孔，以及各個不同的時間尺度，它們全夾雜在不同語言與方言中。在那座彌賽亞的城市裡，沒有任何東西可以讓你聯想到一座城市。那裡所有的道路——連古老的巷弄與小街小道也一樣——都導引至聖母瑪麗亞（Maryam）以及《可蘭經》中瑪麗亞依賴椰棗樹[30]的故事。即使是人民的混亂與色彩的混雜都不例外。所有的一切都指向聖母瑪麗亞與她的兒子、指向夾在兩個不同宗教之間的一座教堂：先到的那個宗教否認她的兒子，後到的那個宗教則是對那個嬰兒表達了善意。這座城市用所有的語言訴說著一個完全相同的故事，只有在特定的一些小細節上做了些修改，不然就是在各處增添了一點內容。這座城市被許多個村莊與一座難民營所包圍，難民營緊緊貼著這座城市的邊緣地帶，害怕遭到清除。我年輕的感官曾經因為想將這些不同的成分，系統化地整理成一幅清楚的景象，而迷失其中。這種情況就需要不斷的造訪，但是多次想將這些畫面有序整理出來的努力，卻都以失敗收場，直到最後我終於理解，這是一份不可能完成的徒勞之功。

感覺上，阿什克倫監獄就像是我探索伯利恆市的體驗。這是當我躺在自己那張鐵床上所得出的第一個結論。這裡與我那狹小的單獨監禁環境完全不同。這裡幾乎不像個監獄。所有的路都通往那個中央站著一棵椰棗樹的庭院。聚集在這座監獄圍牆之內的人，來自各個仿冒的城市、村子與難民營，除此之外還有來自海外的其他人，這些人在尋找的若不是他們從貝魯特或其他阿拉伯首都報紙上所閱讀到的國家，就是從母親、祖母或外祖母們的床頭故事裡所聽到的國家。

那是一幅熟悉的畫面。我安慰自己可以很快融入其中，因為我周遭全都是說謊的神祇，而我

30 譯注：根據《可蘭經》，聖母瑪麗亞（麥爾彥 / Maryam）在椰棗樹下生出耶穌（爾撒 /Isa 或 Esa），天使告訴聖母瑪利亞搖動椰棗樹，用掉落的椰棗補充營養。

對他們的論述早已了然於心。再說，當海邊空氣的潮濕充斥著我的肺部時，我身邊還有我帶來的那堵牆。

我在阿什克倫監獄待了整整一年。在那兒，我瞭解了一名囚犯與例行作息的關係之間，存在著極大的發展性。這層關係始於犯人對毫無變化重複發生的乏味事件，所產生的深深敵意。他會為打破這樣的規律，做出了許多幼稚的努力，因為他感覺到了這樣的規律性事件，愈來愈靠近，威脅著要將自己吞噬。他或許會在自己例行的日常作息前一個小時或後一個小時起床、連著大概兩天不刮鬍子、拉長或縮短洗澡的時間、換抽不是他平時抽的香菸品牌、將母親的照片從牆上取下，換上另一張母親看起來較開心的照片。他或許會在某天早上不去戶外曬那一個小時的陽光，並突然決定為了健康減重、刮掉以前甚至連修剪都不可以的鬍子。囚犯不斷與自己所有的例行作息進行小規模的衝突，直到他祈求上帝來拯救自己的那一天，拯救他免於成為親手把自己逼瘋的魔鬼。這名囚犯會從此開始對他日常生活的單調沉悶，以及他所擁有的東西，展現出作家對自己文本相同程度的狂熱。任何擾亂這個例行作息的因素、任何一位提早十五分鐘叫醒他的獄友，都可能為他帶來某種心理不平衡或循環系統的傷害。囚犯對於例行作息的這種妥協，可能會早早發生，也可能會晚些出現，但這個妥協無可避免地會來臨。

為了避免打擾到我的獄友，我在阿什克倫學習如何用歪曲的小字寫作、學習如何在斷斷續續的鼾聲間安睡，以及如何在前面就算排了十個耐性十足等著如廁的人，我仍依然耐性十足地排隊。我學習如何在清楚知道即使前面還有許多個小時的失眠時間等著自己，依然假裝睡著、如何每次去傾聽已經聽過許多次的故事，並準備回答對方為了測試我是否還在注意聆聽，而隨時丟出來的問題。我也學習與他人一起禱告，即使自己並不認同，卻仍然在每次的懇求後加上一聲阿門。我還學習向上帝祈禱恩賜廚師長壽，儘管他做的食物打壞了我未來一週的胃口、學習如何用最少量的溫水清洗全身，好讓下一個排隊洗澡的人可以不用承受冷水突然的攻擊，而我也不用承受他的嘟囔咒罵，以及學習如何與其他七十名獄友步調一致地穩步繞圈而不頭昏。

在那一年裡，我也領悟到了自己做對的事情的侷限以及犯錯的可能性，學習如何緩和自己的叛逆，即使自己叛逆的程度低到微不足道。我學習如何屈從於集體看法，即使那是指鹿為馬、如何在沒有任何特定理由的情況下，不斷祈求上帝的原諒，以及為了一切的一切讚美上帝、如何像接受最後一名囚犯那樣接納新進的獄友、如何安靜地坐在某人身邊，不論他正在為了早逝的父親痛哭流涕、為了太快失去的事物狂咒怒罵。我學習如何一邊讀俄國或蘇聯的文學作品，一邊等待開啟我一天作息的第一杯咖啡、如何向那些因為他們的牆已疲於支撐他們，所以放他們自由的人道別。我還學習放棄孤獨，但堅持掌握所有可以偷來的獨處機會。

在阿什克倫，我看到了身在監獄卻依然繼續遨翔的人，也看到了因為過於熱切地凝視鏡中的自己，而在鏡子上留下了痕跡的臉孔。就在說謊之神持續散發著每個月的傳單、呼籲著革命的時候，我看到了他們持續背離信仰、信用，並寫著他們的口號。我看到他們對於世界上不斷擴大的所有痛苦，表達著沒有止境的聲援，並細心照料與關切著每一種痛苦，猶如一名囚犯照顧著充滿希望的托缽僧。這些說謊之神以他們自己的立場，透過延後用餐或將餐盤退回獄方的行為，向世界上的窮困者表達著聲援之意。他們提高音量求雨，藉此向世界上的勞工與農民表達聲援。他們也向婦女表達聲援，反對壓迫個人與社會的父權制度。

初入這座監牢裡的前幾天，我都在觀察與學習。看的、聽的遠比說的多，並分析與詮釋著周遭那些人的行為。猛然地，當我在這兒的第一週結束時，我看到他們像是有生以來第一次打點自己那樣地打點起了身上的衣物。他們拿出了自己的襪子，確認一切都井井有條，沒有任何錯漏或損傷。那是星期二：探監日的前一天。

探監

星期三早上，一切都變了。大家睡醒後，各自的軀體全都開始擺脫兩週以來斷斷續續在陰暗角落所累積的蜘蛛網。所有人想方設法地隱藏最近一次鬧事所留下、尚未完全癒合的傷口，或盤旋不去的病徵。在我還躺在自己的床位上時，所有景象已煥然一新，這種改頭換面的速度，著實令我驚訝與困惑。

我們這間牢房裡，有十個在海邊長大的加薩人。因為海水以及在這塊狹長、過度擁擠，並飽受痛苦折磨的條型土地上，總是緩緩過境的太陽，所以他們的皮膚都很黑。他們十個人只睡了半夜，然後就守著另外半夜，直到早上。這十個人祈禱著上蒼能夠徹夜不睡或早早起床，這樣老天爺才能跟著那些巴士一起上路。這些巴士乘載著海洋的氣味，而這些海洋氣味又全被折疊進了他們姊妹的小手帕中。這一輛輛的巴士還承載著一位母親的祈願，她在黎明前的兩個小時起床，將自己的祈禱深深裹藏進衣服中，不讓其他的孩子看到。母親們在檢查確認自己的祈願依然待在她們裹藏之處時，會再繼續加上更多的一些懇求之語。在她們第三次檢查時，甚至會再增加一些請求。這些巴士上還載著孩子們，他們在一張照片前，一張沉默的照片前，站立了好幾個小時之後，失去了希望，因為照片的沉默澆熄不了一份灼熱的渴望、滿足不了一份疼痛的期盼，也回答不了父親為什麼缺席這個一再被提出來的問題。

在那個奇怪的早上，我持續觀察著身邊的各種活動。大家擠在我們唯一的一面鏡子前。其中一個人在刮鬍子，另一個在檢視自己經刮好了鬍子的臉。第三個人試著挽救刮鬍子刮太快而造成的血滴，這時第四個人已經失去了耐性，催著鏡前的人讓開。刮了鬍子後，下一步是洗澡。每個人都坐在自己的床位上，身上包裹著一層層緊張的期待之情，以及經過了特別用心清洗的衣物。大家會對著每一個洗完澡出來的人大聲喊著特有的招呼語——「納伊曼！」（Na'eeman）[31]——緊接在這句話之後的是針對性的發言，諸如要求洗澡的人盡可能洗快點，還有其他人在等之類的內容。新一輪擠到鏡子前的行為，是為了梳頭與再一次確認自己的鬍子刮得怎麼樣。在各種香水都缺乏的情況下，大家用帶來皮膚燒灼感的古龍水滋潤臉部。眾人對那些終於打扮妥當的人逗笑一陣後，有些人會再到鏡子前，或行李箱前做最後的檢查。有些會再煮一壺咖啡，利用煮咖啡的火焰來消耗一些壓迫他神經、漫長的每分每秒。香菸的味道伴隨著焦急的香菸煙霧，充斥著牢房。有人在不停地問探監名單為什麼要花這麼久的時間。他又問了一遍，但沒有人可以提供他任何足以讓他安心的答案。十點鐘，名單終於出現。從加薩一路看顧這趟旅程的眾神，已回應了那些人的祈禱。他們花上一整夜祈禱，直至疲憊到再也無法祈禱下去才倒下入睡。

又過了一個禮拜，才輪到我成為祈禱了再祈禱，直至在祈禱中體力不支而入睡的當事人。早

31 譯注：納伊曼（Na'eeman）：阿拉伯語中的特殊詞彙，其他語言中並沒有可對應的翻譯。一般都用於和剛完成淋浴的人打招呼，也有少部分用於和剛剪過頭髮的人打招呼用，表示注意到了對方的清新氣息。

上帶來了一場淋浴、咖啡、翻滾過天花板的無盡香菸煙霧，以及來自約旦河西岸眾神的一次回應。這次跋涉了較長旅程的眾神，因為我之前祈求與祈禱而倍感壓力。巴士載來了母親、妻子、兒女、兄弟姊妹、祖母與外祖母，以及父親、祖父和外祖父。巴士也載來了男男女女的朋友，以及極少數情況下出現的男男女女戀人……巴士載來了消息、故事、冀望，以及因為長久分離而造成的指責。巴士還載來了絕望、無法改變的煎熬、四季的衣物以及貧窮的匱乏。

這些在破曉時分出發的巴士，承載著情感，穿過了已失去的出生地，越過了已遭到廢棄的村莊屋舍及墓地的斷壁破瓦，曾經住在這些村莊裡的生者與逝者，永遠都不會離他們的故鄉太遠。一輛輛巴士，承載著情感，穿梭在這些廢墟當中，駛過了一條連結了因一九四八年與一九六七年兩次大浩劫而分隔開的明顯不同的文化瞬間，這次的連結至少可以持續短短的幾個小時。每一處與記憶連結的地理，都持續凝固與靜止。當我們重回自己的痛苦當中時，我們並不是回到了那個痛苦的地理區域，而是回到了那個時間的瞬間。我們會再次感受到那樣的痛苦，就算身處另一個不同的星球上，感受也依然清晰。就我們所知，地點或許迥異，那是用一個陌生異地的新地貌，去包裹這份痛苦。然而痛苦的時刻卻不會有任何改變。儘管失去了每一次災難發生的地理區域，但它們的時代卻永遠留在我們心中。

巴士穿越了更古老痛苦的殘垣之地，一路駛到了最近期產生的痛苦廢墟。母親與祖母們領著孩子先下車，然後是坐在巴士後面，對著自己的小鏡子整理妝容的妻子們，完全顧不上自己的兒女或婆婆。所有人都下車後，大家依照接見室的座椅數量分組。隨後大家需要通過一間光線明亮的小檢查室，男女各一間，接下來這段歷經數小時的磨難過程，就不會在此提及了。

我在自己的牢房裡，由一杯咖啡與一根香菸陪伴最後幾分鐘的等待。門開了，警衛陪同走了一小段下坡路。我們囚犯有屬於我們囚犯的一套身體檢驗方式，執行的檢驗細節與來訪親友的檢驗作法並沒有太大的差異。我們進入接見室後，小心翼翼地搜尋著坐在格柵另一邊的臉孔。這道由金屬小格子組成的格柵，小格子面積僅容半個手指或蜻蜓點水範圍的親吻通過。我母親以及和她一起來的其他親屬就坐在那些金屬小格子之後。「我的兒子！你好嗎，孩子？老天慈悲，你好嗎？」在狹小的鐵格子間，我們交換著殘缺的親吻與手指的擁抱。我母親重複著她的問題，就像是在確認我說謊的能力。針對她的問題，任何一個誠實的回答，都會讓她無法繼續活下去。我非常擅長說這類的謊，而母親也因為相信我的謊言，而拯救了她自己免於陷入瘋狂之境。她扯著我的手指做出一種類似擁抱的行為，有時候還親吻我的手指。「老天慈悲，你還好吧，我的兒子？身體健康嗎？都沒有生病吧，孩子？這裡，你哥給你買了一件新襯衫，他問你好……吃過早餐了嗎，孩子？吃的東西夠不夠？你姊昨天做了你喜歡吃的葡萄葉。她希望你還像以前那樣跟她黏在一起。她的孩子都快把她搞瘋了，孩子。你看起來很疲累的樣子。為什麼不多睡一會兒呢，兒子？」她用力扯著我的手指，再次親吻。然後母親離開了小金屬格柵，把位子讓給其他擁抱我的指尖與親吻我的嘴唇。

我的父親並沒有和他們站在一起，一直到所有人都輪了一遍。父親痛恨所有的交談。他快速地緊握了一下我的手指，詢問我的身體狀況，卻漠視我要他靠近我，以及抓著我手指久一點的期盼。他是在用這種方式，回敬我忽略他所有能確保我和他幸福的建議。我父親從不相信說謊的神祇有能力將他從痛苦中拯救出來，連一天都沒有相信過，然而他也從未阻止過我去相信那些說謊的神祇，也沒有禁止過我去參與他確定不會為我帶來善終的活動，連一天都沒有。父親退回了原位，在沉默的痛苦中，拉出了原來保持的距離。其他的手指接管了這些小小的金屬格子，那是我姊姊的手指，她非常想念我們曾經的夜間散步，那時為了防止我摔跤，她的手臂總是挽著我的手臂。那是我小弟的手指，他把我當成了他一個人的神，至少在他再長大一點前，至少在他開始為蜂擁而至的問題，尋找其他不會在他需要的時候拋棄他的神之前，我都是他一個人的神。

「我很好。我很健康。我睡得很安穩。他們給我們吃的東西，多到讓我胃痛。我定期禱告，虔誠而順從。每天晚上，部族中最美麗的女子，都會在我身邊入睡。每天我都會寫詩，充滿了熱情與希望。我一點都不在意那個以前忽視我的女子與一個我痛恨的傢伙訂了婚。母親，妳不會等太久。我與妳的距離，甚至比妳對我的憂心受怕還要近。父親，我聽到你說的話了。姊，我們很快就會去散很多很多次步了。別找別人取代我的地位喔！」還有許許多多來看我的人想要相信的其他謊言。有些謊言是我在禱告時想出來的，其他的謊言則是在那個早上的第一杯咖啡與點燃最後一根香菸的期間，所編造出來的。

在這四十五分鐘的時間裡，來看我的人臉上沒有流露出一絲疲憊，身上也沒有顯現出他們那默默接受身體檢查過程中，所遭受到的侵犯。我開口說了幾句話後，大家全出色地扮演著自己的角色。我們當中沒有人說錯話，也沒有人表現出對現實妥協、背叛自己謊言的行為……在這四十五分鐘的時間裡，一名囚犯再次成為了一位父親、兄弟、姊妹、母親、女兒、妻子或戀人。在這四十五分鐘的時間裡，你會相信所有出於愛的言論，你的心也會因為母親的老歌旋律而翩然起舞。在這四十五分鐘的時間裡，你從自己的牆上跌了下來，毫不在乎跌得多深。除了小小的鐵格子以及每次擁抱後你那發燙的手指外，什麼都不存在了。你會原諒犯下哭泣大罪的眼睛，如果你的四肢在與親人初見時軟弱無力、讓自己失望，你也會大度寬恕。在這四十五分鐘的時間裡，所有你放棄的東西全都位歸原處，只有在時間截止時，你才會被打回原形。

親友的探訪的時間即將結束，至少我們從周遭圍著我們的警衛行動，就可以得到這樣的結果。格柵的另一邊出現了整體性的騷動。大家全擠到了一起，想要做最後的擁抱。母親們緊抓著兒子們的手指，拒絕放鬆。誰知道這會不會是最後一次的擁抱呢？孩子們的臉上出現鬆了一口氣的跡象，因為這幅怪異的景象很快就要結束了，到時他們就可以回到自己所瞭解的遊戲中。一位遭到囚禁的父親哀求躲在母親洋裝後面的兒子，給他最後一個親吻，而這個孩子卻滿是困惑，不知道這個在鐵格子後面、有張陌生臉孔的男人，想要從自己身上得到什麼。一名為了遮掩身上的良好發育，而穿了過多衣服的十多歲少女，站在她那位猶豫著是否要跟女兒親吻告別的父親對面。一位不到四十歲的妻子，善用了這段混沌時段，偷親了丈夫一下或好幾下，這樣的行為足以撲滅她夜夜獨守空閨的怨火。

我的母親在鬆開我的手指之前，給了我最後的忠告：「好好睡覺，我的孩子。一定要吃飯！不要擔心我們。我們都很好。除了希望你能和我們在一起之外，我們別無所求。親愛的孩子，我生命中的摯愛，好好照顧你自己！」她生命中的摯愛，這是我母親呼喚我的名字。之後她鬆開了我，我用她還給我的手指，擁抱了其他來看我的人。我的父親依然站在一定的距離之外，等待著，直到會面時間結束。他給了我一個冷冷的擁抱，然後突然抽身。家人們開始走出接見室。大家的身軀都朝著門移動，但眼睛卻始終徘徊在後面。我的手指依然穿過小小金屬格子，維持著的扭曲的手勢。母親洋裝的摺邊，是我最後看到的畫面。

當親人都離開後，沉默接管了他們原來的位子。還有我們違心的笑容。淚痕。一張張望向天花板的困惑臉孔。裝著衣物的塑膠袋，散發著那些曾經在這兒的親人的味道。然後警衛來了，我循著即將把我帶回床位的來時步伐走著。有好一會兒，我迷失在親人探視時帶來的新聞與重大事件中。接著，我將那四十五分鐘深深藏進了心中無人能及的某處，並回到了探親之前，安排著自己的日子：我的牆、大家對於世界大事的說法、一些關於以後的閒談、下次到戶外放風的一個小時，以及我在牆上的塗鴉。

牢裡的人，在一種他們的故事即將出現重大轉折的跡象下，繼續著他們內在與外在的活動和興趣。大家密切關注著發生在巴勒斯坦公共廣場與世界上的一切事件，以及那些事件的發展如何助長了扼殺他們革命的緩慢死亡。直到一些巴勒斯坦人在歐洲的米其林餐廳裡，用一頓他們祕密烹煮的豐盛政治大餐，震驚了全世界。

奧斯陸

一九九〇年代肇始之際，在一個繞著單一軸心轉動的世界中，所有黑暗與光明的力量都朝著一個共同的目的而去。在各個區域中心、準國家[32]、獨立小國與地方組織的支持下，這兩股力量炮製出各種可能的方案，撲滅任何一絲的火花。然而以石塊為武器的大起義卻點燃了一朵信仰的火花，那是一種只要我們希望事情成真，事情就可能成真的信仰。這就是我們之所以奮不顧身地投入各種小小戰役的原因。這就是我們之所以遭到殺害與埋葬，或遭到殺害而曝屍街頭的原因。這就是我們之所以遭到追捕、手腳上銬，進而消失在許多墓穴裡、不同監獄中的原因。

一九九三年九月，就在一些巴勒斯坦人民的代表與占領國領袖會面，並簽署了一份名為《奧斯陸協議》（the Oslo Accords）的臨時協議之時，囚犯集中營全站了起來，並一直維持站著的姿態。小會議室裡的政治圓桌會議持續了好幾個月。隨著這起重大事件的細節開始在我們之間流傳，各囚犯領袖的心情，也跟著其內容的詮釋與辯護，上下擺盪於天堂和俗世之間。派系叢生，因為事件的發展，與那些說謊神祇以及他們的謊言完全不同。反對的聲音出現。為了爭奪整起事

32　譯注：「準國家」（semi-state）指具有政府型態的地緣政治區域，譬如越戰後期的北越共黨解放組織被賦予準國家的名義與南越政府談判、巴勒斯坦解放組織以「準國家」名義受許多國際社會所接納。

件完整細節說明及成為講述者的權利，一場激烈的競賽於焉展開。

削弱一個謊言最大的利器，莫過於另一個更大的謊言。《奧斯陸協議》的架構，除了各種關於碎片化故事的小小謊言外，並無新意。他們全是說故事的人，根本不相信自己那些美麗謊言的快樂結局。他們騎著黑色駿馬而來，但與我們毫不相關，而且他們所踩出的步伐，甚至比我們屏息的時間還短。他們來時的穿著，若非戰場上千年未曾見過的軍服，就是既不適合廠房工作，也不適合田野工作的平民服裝。他們以道德和社會組織的架構出現，實際上卻依舊是部落的運作基礎，不然就是某種嶄新到根本沒有歸屬的新文化運作原則。他們全是住在半傳奇中的半神人物，說著連他們自己都半信半疑的謊言，為可能的區域，繪製類似地圖的東西。

一名囚犯只能靠他所相信的謊言獲得拯救，別無他法。有些囚犯堅持自己的老故事，他們甚至用更大的字體去重寫那些故事，並不斷大聲地發表著，避免他們的故事被排除在舞台之外。有些囚犯大聲疾呼抵禦叛國者與異教徒，並要求用七十塊石塊[33]攻擊那些假神祇。他們掛在自己的牆上，等待著，不斷祈禱、齋戒與祈求世界的真主立即釋放自己。其他的囚犯則是大聲疾呼抵禦叛國者與他們的謊言，但沒有指控對方是異教徒，因為這群囚犯從一開始就不相信地獄的存在。他們同樣也吊掛在自己的牆上，等待著，希望自己可以從所有的謊言和背叛中，沾到一些好運。另有一大群囚犯想要相信。他們掛在自己的牆上，等待著，其中一部分的人祈禱與齋戒，其他的

33　譯注：擲石拒魔（Ramy al -Jamarat）是穆斯林向魔鬼投擲石塊以示抗拒的行為，也是朝聖者們的朝覲儀式之一，朝聖者向各個方位代表魔鬼的柱子投擲石塊，每根柱子投擲七塊石塊。

人則是滿足於就這麼掛在牆上，等待著，用他們保存在記憶裡並習慣用來裝飾自己牆面的古老故事，來證明新的開始有其正當性。

只有在舊的傳奇死去後——或者被殺死後——新的傳奇才會出生。舊傳奇的謬誤從牆上脫落，沒有留下任何痕跡提醒我們它們曾經的存在。在舊傳奇的廢墟之上，新出現的說書人，透過暴力或欺騙，建構出另一個傳奇。他們講述的關於巴勒斯坦的謊言愈來愈荒誕：巴勒斯坦是統一的紐帶、是審判後的復活場址，是上帝與先知之地。有一個石塊的巴勒斯坦、一個海洋與天空的巴勒斯坦，以及一個記憶與舊名的巴勒斯坦。與萬事萬物相關的巴勒斯坦，卻沒有一事一物可與之比擬；巴勒斯坦能補償一切，儘管沒有什麼能彌補它。巴勒斯坦是探訪我時哽咽的父親、是所有祈禱者與放棄自己祈禱之人的眼淚。沒有比巴勒斯坦更耀眼的陽光了，儘管巴勒斯坦同時也提供了所有人庇蔭之所……這些只是我小心地在牆上以及其他牆上開始刻寫塗鴉之後的一小部分。這些牆上已沒有足夠的空間去容納另一個需要評論、解釋與證明的故事了。這些粗糙的牆面已無法再持續承受那種政治敘事與國際情勢半演說式的花言巧語了。

對於巴勒斯坦囚犯而言，橫在眼前的是一季冷冽的寒冬，而在這個寒冬期間，大家的心走向了進一步的分歧。有些人從老先知那兒接收到了新的謊言，這些老先知根據一個更新的啟示，修改他們帶來的訊息。其他囚犯則在繼續吊掛於牆上時，更加深化依附自己舊有宗教的程度。監獄的庭院圈住了這些人。牢房區與各自的牢房也圈住了他們。這些愈縮愈小的空間中只容得下一個故事的存在。說謊的神祇遍佈四處，祂們從自己的天堂一頭栽下，定居於祂們的沙漠之中。貧窮、飢餓與不公不義被賦予了許多不同的譯本。對於自由與解放的迴異觀點，如雨後春筍般冒出頭。在敏銳者的心裡，歷史與地理變得混沌雜亂。神聖的東西被推翻，不符合教律的禁品成了符合教律的東西。隨著說故事的人不斷爭辯，並將自己的論點從各個可能的角度推進，故事的數量激增。這些說故事的人假裝遺忘了自己的大浩劫。他們假裝遺忘了難民營、村莊以及仿冒的城市。他們假裝遺忘了接納自己的公共廣場、陪伴自己的墓園。《奧斯陸協議》協議之後，囚犯們的生活就像這樣持續著，直到一九九四年五月《開羅協定》（the Cairo Agreement）[34]的簽訂，囚犯集中營在那個當下感覺到了他們的牆壁震動到了根基。

從一九六七年就被關進囚犯集中營裡的犯人，親眼目睹了許多解放時刻。確實有一些人獲得了釋放，因此牢裡的其他人也都祈禱自己的折磨，可以在未來的某天結束。這樣的機會全是由遠走他鄉的放逐者所製造出來的。固執的人依舊堅守著信仰與教義。在過去數十年間，這些反對派團體曾經簽署了無數次囚犯交換協議。一九七〇年代，有超過一百五十名巴勒斯坦囚犯獲得釋放。一九八三年的一次囚犯交換，釋放了超過五千名巴勒斯坦囚犯。一九八五年的交換，從兩千五百名囚犯中釋放了一千一百五十人。到了一九八七年，關押在以色列囚犯集中營中的人數已降至數百人，想當初以石塊為武器的大起義期間，一波波的大監禁在一九九四年初，就往這些囚犯集中營裡塞進了超過一萬兩千名囚犯。

34　譯注：國際上也稱為《加薩—耶利哥協定》（the Gaza–Jericho Agreement）。

一九九三年的九月的《奥斯陸協議》，見證了最初一波的囚犯釋放：所有患病與未成年的被羈押者都獲得了自由。在這之後是一段時間的停頓，直到巴勒斯坦解放組織與占領國政府在次年五月於開羅簽署了政治協定。兩份協議期間的八個月盼望，喚醒了自由的希望，或者至少喚來了一份收到獲釋時間表的期待。五月的腳步一天比一天近，直到五月終於抵達門口。一連多日，囚犯們全待在電視機螢幕前，一動不動，他們關注新聞，等待著《開羅協定》正式生效的那一天。

一如我們所知，生活停了下來。各座監牢以及監牢裡的所有人與事，全都在天地間盤旋。偶爾這些人會落腳下凡，滿足一下自己的一些世俗需求。他們吃飯、喝水，或洗澡，然再次升空，就這麼漂浮在天地間，等待著。他們睡覺，卻不躺下。他們吃飯，卻不感飢餓。他們離開了自己的牆，就如同那些牆根本就不存在似的。他們推遲了自己的故事，也推遲了各種習慣爭辯的文本。他們慢慢脫離了自己的傳奇，等著完全擺脫這些傳奇的那一刻。他們忽視自己的壁畫、忘記了祈禱與祈求。他們夜裡起身後，無法入睡，於是點根菸抽。他們回到床上，不到早上快過完不會起床。他們拿出相簿，確認相簿裡的臉孔後，再將相簿藏起收好。他們翻弄自己的袋子，尋找留待下次親人探視時要穿的衣服。

首席的說書人抵達開羅，與占領國政府一起坐下簽訂了他無法解釋的文件與地圖。之後，關於他無能的消息，傳到了監獄各牢房裡正在堅持的人耳中。有些人暫時保留了自己對亞西爾·阿拉法特（Yasser Arafat）的批評，他們在等待。然後為了協定簽署時刻而預先準備好的囚犯釋放名單送達了。監獄的擴音系統傳來了公告：在第一批名單唸完之前，每個人都維持靜默，安靜得有如身處墓地。那些被唸到名字的人，壓抑著自己的聲音、屏住自己的呼吸，臉上是被強迫壓下去的喜悅。當第一份名單唸完後，那些將獲得自由的名字跳著、舞著、擁抱與親吻。他們哭泣、道別、穿上了自己的新衣服。他們再度哭泣與擁抱。牢門打開，那些名字離開了他們的牆。

屬於墓地的靜默再次出現。第二組名單。屏息的等待。公布結束。手舞足蹈、跳躍、擁抱、親吻、哭泣，以及最後的道別。牢門開，人群離開他們的牆。只剩下我一個人。我環顧身邊。走了十三個人，然而除了他們最後的氣息還在我們共用的牢房中環繞，什麼都沒有留下。一股怪異的氣味出現，那是空空蕩蕩的空間氣味、安靜的氣味、沒有東西可以取代他們位置的氣味。我再次環顧周遭。我的臉上覆滿了離去之人親吻的臭味。我洗了臉。又洗了第二次，然後開始重複那些之前還在這裡的名字，並一個個地點著他們的人數。我竟然忘了其中一、兩個人的名字。我衝向緊閉的牢門。什麼都聽不到、什麼都看不到。墓地的靜默。我回到了自己的床位上，緊緊地依附著牆。

有些人的手是乾淨的，其他人的手則沾染了鮮血。那就是首席說書人的決定，以及他簽上自己名字的東西：每一個在他的故事中走得太遠，或對他的敘述過於投入的人，都沒有得到救贖，每一個舉起他的手想切斷那把奪走他至親之劍的人，都沒有得到解脫。阿拉法特編造了一篇新的傳奇，這個傳奇沒有為戰爭的神祇或祂們的革命言論，留下任何空間。那是一個關於和平神祇的驚人傳奇，然而這些和平的神祇卻只是一直在偽造祂們演說的老話。現在這些神祇厭倦了祂們的流亡生活，於是向第一片願意接納祂們的土地尋求庇護。

戰爭的囚犯帶著他們的神祇，回到了他們的牆身邊。他們的牆一如既往：堅硬、牢固，並且歡迎所有刻畫在它們身上的文字。這些牆張開雙手接受它們的人，並承諾永遠都會在那兒。那些人回來了，聚集在幾間之前除了鬼魂全空空如也的小牢房中。釋放名單一點都不在乎這些回來之人的夢想，監牢的擴音系統對他們的痛苦也沉默不語。牢門在他們的面前砰然關閉。他們從原來盤旋的半空中回到了現實，拋棄了所有之前開始規劃的浪漫冒險，因為所有的承諾都是一場謊言。他們回到了那堵牢固的牆身邊，那堵牆是故事的開始、中場，也是結局。

我一個人在獨處了幾個小時後，與其他沒有被念到名字的人，一塊兒被轉移到了第四區。大家沉默地就這麼坐了很長的時間，避免那些只要說出口，就會觸發無法平息之痛的話語。

恐懼

墓地，這個人類最後的安息地，是神祇的誕生之所。

——路德維希・費爾巴哈（Ludwig Feuerbach）[35]

當死亡迫在眉睫時，我們心中會對未知發展出一種長期鬱積的恐懼。恐懼成了我們存在的全部意義：我們所相信的、我們所疑惑的，以及我們的所思所想；我們的情緒與感覺到的一切；我們無法理解的一切；那些占據我們心頭的人，以及那些從縫隙中滲出來的人；我們踩出的腳步以及我們失去的機會；我們說過的話、我們藏起來的話，以及我們扭曲過的話。

在我們生命的所有水平面向中，唯一可以拯救自己免於死亡的垂直深度之事，就是對死後的生命，以及對慈悲又永恆的真主或神祇，懷抱著堅定的信仰。猶如因酷寒而蜷成一團的身體會圍在火焰旁邊，生命有限的凡人也會聚圍在不朽的概念旁。生命的意義與目標朝著每個方向延伸，

35 譯注：路德維希・費爾巴哈（Ludwig Feuerbach, 1804-1872），德國人類學家與哲學家，作品以《基督教要義》（The Essence of Christianity）最廣為人知，書中對於基督教的批評深深影響了包括達爾文、馬克斯、佛洛伊德等後世許多偉大的思想家。

但生命突然結束的恐懼，卻讓我們備受折磨。恐懼放大了死後不知會如何的這個問題，而這個問題又顯露了我們對於所有的答案，其實一無所知。於是我們朝著高處逃去。我們尋找所有可以抓緊的東西，這樣才不至於一頭栽進疑問與恐懼的地獄之中。我們從來不往下看，因為深淵裡除了墳墓、缺失與終結外，什麼都沒有。

烏雲遮蔽了阿什克倫監獄的天空。在烏雲堅持下的一片黑暗中，剩餘的囚犯依然必須呼吸、評估自己的處境，並與自己的那堵牆，重新延續原來的老關係。這些囚犯是奧斯陸後那個新故事的第一批犧牲者，但他們不會是最後一批。他們開始痛斥每一個他們認為應該對他們仍然遭到關押這件事負責的人。他們用謾罵對那些該負責的人抽筋扒皮，甚至稱那些人為叛徒。他們用自己的雙手，在信仰中埋下了質疑與不信任的種子，但在這天之前，他們的信仰一直都如豎立在面前的那些牆一樣，堅實又穩固。

當身邊的一切都在不停運轉的時候，是我的牆救了我。我從未質疑過那堵牆包容與解釋我身邊一切活動的能力，一天都沒有。我並沒有去尋找新的神祇。我的牆已經納入了所有我需要的信仰。其他的囚犯失去了他們的錨定點，於是被吹著的風帶往各個方向。昏頭昏腦又病懨懨的他們，對於這片土地的故事以及一場必然的勝利，已然失去了信心。

附近一堵牆上掛著其他人，他們從一開始就拒絕接受這片土地的傳奇。他們反而懷抱著對信仰的肯定，接納了關於天堂的故事與先知的說法。那些人沒有與自己相似的故事，然而他們眼中的自己，卻是參與者，參與了早已在天際之外準備好的故事。他們的歷史中沒有失敗或挫折，只有邁向就在眼前的神聖勝利，途中若遭遇短暫休止，那也只是路途中的不同階段。他們毫不在意其他人的故事與傳奇。他們拒絕接受其他在巷弄中耗費了半生吃喝、流血與死亡的先知與半神。他們這群人擁有所有的答案，因此不會有問題再讓他們感到疑惑。當他們在確信的枕頭上安穩入睡後，黎明祈禱就再也不會因那些失眠的時間而倍感痛苦。

然而他們所擁有的那類答案，我確定全是枷鎖。他們拒絕接受嚮往道路的態度，排斥尋找的機會，只期待未來的降臨。儘管如此，當我發現自己正在一個具備了各種可能性的迷宮中閒晃時，我依然很嫉妒那些人。他們整夜安睡，我卻始終徘徊在睡眠的邊緣。我嫉妒他們的唯一真主，也嫉妒他們找到了接近真主的捷徑。我嫉妒所有的先知和先知的故事，也嫉妒先知代禱和救贖的保證。但是每當一個新的問題，將我帶回到路的起點時，我的嫉妒總會褪色。然後我再看著那些懸掛在牆上的靈魂。他們對他們的上帝並沒有抱持任何真正的信仰，那不是真正的信仰。他們只是拒絕接受所有出現在真主之前或之後的事情。他們依靠祂、害怕祂，卻又渴望祂。他們漠視所有扭曲了他們真主臉孔的無知塗鴉。他們完全停止了書寫，並折斷了自己的筆。他們擁抱既有的文本，只履行著真主在《可蘭經》裡的第一道命令：誦讀。

這就是我在一九九四年春天的生活情況。五月的《開羅協定》後，一種新的氛圍降臨阿什克倫。心中不安的人，在一波波的囚犯釋放潮後，忙著尋找自己繼續存在的合理性。其他人則只是回歸到自己之前的生存狀態。占領國當局開始將西岸主要城市的治理工作，割讓給巴勒斯坦人。我依然可以看到巴勒斯坦安全部隊與警察進入加薩的情況，人民手舞足蹈、拋發著糖果，因為他們愈來愈相信這則新聞的真實性。坐在小電視機螢幕前面的我，並不相信這則新聞——拒絕去相信——但是我的眼睛裡蓄滿了淚水。我的眼睛裡流出來的，是一個想要相信謊言的疲憊淚水，就算只相信一段短短的時間也好。又或者其實是作夢之人的淚水，這群人正在為自己的夢想憂心，唯恐某個虛假又與人串謀的早晨，來得太快，將這些夢全都偷走。不管怎樣，我依然一邊哭一邊看著這則新聞的發展，就連心中所有的疑惑，都無法阻止自己。

春天結束，夏天來了，也用鐵獸帶來了新的安排。移監巴士這一次將我載去了遭到占領的城市納布盧斯（Nablus）。這個地方尚未移交給巴勒斯坦。傑奈德監獄（Jnaid Prison）於一九八四年建立，在建成後的第一個十年間，牢房區吞噬了來自西岸的數萬名被關押者。巴勒斯坦民族主義運動的領導階層與普通士兵，雙雙在這座監獄的牆內誕生。我在八月來到這兒，先被發配於第三區，後被轉至第七區。第七區內的一扇新窗子，讓我坐擁監牢東面的壯麗景觀，俯看拉非迪亞（Rafidia）安靜、冷清的街區。

傑奈德監獄的條件與阿什克倫沒有差別，但是前者卻令人有一種隨時都可以爆炸的沸騰興奮感，我後來瞭解到，那樣的興奮感源於大家對於當時正在巴勒斯坦公共廣場上發生的重大政治事件，所產生的一種更強烈意識。在傑奈德監獄裡，恐懼具備一種完全迥異的本質，而且如此靠近，幾乎要灼傷你的手指。那是一種熟悉的恐懼，某種我曾經遭遇過的恐懼。那是一種我認識它，它也認識我的恐懼。這種恐懼味道中的某種東西，以及氣味中的強烈特殊性，讓我聯想到酒精。

這次移監所產生的心理變化，把我自己都嚇了一跳。一個人從某個地理位置移轉到另一個地理位置，心理狀態必然要配合轉化。也就是說，軀體位置在現實中的每一次變動，都發生在兩種不同的心理狀態之間，同樣的，也發生在兩種不同的文化瞬間之間，而每一個文化瞬間都代表著當時所獨有的情緒狀態。以色列一九四八年的占領，就強行置入了一個與約旦河西岸及加薩走廊狀況完全不同的文化時間，而這兩個地方一直到一九六七年才遭到占領。第一次的占領建立了一個充滿了現代性要素與詞彙的新國家，而其政治組織、社會結構與民事規畫也同樣滿是這樣的現代性。另一方面，一九六七年的占領，在許多片看不到發展或改變的土地上，強行置入了一個凍結的臨時政府，目的只在於掠奪這些土地所擁有的一切天然資源。

巴勒斯坦在地理上所經歷的占領事件，與巴勒斯坦的認知、天性、文化、天空、空氣、氣氛、語言與感情，具有根本上的牴觸。更有甚者，以色列的占領行為，成功地在一小塊因為巨大不公平差異，而處於緊張情勢的地理區域裡，創造了兩種迥異的文化瞬間。一九六七年的那些土地，罩在濃厚的阿拉伯語環境中，面對稀缺的水源，只有原始的農業與尚未機械化的生產、部落與家庭的社會結構、被掠奪的自然資源，以及毫無尊嚴的貧窮。因為歷屆占領政府執行的土地沒收政策，結果這方地理區域每個小時都在縮減。至於巴勒斯坦人一九四八年所失去的那方土地，則滿是怪異的希伯來語，有著充沛的水源、廣大土地、先進的農業、奠基於尖端科技的現代工廠，以及根植公民原則的民主猶太政治實體。這裡的地理區域以犧牲西岸土地為代價，每個小時都在擴展。以色列那個地理掠奪與收歸已有的胃口，怎麼填都填不滿。

每次移動於這兩個地理區域間的巴勒斯坦人，都會在自己的土地上，陷入一種暫時性的困惑狀態。一邊是他所熟知的空間。這塊空間在其舊有的泡泡中，表現出的所有細節都與他相似。這塊空間瞭解他資源的不足，於是承諾只要他滿足現狀，就會提供他足夠的資源——其實他只要抗拒、採取行動復仇，這塊空間會承諾他更多的資源。他並不認識另外一塊空間。那塊空間不但沒有與他相似的任何之處，還會殺害、搶奪與否認他。那塊空間承諾只要他能滿足現狀，就會一如既往——若他只想著抗拒與復仇，那塊空間承諾會對他施加更多的壓迫。占領國政府擁有其所需的一切軍事力量，後來又錦上添花地掌握了核武能力。這些軍事能力就是占領國政府與巴勒斯坦人以及周邊國家的交談語言。

巴勒斯坦人必須堅守他們知道的每一個神祇，以及他們不相信的其他神祇。他們必須從自己的貧窮、無能無力，以及阿拉伯環境的無知中，創造出一場危機。面對那個開始在自己的土地上不斷增長，直到吞噬掉一切的怪物，傳奇是巴勒斯坦人唯一擁有的東西。在一個動搖自己所有信仰教條的論述之前，巴勒斯坦人的任務一點都不輕鬆。不論轉向何處，他們的平行時間總是緊追不捨。前一分鐘他們還在懇求上帝賜下一個多雨的冬天，滋潤他們依然擁有的土地；下一分鐘的禱詞就變成了祈求真主將所有的水從這片土地上收回。他們祈禱真主賜下一場聖怒，弭平占領者在他們土地上建蓋的一切，但在禱告結束的那個瞬間，他卻又開始讚嘆這些建築物所展現的天賦。他們撕去了占領國政府的合法性或正當性，但是占領國的民主與其獨立的管轄權給他們留下的深刻印象，卻始終沒有消褪。每當躺下入睡或當收成全都落空時，他們都會指控、怪罪、痛斥占領國政府是罪犯，但是他們對占領國政府展現驚人能力的震驚感，卻始終沒有消褪。

每一個巴勒斯坦人都用盡全力，試圖阻擋兩個平行時間加諸在他們土地上的痛苦現實。但是不論他們多麼努力地否認，他們都確實認知到了在兩個地理區域轉換時，生理與心理所產生的改變，也承認了自己的疏離。在其他場合，巴勒斯坦人緊緊依附著他們的傳奇與這個傳奇的謊言：有這麼一塊唯一且永遠會出現在任何地方的地理區域，以及一種不論自己如何從一個地方轉至另一個地方，都會持續且不會產生任何改變的心理狀態。他們盡可能地大聲喊叫，重複著自己的革命論述，其間夾帶著少許戀人的話語。他們仔細地聆聽、嚴密地盯看。他們挖空了記憶，想想了自己的時空。他們第二次大聲喊叫：我是這個地方的主人！我是海洋、海灘，也是碎浪之力。我是天空、大氣，也是支撐鳥兒之力。我是平原、草地，也是鴿群。我是沙、眼線粉[36]，也是水泉。我是巨石、蒼鷹，也是花與蜂。我是鷓鴣、我是山谷、平原，也是海岸。我是山中老人（Old Man of the Mountain）[37]。

這就是我在進了傑奈德監獄後，所害怕承認的心理變化。承認這樣的事情，就像是一種背叛與投降。這種心態變化可能代表相信那些關於一分為二的土地以及兩種不同身分的謊言，也可能

36　譯注：眼線粉（kohl）：據說先知穆罕默德曾因治療眼疾使用眼線粉，後來部分穆斯林將使用眼線粉的行為詮釋為聖行的一部分。

37　譯注：在伊斯蘭的世界中，山中老人指的是拉希德丁・錫南（Rashid al-Din Sinan），一一三二或三五—一一九三的伊拉克人，伊斯蘭教傳教者，是阿薩辛教派（Order of Assassins）的暗殺組織負責人。拉希德丁・錫南之所以被稱為山中老人，應是源於「山中長老」（Shaykh al Jabal）的頭銜。

代表接受了在一九四八土地狀況下的阿什克倫與一九六七年土地狀況下的納布盧斯之間，那種時間與文化區別的假象。進入西岸後，我擔心自己對於這裡的熟悉感，不論是空氣、氣味、屋舍安排，還是依然充斥在納布盧斯狹小街道間的士兵聲音。相較於昨天在阿什克倫的放逐，我因為一種回到了與我相似之處的感覺而恐懼。

但是我的恐懼過去了。這份恐懼並沒有橫亙在我與我的牆之間。我等待夜晚的降臨，那是我可以與我的牆獨處的時間，除此之外，還有一扇剛好配合我上鋪床位高度窗子，大方地為我提供了拉非迪亞的街景。我煮了自己的咖啡，盤腿坐在我的床位上，迎接降臨在附近街道上的夜晚。一切似乎都離我很近——一切，除了那些離我遙遠到已不可能接觸的臉孔。

占領國當局尚未將納布盧斯交給巴勒斯坦人，但是他們依然對納布盧斯居民施行著壓迫政策。我們在監牢裡發現了一些曾目睹審訊與刑求的牢房，在牢房裡還能夠聽到來自於示威抗議方向的槍聲。數個月的等待與觀察期間，穿插了好幾波的釋囚，就像在阿什克倫一樣，但是這幾波的釋放人數較少。那幾個月間還出現了一九九五年五月的絕食抗議，囚犯們清楚表達了他們對於政治情勢以及正在將他們的痛苦變成永恆的協議，有著怎樣的理解。他們要求巴勒斯坦領導者堅持釋放所有囚犯的原則。由於外部干預與內部對應，這場絕食抗議在十八天後結束，沒有達成任何目的。

緩慢而沉重的時間，就這樣一個月又一個月地從那些掛在他們牆上的人身邊流逝，而這座城即將移交給巴勒斯坦人的消息，更令他們黯然失色。他們急於知道自己的命運，因此向巴勒斯坦方的決策者發表了許多信件。他們壓抑著那些掌控自己的強烈恐懼感，但是恐懼不但依然存在，還警戒地潛伏在監獄的每個角落。

我後來在那扇窗子旁幾乎待了一年半。窗子的正對面是一個納布盧斯家庭，他們的小房子在我的窗子裡，因為鐵格柵而被分成了一百個或更多個小方塊。景色從未變過，也沒有人和東西可以改變這幅景色的美好與圓滿。我與那個家庭共同經歷了日常生活的瑣碎。早上和他們一同起床，看著第一道陽光照進他們的屋內。一張毫無表情的女子的臉，會點亮一間小廚房，並在短短的階梯上來回走動。其他的光接著在屋子裡的其他角落亮起：兩個孩子從門口出來，踏上去學校的路；一位母親到屋頂上，把洗好的衣服曬在陽光下。那之後，就沒有任何動作會打擾這間屋子的平靜了。

離開窗子開始了我自己的一天日常後，我依然會回到窗子邊，看軍車在街上追捕年輕人。其他的許多畫面，都會讓我回想起過去兩年一直在心裡處於缺席狀態的一個傳奇細節。我等著夜幕拉下，那家人聚在一起的景象。我陪著孩子玩他們的遊戲、與那家人圍坐在餐桌上，一直陪他們待到最後一盞燈熄滅。我和這家人在一起的時候，享受著葡萄以及從他們果樹上摘下水果的第一口美味。每次士兵接近他們的家門時，我體會著他們的恐懼，而在士兵繼續往前走時，我也和他們一樣呼出了鬆了一口氣的嘆息。我為那家的每一個成員都取了名字，也賦予了他們人格特色：他們喜歡或痛恨的東西、在早餐桌上講的幼稚笑話、週末穿什麼衣服、客廳的窗簾顏色、丈夫對妻子說了什麼，以及她相信什麼、將什麼事情視為謊言而不予理會。

這樣的生活一直持續到十月的到來。這個十月為我們撰寫了一本新的出埃及記，不過這個出埃及記的解放故事尚未完結，時至今日仍在持續書寫中。一九九五年的十月是占領國政府預定要將納布盧斯移交給巴勒斯坦人的日子。然而在這次的移交之前，得先進行第二個不一樣類型的移交：一長列鐵獸車隊出現，鐵獸肚子裡載著遭到背叛與被遺忘的人，他們沒有聲音可以訴說自己的痛苦。那些囚犯在即將前進到新的荒野前，不斷地在自己的行李箱內與他們的牆上翻找著可以緊緊依附的神祇。古老故事未能成真的情況，把他們嚇壞了。他們之前一直相信的謊言全灰飛湮滅，只留下他們處於顫抖與恐懼之中。隨著一路狂吼、咆哮的移監鐵巴士接近，恐懼不斷增加，直到恐懼成了一種信仰。遠道而來的神祇降臨，撫慰那些依然在祈禱、依然會輕易相信的人們。囚犯帶著所有他們可以攜帶的東西，對之前他們以為可以重獲自由時所背棄的牆，投去了最後一眼。他們發現他們的牆一如既往，既穩固又安全：這些牆不會背叛承諾，也不會背棄任何人。

最後一天，我坐在自己的床位上，斜靠著我的牆。最後一次，我看著那個小家開始了他們一天的日常，對於我這個一直在留意著他們的囚犯，將會發生什麼事情，他們毫不在意。一如其他的日子，他們在桌上擺好了早餐、孩子們離家上學、母親出現在她的屋頂上。我的即將離去並沒有讓他們的心少跳一下，也沒有讓他們的呼吸加速。我不怪他們，也沒有向他們說出我的道別之語。從我固定的有利位置，我看著監獄內發生的事情，身子更用力地靠向了我的牆。身邊滑過的任何言語，都打擾不了我的牆和我之間的獨處與結合。

我們身邊的很多人都望著窗外，帶著責怪之意，向這個仿冒的城市以及它虛假的記憶，投去最後一眼。恐懼的眼睛究竟在恐懼什麼，還未找到清楚的定義，於是這些眼睛放棄了尋找。一輛輛的移監鐵巴士在接收這些沉重之人時，化身成了時空穿梭機——至少對那些即將離開一個地理區域，去到另外一個地理區域的一張張緊張而害怕的臉孔上，看起來是如此。這些鐵獸的力量，讓他們完全清楚瞭解了自己的放逐。

同時，我內心的一切都已做好了離開的準備。我的目的地已被設定為貝爾謝巴監獄（Beersheba Prison）。我在那兒只待了幾個月，就被轉往內蓋夫沙漠中的納夫哈監獄。而在納夫哈監獄，一些全新的事情為我展開，但我無法預知結局。

在監獄裡……

在監獄裡……
你是自己內心一切所有的一份自白
某些你說的話
其實只說了一點點關於你的事情，卻可能傳達出某些事情
你不相信
或者當你身上年年歲月變得沉重，你會開始相信
你的感官變得脆弱
而這個地方、這些臉孔與這些音樂
身邊與各個名字相關的東西全混在一起
夜與日的分別
牆的接近，你不知道
牆是為了支撐你內心的某些東西而來
抑或是為了殺你而來

在監獄裡……
你是大家口中的你
你沒有任何值得一提的事情，除了
你不在場時，他們所說的關於你的事情
如果他們弄錯了，你就成了他們的錯誤
而當他們理解時
當他們的想法全都分崩離析時，你無處可去
又或者當他們的想法連貫一致時，你同樣無處可去
這裡滿是他們的騷亂，任何聲音都壓不過噪音
而你卻沒有聲音

在監獄裡……
你向那些前來對一張臉孔問候的早晨們告別
但那不是你的臉
當早晨出現，光柱對你沒有任何意義
除了你的影子的消失
以及在你之前焚燒的軀體，和更多焚燒的軀體

在你之後
然後夜晚降臨
一個影子較長的時刻與太陽最後的時間
黑暗的緩慢推進以及結束的
一天，這沉重到讓你直不起腰來的一天

在監獄裡……
沒有任何東西可以證明你的存在
你不在這兒
你在遙遠的那兒
一個沒有任何事情可以讓你回想起自己微小細節的那兒
也沒有任何東西會想念你的那兒
你沒有可供溝通的記號
你何時到的？
你要待多久？
這條由你親手畫出來的線條以及其中蘊含的關切
在譴責你嗎？

這真的是你嗎？你心中是否還有任何東西
依然與你相似？

你曾經愛過以及曾以照片的型態掛在你牆上的那些鬼魂
像你一樣都有著不會變老的臉孔
其他離開了你的人，你已將他們藏在遠離自己痛苦之處
這樣他們就不會打擾。
那些依然留下來的臉孔
或者就算你忘記也在你的記憶中留下濃墨重彩的臉孔
以及其他的半張臉孔，由你來賦予
貼近自己渴望的特徵、名字與慾望
他們會從他們的床上跳起，來到你這兒
速度飛快
玩弄你的睡眠
在監獄裡……

你的錯誤與罪孽合而為一，所有你曾經推延的那些事物
推延至浩瀚的時間與各種各樣打算中的那些事物
你背叛的第一名女子
你對於未來日子的肯定
你對於自己真主的遺忘
或你對祂的重新記起
你對愛情的絕望
你降服於奴役
一個幾乎沒有要求的祖國，不論是你住在其上或是讓它住在你心中
還有你緊緊抓住的錯誤
你所推延事物中的一小撮可以為你帶來撫慰
並讓你向真主大聲祈求寬恕的行為具正當性

在監獄裡……
你慢慢知道什麼是未知
你在一個小時之後的對話、該放多少鹽
在你的晚餐中、那個來看你的女人，總是在一開始的

每個夜晚
你所分享到的陽光
你喝咖啡前的情緒，以及可能出現的情緒變化
在喝咖啡後
那些來探視你之人的臉孔，還有氣味
你等待的氣味
今晚你會向側向哪邊入睡，以及每天晚上
你肺中的空氣量
第一根煙之後的早晨味道，還有色彩
當你開始每一天時，你鏡子的煩惱色彩
因為這面鏡子要注視著你自己的臉

在監獄裡……
你的雙手都懸在空中，一隻是為了自己，另一隻則是為了書寫
你的無能為力
為了將你的等待吊掛在第一座絞刑架上
為了撫慰你無法陪伴在旁的母親

或為了忘記你的母親
為了阻止時間的指針
加速
為了摧毀你的牆，或為了讓你的牆建造你或摧毀你
為了遺忘一個你愛的女人
她傷了你的心
為了記住你父親的臉，為了忘記他的辭世
以及你無力於重新收回一隻手，那曾經一度是
你的手

在監獄裡……
你就是你所需要的一切，當你定居於
你自己的內心深處
當你接受自己知道你
所不知的一切、明天不會報復你的今天
以及你的馬兒會等著你，如果
你能夠很快地就去親自照顧牠們

你不再逃避自己，也不再逃避你的牆
你就是你所需要的一切
所以停下來
這些都是你的時間、你的心跳，這個現實確實存在，如果
你相信這個現實
是完全屬於你的現實

在監獄裡……
你可以成為你想要的一切
最後一位假先知
第一個相信彌賽亞，並與他一起走過水面的人
阿拉丁與他的神燈：隨便你喜歡當哪一個
一隻短命的蝴蝶
《飄》（Gone with the Wind）裡面郝思嘉的愛人
或郝思嘉本人
一名安達魯西亞（Andalusia）的佛朗明哥舞者
一片遙遠土地上的一匹阿拉伯駿馬

一顆殞落前稍作停留的超級新星
一座眺望月亮或一名女子的陽台
或眺望更美麗或更遠處事物的陽台
在監獄裡，你可以成為你想要的一切
沒有任何鎖鍊的束縛

在監獄裡……
你就是你即將到來的一切解脫，然後就再也沒有任何東西
會出現
所有即將到來的都是你
你就是這個地方、你就是這個時間
只有你
在監獄裡，你
擁有一切，同時也沒有任何東西
屬於你

我的主

我的父母都是虔誠的信徒。他們信仰唯一的真主，人們給予祂各種不同的名字與描述，而這位真主也傳達了祂的訊息，並提出了簡單且毫不複雜的要求。當我們餓著肚子上床睡覺時，我的父母會對祂有所抱怨，然而只要我們安然入睡，我的父母就會得到安撫，很快地與祂和解。我的父母祈禱、齋戒，並在能力範圍內，盡可能履行許多其他的義務。我父親有時候會渲染他的真主的話，完全無視我想要糾正他的努力。然而我的父母並沒有將他們的信仰強加在他們的孩子身上。對他們而言，沒有任何事情要比愛孩子更重要。

我的母親與她的主之間的關係，奇怪與好笑的成分各佔一半。一方面，她一整天裡都會以一種調情的方式對待她的主。儘管她關於愛的字庫中庫存有限，卻足以應付她與主之間的交流。不過當她要抱怨時，就會進入她的長篇大論模式之一，而她所使用的字彙與語句，若經過我們嚴格檢視，聽起來可能就不是那麼虔誠了。我母親擁有大量這類的表達方式，兄弟姊妹和我以前總是會為了聽她責怪真主，以及批評祂讓哪些事件和人物進入她的生命，而刻意刺激母親。聚在她身邊偷聽的我們，每次都快被笑死。

成長過程中，我對於真主形象的認知全源於父母。鄰里的孩子也貢獻了他們從他們父母那兒傳承而來的元素。隨著我的活動與交友圈擴及難民營之外，我對我的真主形象，又加入了更多的特性。就這樣，再加上當時處於擁抱自己的好奇心並拒絕各種任何形式束縛的年輕的我，在除去所有與當時的野心、希望與慾望互相矛盾的東西後，最終所擁有的真主，是一個合成的形象，祂與我的適合程度，與祂和我相似的程度一樣高。

我的宗教習俗根基於對父母的模仿，但是我對一再重複的事卻愈來愈覺得無聊。有時候我會連續祈禱一、兩個禮拜，然後連續好幾個月都不祈禱。但是我從八歲開始，就虔誠地在齋戒月進行齋戒，並一直持續著這個傳統，除非發生了必須中斷齋戒的事情。年歲漸長，我的祈禱卻在遞減。但是在一種青春期的妥協中，我和我的真主和諧共處。祂寬恕我所有的小罪小惡——至少在我的想像中，祂原諒我了。當我的年紀再大一點，犯的罪也較大時，來自真主的寬恕也同樣愈加寬容。在這種令人感到安逸的平衡中，我擁有了一個開心的青春期。

這樣的開心狀態一直持續到我十五歲，那年難民營裡有名女子擬定了一個擄獲我青睞的計畫。她有時候用言語、有時候用行動和我打情罵俏。她的這種調情行為，一直延續到她開始厭倦等待一個長大與開竅速度都如此緩慢的男孩為止。她決定排除萬難，找出最具創意的方法去達成她的目的。與她的那次初嘗禁果，讓我的感官全軍覆沒，身體麻木遲鈍。我覺得憤怒，卻也感到歡欣喜悅。我因為害怕這個新發現的世界，直接逃之夭夭。不過幾天之後，我又回來了。我的感官這次被征服地更徹底，身體也更麻木遲鈍。我變得極為憤怒，然後卻甚至更加歡愉。我擔心會發掘到更多東西，於是再次成了逃兵，這次跑得比第一次還快。

當我的笨拙失去了單純的天真後，我的青少年日子就變得較為艱難了。我的真主需要變得更高大，而他賜予我的寬恕，也需要擴展到足以因應我生活中所有的新發現。這個新的舞台讓我將接下來的八年，活成了一個生活實驗場，卻毫無準備去瞭解自己探索的所有新世界。話說回來，那八年也培養了我一定的能力，去應對即將到來的更長遠的人生計畫。我的真主持續看顧我的步伐，不論是我的青少年時代，還是隨後進入叛逆青年時期的那幾年，在以石塊為武器的大起義，乃至我走向牢獄之途的那段期間。

由於一場為一整個世代都帶來夠多死亡與危險的大起義，也由於我在愛慾方面的探險——一場剝光了我的身體，讓這副軀體過快成長，以致於摧毀了其平靜的大起義——我需要一個更靠近我、更慈悲，也更有寬恕之心的真主。一個會從天堂走下來，住到處處都是士兵、槍枝火藥味與逃避追捕之人的狹窄街區的真主。一個會站在我們與穿透我們軀體的子彈之間的真主。一個不但不接受我們的死亡，而且會將死者送回人世，讓他們重新加入戰鬥，與我們並肩作戰的真主。一個站在門口敲門，而當我們太過驕傲而不去應門的時候，再敲第二次門、第三次門，直到我們打開心門為止的真主。一個就算我向他的哭喊求助、拖拖拉拉，也會等待我的禱告，就算我不再向他禱告，也會回應我需求的真主。一個知道我所有需求，甚至知道那些已遭我遺忘的需求的真主。一個像我父母的真主那樣，不會因為我在妄想或軟弱時，在祂的語庫裡加油添醋或怪罪祂而生氣的真主。

引導我去尋找一個會走近自己的真主，不是出於恐懼，而是因為我需要一個不屬於這個世界的同伴，一個不認可這個世界自然法則或各種習俗、傳統與文化的夥伴。一個寬容的存在，祂能夠容忍我的錯誤，卻不會倉促評斷我或向任何人洩漏我的祕密。在祂的面前，我不會羞於實踐自己最不體面的習慣。有祂在身邊，我會摘掉所有的面具、所有的假話。一個其規定與地理區域不會壓抑我的情緒，也不會限制我各種不可思議冒險的神聖夥伴。祂不會用石頭砸我、鞭打我、威脅我，或挑起我無法承受的恐懼。我需要一個即使所有最親密的人都拋棄了我，祂卻依然會站在我身邊的真主。一個我若無法自我營救，也無法掙脫關押我的地方時，不會害怕進入這些禁閉之所的真主。一個當我感覺窒息時，會摩挲我的胸膛，而每當我覺得自己的心要碎裂時，會撫平我心痛的真主。

就這樣，我的真主完全成了我希望的樣子。當巷弄變得愈來愈窄、士兵們又切斷了我的退路時，我可以逃向祂。在飛過來的一顆顆子彈之間，我可以逃向祂。在向最近才犧牲的殉道者致上我的敬意後，我可以逃向祂。在我遭到扣押、承認罪行，被關在地下的墓穴以及地上的監獄時，我可以逃向祂。每當我的世界變小，而所有的路都消失了的時候，我可以逃向祂。我讓祂住在我身邊，離我非常近，因為我只住在牆上。我的真主在我刻出來的壁畫中，佔據了一大片位置，而且還在繼續努力爭取每一分面積。祂從來不會因為住在我身邊而感到厭倦，也不會因為我愈來愈頑固、愈來愈愛爭吵，而感到絕望。

我們三個就維持著這樣的生活狀態：我、我的真主，以及一個最受約束的地方，我們一起存在於一堵牆上。在這個經過了和解而達到的穩定位置上，我創造了一些世界，也摧毀了一些其他的世界。我改變了星辰與星球的方位。我延長了各個季節的流逝時間，然後又縮短了那些流逝的時間。每個人都有一個他們祈禱與讚美的真主，他們早上起床後，睜開眼的第一件事，就是去迎接他們真主的臉。我有一個真主，我愛祂，而祂也愛我。任何時候，隨著我的意願，我可以隨時看到祂的臉，即使因為我睡過頭而錯過了晨禱：那是一個信仰的真主、信念的真主；一個錯誤的真主、善意的真主；一個富人、窮人以及所有存在於這兩者之間人民的真主；一個地方與時間的真主，以及一個存在於地方與時間出現之前、毀滅之後的真主；一個石塊與子彈的真主；一個士兵的真主與士兵追捕之人的真主；一個戰爭、敗戰與勝仗的真主；一個父親與母親的真主；一個小孩的真主，一個對彼此忠貞的戀人，甚至已不再對彼此忠貞的戀人的真主。

我、我的真主，以及一個最受約束的地方：我們三個持續在牆上進行著我們的對話。一輛鐵獸正開往巴勒斯坦的內蓋夫沙漠更深之處，當我們在這輛鐵獸肚子裡時候，那堵牆正在等著我們。再過幾個小時，我們就會在納夫哈監獄重聚。整趟旅程中，我們的肺裡充滿了乾燥的空氣，而我則被一種自己將永遠離開的強烈感覺包裹。離我們的目的地愈近，我的呼吸愈短促。我無法解釋那種感覺，只能等待著自己狀況的改變。但我的狀況完全沒有改變，移監巴士的鐵牆反而更進一步地逼近。然後移監巴士停在了監獄門口，所有的聲音變成一片死寂。

告別

就在破曉之前，布賽奴（Buthaynu）致敬
我的駱駝，之後就出發了；
回禮啊！你怎麼可以
不回禮呢，我的駱駝！

——庫沙伊爾（卒於西元七二三年）

閱讀前伊斯蘭時代的古詩詞時，我總是驚訝於這些作品在描寫沙漠景象時所使用的豐富詞彙，而沙漠地區原產的字母，其實僅侷限在沙子、薊、熾烈的太陽，與稀缺的水源。這類詩作的情感深度與感性的精鍊度，都精彩得令人稱奇。在當時游牧生活的嚴苛程度，以及為了一隻遭到宰殺的牲畜，就可以屠殺上千名男子作為報復的部落結構殘酷本質下，怎麼能夠寫出如此動人的作品？我也驚嘆於在部落興盛時期，這類詩作所呈現的信仰與神祇，他們只有在狩獵失敗或收成

無望時，才會食用這些同樣的神祇[38]。我還驚嘆於這些詩作為每一個名詞創造出成百上千個同義詞的能力。前伊斯蘭時代的阿拉伯人擁有令人不可思議的作詩天分。出於自己的無知，我們錯待了這些作品，一直稱這些作品為扎哈里（jahili），也就是「無知的」意思。扎哈里是以往用於前伊斯蘭時代的一個詞彙，後來被轉用於伊斯蘭時代的詩作上。

沙漠怎麼可能讓一名粗野的貝都因人，沉浸在水的清澈與青草的柔軟當中呢？那名貝都因人又是如何在張眼只看得到壓迫、脅逼和一個只剩下大量飢渴的世界，其他什麼都看不到的環境下，接觸到他的每一個神祇呢？在沙漠這一方的水平面上，是否藏著某個垂直的面向，激勵著我們的貝都因祖先飛入天際，填滿那裡的空白？在那名貝都因人的孤獨裡，是否有什麼東西讓他將自己的現實環境擬人化，並賦予了夜晚、白晝以及各個天體聲音？讓他得以與自己的坐騎說話，並聽到牠的回答？伴隨著活埋女嬰的傳統，貝都因人也活埋了他的恐懼與焦慮。他活埋了貧窮與階級區隔。他繼續埋葬，直到他的沙漠轉變成了一片巨大的墳地，墳地裡囊括了所有曾經困擾過他生存的東西。沿著這些墳地的足跡，他創作了他的文學與他的詩作，寫下了關於他的女人的故事——那些話自古以來未曾有人說過，此後也再沒有人能說出。

一九九六年十一月，我也身處這片沙漠之中。當載滿了囚犯的移監巴士停在納夫哈監獄前時，周遭一片沉寂。監獄大門打開後，我們得到的安排是長長的等待。經過了具羞辱性質的檢查

38 譯注：前伊斯蘭時期的阿拉伯主要是多神信仰，除了將動物獻祭給不同的神祇外，部分地區也出現動物型態的神祇，或將動物聖化，劃定特定保留區域給聖化的動物。此處所謂的食用同樣的神祇，指的是食用被視為神祇的動物。

後，大家全聚在探視廳中，等待牢房區與牢房的分配。這座監獄有四個牢房區，幾近四百名囚犯懸在牆上，被圈鎖在窄小的牢房與監獄庭院中。這裡的牢房與庭院狹小到連太陽都不耐煩與囚犯們一起監禁其中，因此總是快步行移。小小的沙漠庭院外，圍著一座監獄，而監獄外又圍著一片無垠的沙漠。頭上的天空除了幾隻可憐的小鳥、以打擊我們為目標的軍機訓練聲，以及讓呼吸變成一件疼痛差事的細沙外，盡是空白。

夜晚結束時，我們都已進入了自己的牢房。八個人擠在一起抵抗冬天的寒涼。冗長的自我介紹後，我跳上了我的上鋪床位。那兒有扇窗子，窗外是監獄的一個後庭院，但是那兒除了沙塵、倒刺鐵絲網與看守監獄的狗叫聲外，一無所有。

我的牆就在那兒，等著我安排好自己的事物後，再次與我獨處，一起做好迎接我們第一個早晨的準備。但首先，我們必須解釋移監巴士行駛途中，那種朝我撲面而來的窒息感。我注視著自己。我注視著我的牆。然後我開始尋找我的真主，搜尋著所有祂一般會出現的地方，但我沒有找到祂。祂的消失讓我焦慮不已。我又找了一次，這次更仔細。牆上什麼都沒有，而我依然找不到祂的蹤跡。我看著身邊其他也被那些仿冒的城市、村莊與難民營拋棄的人。他們早已被埋在沙漠的沙塵之下，因為距離夠遠，所以他們痛苦的尖叫，不會打擾到任何人的睡眠。我回到我的牆身邊。那堵牆讓我從真主那兒重獲自由，我並沒有因為發生在我們身上的這些匪夷所思的事情，而怪罪這位真主：這正是我們的分道揚鑣之處，祢和我。那堵牆充斥著那種告別的感覺。我不斷重複著自己的想法：這是我們的分道揚鑣之處，祢和我。

接下來的七年裡，我的生活中再也沒有一個曾經陪伴過我如此長時間的真主。我拋棄了我的日常禱告與禮拜，倒在了已是我穩定參照點的牆上，並緊緊依附著牆，就像從未這麼做過。整整七年間，我逃離了我的真主、祂的慈愛、祂的慰藉、祂的威脅、祂的接近與祂的退縮。我逃離祂的書典、祂的先知，以及滿是女子與絲袍的花園。我逃離祂可以融化鋼鐵的火焰。我漠視我的真主一再敲打我已鎖上的門，並對祂帶著眾多神祇回到這個扎哈里的沙漠中，不聞不問。我擺脫了自己之前與之後的生活，堅守著我的牆，以及那堵牆所囊括的所有生活：我就是我的牆，我的牆就是我。我將自己的歲月當作祭品，奉獻給了那堵牆了，而那堵牆也從未厭倦我或拋棄我。

我的塗鴉已擴展到橫跨整個牆面，特別是我在牆上拒絕了所有神祇的存在之後。在每天都向我逼近的擁擠監禁環境中，我需要其中的空間。沒多久，我就讓自己的呼吸習慣於充斥空氣中的灰塵、學會了如何在叫個不停的犬吠聲中入睡。在太陽下放風的時間裡，我的步伐不會再因為窄小庭院裡摩足擦踵的腳而感到侷促。在不過多抗議的態度下，我學會了接受沙漠必然是最終決策者的現實。

同時，我的牆成了超越所有物理現象的存在。我們的環境變化對它毫無影響。只要我繼續依附著它，那堵牆對我與我的真主分道揚鑣就絲毫不在意。我的牆甚至可能更喜歡我回歸到無知的扎哈里狀態，因為那堵牆有自己的多神論，以及一座小小的卡巴聖殿（Kaaba）。這座聖殿四壁所圍起的狹窄空間，容納了所有的神祇，祂們之間沒有衝突、沒有排擠、沒有摒棄，也沒有基於身分的殺戮。那堵牆因為我能夠活得像我的祖先而開心，那些活在他們沙漠中的扎哈里阿拉伯祖先。當沙漠中生命的所有可能性，均被證實屬於徒勞之功後，我轉向自己的內心尋找生命。如果我的沙漠已流盡了其他人為我所流的血，那麼我會用沙子塑造出我要殺戮的神祇。我與這個部落以及附近部落的所有女人同床。在起伏不平的扭曲牆面上，我用對仗的文句，寫下了上千首詩作。我拒絕所有的先知，因為沒有任何宗教可以誘使我離開自己部落的宗教。我沒有信眾繞行的卡巴聖殿，但是我繞著我的牆而行。我將自己愛與戰爭的詩詞創作吊掛在牆上。

在納夫哈監獄已度過了一年多的時光。我的存在就是我的牆與我，沒有第三者。關押在此的囚犯，每一天過得都像是最後一天。當他們在訪客的眼中看到前塵往事時，就會回想起自己的前半生，但是只要一回到他們的沙與塵當中，就往事盡忘。他們祈禱、齋戒、睡覺。他們變老，並為一個已經拋棄了自己的故鄉哭泣。我的牆與我存活了下來，我們熬過了那對我們脆弱的骨頭，絲毫沒有展現出憐憫之心的沙塵暴與沙漠酷寒。我們堅守著這片土地的古老傳奇與謊言。在這麼做的同時，我們也像其他人一樣，在自己對自己訴說的故事裡，找到了某種安定感。

我繼續過著我的白天與黑夜，想著自己的例行作息會永遠這樣持續下去，不會有任何新的命運打擊來擾亂我的平衡。然後三月與我母親的探視共同而至。坐在她對面，我注意到她臉上的表情不對勁。她一直沒有說話。在場的其他親戚都望著她，也沒有說話。我發現父親沒有來，詢問母親父親的狀況。她沒有回答。然後她開始哭。我父親去世了。

我從椅子上跌下。那天晚上我在自己的床位上甦醒後，看到了因為敲打鐵格柵而血跡斑斑的手指，那道鐵格柵隔開了一位正為逝去的心愛丈夫而哭泣的母親，也隔開了我對一位父親的悲泣。我的頭靠回牆上。我將父親從墓穴中挖出來後，讓他坐在床上，正對著自己，然後我開始表達自己的悔恨。

「對不起，父親，對您的去世以及您活著的時候，我都深感抱歉。對於您的土地、您遺忘的關於耕種的種種，我很抱歉。對於您被驅離家門、流亡到難民營、您的窮困、您的無知與所有您受到壓迫的情緒，我很抱歉。對不起，父親，對每一次我沒有親吻您的臉、對每一次我讓您更加不耐煩、每一次儘管不是您的錯，但我卻依舊怪罪您、每一次我因為您的空空雙手與您的手推車而感到羞恥，也對每一次我稱呼您父親，卻沒有呼求您的真主而抱歉。對每一次我們之間被截斷的對談、每一次我打擾您與母親獨處的時間，不論刻意或無意，我都感到抱歉。對不起，父親，對您在我們的探視中無視於我、對每一次您想要說些什麼卻最後什麼都沒說，我感到抱歉。我對您過世所感到的意外，以及無法參與您的遺體洗淨、下葬以及大家追念您在世善行的這些過程而感到抱歉。我很抱歉自己的哭泣，以及之前從未為您哭泣。為了我信奉異教，也為了無法擁有一塊硬幣，放到您的眼睛上，讓您能更快地渡過冥河而感到抱歉[39]。」

我還因為許多其他的事情向父親致歉。但是我也回想起了我們父子共處的每一個美麗瞬間。父親將他所有的夢想都放到了我的肩頭，而我則把這些夢想全掛在牆上。儘管這位父親辭世，但我依然可以看到我們每次造訪他那個遭受到遺棄與掠奪的村子時，他那張因為嚮往而次次變形的

39 譯注：源於希臘，盛行於西方世界的行為。

臉孔。我父親沒有和我道別就離開了人世，但是我是多麼迫切地需要和他說聲再會！我父親去世了，在我可以向他解釋我之所以不在他身邊，或者讓他瞭解我為什麼會去做那些事情的理由之前，他依然在怪罪與斥責我。我母親說他每天晚上都避開所有人，哭著上床，但他從來沒有在我面前哭過。現在我為他哭泣，就像我從來沒有為任何人哭泣那樣。至今，我依然為他哭泣，也許他會從天上慈愛地看著我並寬恕我。我說著所有自己知道的愛的語言。我對父親訴說著我們那些古老的故事、關於這片土地的傳奇，以及我們曾經栽種過足夠多的樹，可以為那些奮戰的人遮蔭、提供食物，也告訴他，就算我們死了，我們栽種的那些樹也會長大，並取代我們的位置繼續奮戰。我對他訴說他的村莊。告訴他村裡的薊花已經長得比我還高，那兒依然有無花果與杏樹，而大大的角豆樹依然挺立在以前我們每次偷偷回去，都會為我們提供遮蔭的地方。我向他報告母親在他離開之後的狀況，告訴他母親隨著一年年的過去，變得愈來愈美麗，還告訴他母親拒絕死亡，因為如果她逝世，我會認定這是一種背叛。

當你因為親人的去世而備受打擊時，需要的是一個可以退避的孤獨角落，或許在那兒平靜地療傷，或許在那兒安靜地死去。然而在一間狹小擁擠的牢房裡，想要擁有這樣的一個地方，無疑痴人說夢。我被迫容忍這些人將他們視為己任的宗教與人道本分，強行施加在我的悲傷之上。他們湧聚在我身邊，問我一些關於我父親的怪誕問題。他們在我耳邊低吟《可蘭經》中所有關於忍耐的章節，中間還混雜了先知對於寬恕以及死亡必然性的相關諺語。

我一直等到提問者留下我一個人獨處後，才回到我的牆身邊。我在自己的悲傷中，注視著一個失去了我父親的存在體，我默默想著這個存在的東西是什麼：我該詛咒這個東西，還是要與這個東西達成和解，進而擁抱這個東西？自從我的真主離開了我的牆後，我的牆現在有許多空間，於是我將前幾天才過世的另外一位主帶了過來，將他埋葬在我的牆上。我開始向父親背誦他一直以來所仰賴的，而我也依然認為有意義的章節。我祈禱他擁有一個不知道貧窮或缺席為何物的來世。如果可能的話，以及如果我母親允許的話，我甚至可以祈禱他擁有另外一個和我母親一樣美麗的女人。

在納夫哈監獄的那一年以及更多的日子裡，我第一次與一位沒有死亡的真主分開。然後是另外一位主的去世，他的離世，以一種永不停止、毫無慈悲，以及永不死亡的痛苦，讓我至今依然悲慟不已。

阿克薩群眾起義，二〇〇〇—二〇〇五

巴勒斯坦與以色列多次協商的嘗試，為一九九三年到二〇〇〇年間標上了標點符號。儘管以色列頑固地拒絕遵照他們已經簽署的協定履行義務，卻沒有影響監牢裡的人達到一定的穩定程度。囚犯們的生活條件有了顯著的進步，而且是前幾十年根本沒有看過的改善。監獄管理階層放鬆了掌控，規定變得較為寬鬆，對於囚犯的要求，也有較正面的回應。然而這些改變，卻始終無法有意義地彌補大家因為遭到拋棄而產生的痛苦失望，於是這些人利用這股新的氛圍，去爭取獄方更多的讓步，更進一步地改善自己的生活。

我們唯一的安慰就是我們是吊掛在牆上、被遠遠藏在占領區監獄裡的最後一代巴勒斯坦人。我們想要相信監牢的大門已永遠闔上，沒有新人會敲開這些大門，把我們重新送回到起點。我們想要快速而平靜地死去，沒有費力的呼吸去打擾這個在背棄我們時，就已遭我們拋棄的世界。我們吃得更多、睡得更多、變得更老。

當我們慢慢理解到巴勒斯坦人所成就的一切全化為烏有時，我們堅定的信念就提供了一種成就感。正在講述的新故事，包括故事中的所有謊言，都熄了火。這個新故事在出生的當日就被判處了死刑，所有讓這個故事重新復甦的努力都是枉然。巴勒斯坦人使出了全部的力量掙扎，也做出了遠遠超過承受範圍的妥協。被占領的土地變得愈加屈從，卻甚至因此遭受到更多的折磨。巴勒斯坦人在占領者的面前炸掉自己的軀體，藉以提高自己的抗議聲量。以色列人屠殺在清真寺庭院中祈禱的人們，藉以提高他們的抗議聲量。其他類型的抗議在兩個陣營中以各種各樣的方式與型態呈現。

我們這些在監獄裡的焦慮者，在通往死亡的路上，眼睜睜看著巴勒斯坦社會的改變。我在自己的牆上，也厭倦了以抽象的方式理解各個事件的努力，我的憤怒、挫敗感與指控，完全影響不了這些事件的發展。因為那些毀損了這片土地歷史與地理輪廓的所謂協議，只有部分得到履行，整個大局變得更加錯綜複雜。毫無預先準備的巴勒斯坦人，很快就從原來的革命立場，轉變為平民百姓的立場。他們將舊有的傳奇，埋葬在建構起來的新事物之下。他們拋棄了抵抗經濟，轉而建立了一套讓自己變成占領國政府經濟人質的市場經濟體制。

儘管在各種協議下，占領區的義務範疇持續縮減，但是除了一些快速吹過但完全沒有改變事件發展方向的短暫風暴外，巴勒斯坦人並未做出適當的回應。囚犯們抱持著警戒之心追蹤著事情的發展，我也參與了多次的討論，分析政治情勢。我對我稱之為奧斯陸世代的新一代巴勒斯坦人，表達了自己的恐懼，我覺得這個世代的人，除了已經被扯離舊傳奇之外，還被他人塞過來一個改變事情自然發展進程的新傳奇。屆時這個世代不會再去抵抗持續吞食他們土地的占領與控制，而是接受一個充滿了新論述的生活邀請。

新故事的特色在於活著的人與生活相關的言辭。死亡依然在眼前，卻被貶謫流放至頁面寬寬的邊距位置。這樣的作法與我們過去的敘事完全背道而馳，它充斥著死亡的敘述，生活中值得慶賀之事，全被推到了邊緣。同時，這個新故事削弱了共有的民族認同。地方性、家庭與其他身分得到了強化，一如西岸與加薩走廊在社會與經濟結構上的迥異。故事中這兩部分的迥異，孕育於多年占領時間的洪流當中。兩邊截然不同的身分認同，無法架構起互通橋樑，於是在新故事的壓力下，進一步分裂。

千禧年這一年見證了大家復活和平進程的最後努力。這份努力很快就歸於塵土，而隨著這份努力的消逝，新的故事也死透了。新故事的作者失去了能力讓巴勒斯坦人相信他們關於生活、關於時空的和解，以及關於敵人撤退的謊言。巴勒斯坦領導者的論述只有故事的五分之一，遠不及舊傳奇的完整與豐富：這個論述只有五分之一的土地、五分之一的歷史、五分之一的時空。這些領導者放棄了組成完整傳奇的另外五分之四，而那五分之四中有海、有岸，也有天空。僅掌握一部分故事的巴勒斯坦人，就此墜入了歷史的黑洞中。

千禧年九月，引發一次爆炸的所有要件全部齊全。新故事的說詞在其支持者的面前裂成碎片。死亡從頁緣浮現，再次占據了頁面的正中央。在艾里爾・夏隆（Ariel Sharon）令人痛苦的侵犯[40]之後，阿克薩清真寺周遭的人民站了出來反對他、公開講述古老的故事，他們身上也浸透了祈禱者的鮮血。

40 譯注：夏隆造訪聖殿山（Temple Mount）。

我從自己深深的牆內看著這起事件的發展，當時的場景讓我驚訝極了。遭到占領的街道很快就被染成了紅色，因為這些街道擺脫了充斥在荒瘠七年間那撒謊的承諾、扭曲的地理，以及連一個字都吐不出來的偉大解決方案。我看到了一整個世代的異教徒，拒絕去相信其他人要他們相信的一切。我看到他們渴望著以前的革命。我看到他們戰鬥與死亡、勝利與劫掠。我看到處於他們黑洞之內的這個世代，懸吊在兩個故事之間，再也無法區別這兩個故事的差異。一場混亂的狂熱，擊中了這個世代的情感核心。他們奮戰，卻不知道自己為之奮戰的地理。他們奮戰，卻不知道自己為之奮戰的歷史，因為現在所有的地平線與時間線全已不復存在。憤怒中的這一代巴勒斯坦人與自己的憤怒奮戰，也與那些激起他們憤怒的人奮戰。他們與自己的困惑奮戰，也與每一份明確文本的失落奮戰。他們還與消失的地方感與時間感奮戰。他們只在乎自己死在何時、死在哪塊土地上，除此之外，都無所謂。這一個世代的人深掘自己的記憶，想要找回關於死亡的古老歌謠，然後寫出了新的歌，繼續慷慨就義。扎哈里阿拉伯人或許會食用他們的神祇，但巴勒斯坦人卻噬食了自己的血肉。他們繼續啃食著自己，直到再也吃不下為止。

奧斯陸世代成了第二次大起義的世代，他們以巴勒斯坦人從未有過的戰鬥方式戰鬥。他們放下了所有的文本，堅守自己最初的聖地，也就是他們犧牲的地方，然後從這兒重生進入天堂。同時，菁英們卻逃入了他們的書本與洞穴中，放任一整個世代的巴勒斯坦人沒有引導的指南針。這一個世代孤獨地作戰，沒有天使的保護，也沒有神明的照護，可以在一片滿是以撕碎他們肢體為目的的鋼鐵鬼魂天空中，將他們解救出來。他們像先知一樣戰鬥，也像沒有明天的那樣犯下罪孽。他們在仿冒的城市尋求庇護，只是因為充滿恐懼的門在他們面前重重闔上，因為已經忘了人民抵抗的論述。於是奧斯陸世代在城市、村莊與難民營裡，與他們的觀眾隔著一定的距離，做著他們自己的事。他們懷抱著憤怒、痛苦與復仇之心作戰，一點都不在乎這些憤怒、痛苦與復仇之心會將他們帶往何處。這一次的大起義世代，就只是一直這麼戰鬥下去。

我們掛在牆上，看著他們的戰爭。我們所知道的一切，與我們眼睛所看到的一切，天差地遠。我們看到占領國政府充滿了恐懼，他們的正常生活作息癱瘓。他們嘗試了各種型態的殺戮、各個種類的個人與集體恐怖攻擊，但都沒有用。他們用相同的作戰模式向戰鬥人員與非戰鬥人員開戰。他們對街道與房舍開戰。他們對田野與謀生之道開戰；他們對婦孺老幼開戰。他們的子彈在經過了一位試圖用自己的身體徒勞保護兒子的父親後，射穿了穆罕默德．阿爾杜拉（Muhammad al-Dura）[41]。還有更多的殺戮，更多更多，甚至更醜惡的殺戮，但是這些殺戮並沒有阻止一個世代做出犧牲的決定。

在地球的另一邊，一些伊斯蘭原教旨主義者（Salafi Islamist）正在建造他們名為蓋達（al-

41　譯注：穆罕默德．杜拉（Muhammad al-Dura）：二〇〇〇年九月三十日，第二次大起義後第二天，在加薩遭到以色列軍人殺害的十二歲男童。這起事件由法國電視二台（France 2）播出後，引起全球譁然。根據影片，穆罕默德與父親夾在以色列軍隊與巴勒斯坦安全部隊交火當中。因害怕而哭喊的穆罕默德與父親縮藏在一方牆壁突起的小水泥塊後躲避槍擊，他的父親擋在他的前面，用手護著他，一陣掃射與煙塵飛揚後，穆罕默德倒在了他父親腿上，不久後死亡（他的父親生還）。穆罕默德躲在父親身後害怕哭喊，以及後來中槍倒臥在父親腿上的影像，成了第二次大起義的代表畫面之一。有人認為當時以色列的狙擊手確實鎖定了他們父子作為槍殺對象，因為以色列軍方認為巴勒斯坦恐怖分子以孩童作為人肉盾牌，但以色列沒有承認。

Qaeda）的新基地。他們靠著他們斥為異教徒的現代化，飛入了天際。雙子塔被毀，世界宣告戰爭開打。軍隊動員、宇宙處處都是報仇與報復的言論。每一個遭受到飢餓、貧窮、宗教、教條、挫敗或邊緣化壓迫的人，全湧聚在一面伊斯蘭主義者的旗幟下，而這面旗幟所宣告的訊息，與旗幟本身一樣邊緣化。所有的這些人，以一個鮮少制裁戰爭或授予殺人權利的和平宗教之名，開始了戰鬥與死亡。

九一一事件之後，巴勒斯坦地區的情況變得更複雜。地區性的殺戮機器已不足以壓制第二次大起義時代。在復仇論述的加持下，更致命、毀滅性更強大的機器被引進。各方陣營開始變得更極端，而菁英層再一次從畫面中消失。所有和平與停火的努力都以失敗告終。巴勒斯坦人繼續戰鬥，全球化計謀試圖制止他們犧牲性命的能力，卻無法阻止他們的腳步。他們盡己所能地讓敵人付出痛苦代價。然後占領國政府厭倦了殺戮，於是他們摧毀了仿冒城市的廣場與街道，並將首席說書人亞西爾・阿拉法特困在了他的生活區域內。占領國政府意欲殺死或羈押每一名戰士、恢復之前的占領勢力。居民們懷著恐懼在家裡徹夜警戒。除了一個不會有人來拯救的孤獨無依的聲音，持續叫喊著反對圍困外，所有的聲音都歸於死寂。占領國強化了對首席說書人的封鎖，進一步縮緊了他脖子上的套索，但是他依然沒有停止狂吼出來的咒罵。占領國進一步圍困。再後來，占領國對於等待阿拉法特因死亡而滅聲不再抱有期望，出手殺了他。

我們曾相信自己是最後一代在長久放逐中掛在牆上的人，並從中得到慰藉。但是噢，我們當時是多麼天真啊！

痛苦

除了自己所不瞭解的痛苦外，各種痛苦都可以承受。

——尼采

如果我們真的是掛在牆上的最後一代，該有多好啊！我們已經向一個因猶豫不決、拿不定主意之手所製造出來的命運投降，並因此陷入深沉的睡眠。我們開始為自己的悲哀必然會終結而祈禱，一如我們祈禱自己的終點加速到來。

阿克薩群眾起義改變了一切。關押我的監獄又換了，我離開了沙漠，回到了阿什克倫監獄，並在那兒發現了一群群的新人，他們也開始踏上了他們的旅途，在我們的牆上找尋一方屬於他們的地方。監禁人數增加，審訊區也因為數千名囚犯的湧入而擁擠不堪。牆面再也沒有空間讓他們吊掛其上了。老牆重新開張，消化著這一波波湧入、看不到盡頭、來此展開他們初次掛在牆上生活的人潮。

為了兼顧地理與人口統計這兩個層面各種不同的理由，我和許多其他的老鳥囚犯後來又被移轉回到納夫哈監獄與沙漠中。有關當局特別挑選我們進行牢房區的準備工作，以一種或許可以讓菜鳥囚犯在初初掛上牆的那幾天，感到安心的方式來歡迎他們。我們把必要的物件放進牢房後，就坐下來等著第一批囚犯的到來。這份工作代表我必須走出來，脫離在自己牆上沉睡的狀態。我必須放棄我的孤獨、我的獨處，以及日常例行的單調。出現在人前的我沒有要禮拜的真主，也沒有取代我真主位置的父親。我只有一個母親，但她來占領國的探視申請已遭到否決。我還有一股足以支撐自己吊掛在牆上的力氣。我的心中滿是知足與接受，已做好了加入新囚犯的準備，而他們之中必然有人會因為血肉傷口的痛苦而被擊垮。

哪種痛苦割得更深：新的痛苦，還是早已成為陳年舊傷，但每次都會隨著熟悉的迴響，扯動內心隱痛的痛苦？什麼東西更傷人：是我們所放手的一切，還是我們依然緊緊堅持的那些？是我們在這個現實生活中的存在，抑或是另外一種可能生活中的缺席？與深愛之人分開更感到刺痛，還是聽到那些取代了我們位置的名字以及關於那些人的描述？我們的痛苦邊界可以擴及到多遠？痛苦邊境之外又有些什麼？一道傷口是否可以只棲身於我們身體的某一部分，然後被身體所有的其他部分漠視？一道傷口上又覆上了另一道傷口，會是什麼情況？第一道傷口會癒合，還是僅僅只是被埋得更深？

當身體或心靈上在供養一道傷口時，我們開始注意到的第一件事是痛苦，那是一條貫穿了我們結構的斷層帶，侵擾我們的意識、阻礙我們對自己身體各種功能的掌控。當痛苦行使著它自己的意志時，我們會感覺到發自身體的警報。痛苦以蔑視一切之姿，隨心所欲地出現，而在它改變心意的時候，也會驟然坍塌。痛苦愛睡哪邊就睡那邊，卻將我們放逐到了睡眠的邊陲之地。痛苦若不是以自己的方式恢復，就會在厭倦了我們無趣的陪伴後死去。

我們可以容忍各種痛苦，無法承受的是痛苦帶來的煎熬。痛苦受制於我們身體的一些缺陷，但是我們的意識，卻會在我們期待痛苦結束的期間，因為煎熬而不知所措。痛苦結束的期待，將痛苦變成了一種折磨，而我們無法承受這樣的折磨，也無力找出解方，因為沒有任何藥物可以緩解我們所體驗的期待。在那種煎熬中，所有型態的生活都瓦解，我們心中的一切也都中止。透過那種對解脫的期待，煎熬就這樣滑入了我們的意識當中，讓傷口的折磨成為永恆。再也不存在任何其他的選擇。唯有當我們放掉自己的期待，擁抱痛苦，並以狂熱的態度緊緊依附著自己的痛苦時，我們才有能力趕走煎熬，將自己的意識從掌控支配權的折磨中解救出來。

在監獄裡，煎熬能夠在你心中將每一種要素都捆在一起，將你與你自己、你的自我分開，就像是你從此沒有了自我。煎熬可以將你血淋淋地鑲嵌在一個十字架上，只不過沒有人會因為你留下的血而變得潔淨。煎熬可以癱瘓你心中的每一個改變、早你一步登上你的床、早一個小時叫你起床、清洗你的臉卻不用水。煎熬為你做早餐，並填滿你所喝的茶——或咖啡中。煎熬也早你一步進入接見室，然後在你母親的面前拆穿你的謊言。在監獄裡，煎熬扭曲了你所做的每一件事情。

當我在審訊區裡，第一次掛在幽靈般的牆上時，就經歷了一場無法承受的折磨所帶來的煎熬。審訊者發現了讓我們破防的方法之一，是播放刺穿耳膜的古典音樂，直到那些聲音模糊了每一副掛在我身邊的軀體。我們沒有任辦法拯救耳朵逃離那些音樂篇章的噪音，對一個浸淫在我們四分中立音律的木卡姆（maqam）樂調中的東方性格而言，古典音樂的樂句實在過於複雜。不論我對古典音樂的奇怪結構，或古典音樂為之服務的社交舞舞步有多麼無知，我決定要好好享受這種音樂。藉由至今依然讓我驚訝的部分男性衝動，我想像著最美麗的女子衣衫半褪的情境。我們在一個遙遠星球上的遙遠庭院裡，在一個還沒有開始的時間中跳舞。每一首曲子，我都會選擇一個新的舞伴，她們沒有人反對我為她們挑選服飾的粗野堅持，這些衣服全都只是為了稍後我將親自扒下而選。與其等待這一天的結束才能喘口氣，我上前擁抱為了粉碎我而設計的音樂。

十七年來，我的經歷就是那樣與自己傷口的痛苦妥協，否則我絕對不可能在自己的監禁環境中存活下來。事情的樣貌，都是我們希望的樣貌。「你想怎麼判決就怎麼判決吧！你只能在今世生活中為所欲為。」（《可蘭經》塔哈篇第二十章七十二節）這是當魔術師違抗兇殘的法老時所說的話，但是我沒有對我的審判者重複這些話。我反而接受了自己的無期徒刑，並陪著這份判決走出了占領國的法庭。我帶著這份沉重的刑期回到我單獨監禁區的牢房中。我的終身監禁判決缺乏了剝奪我生命的力量，因為我在審訊區墓穴的黑牆上，已經與我的性命道別了。我將自己的無期徒刑放到了我的牆上。我並沒有指責這份判決，也沒有與之奮力抗爭，而是在自己其他的傷口旁，為這份判決安置了一個家。這是對我前輩子的一個判決。未來的日子對這份判決無關緊要，這份判決對未來的日子也毫不在乎。我把這份判決視為一道傷口，貼上了ＯＫ繃，卻不期待痊癒。我會詛咒這個判決，但那不過是溫和的拌嘴心態。我們後來和好如初，它也很快就原諒了我，一如一個隨時都準備好妥協的傷口。

土耳其詩人納欣・希克梅特說，「只要睡在你左胸膛之下的本質，不在你的體內變黑，你可以在監獄裡待二十年，或更久。」原來只是心的問題啊！那我們都可以容忍我們的監獄了。其實，就是純粹的意識問題，是做出決定不要根據之前的環境所賦予的意義，定義我們的環境，而是要根據自己的條件，去定義我們環境的問題。我們有能力承受各種痛苦，前提是我們決定去擁抱、接受與順從存在於我們內在的痛苦，前提是停止期待痛苦的結束，並將痛苦有多麼傷人的注意力，從心中摒除。我們需要瞭解這些痛苦，並定義出每一種痛苦的種類與深度。每一道傷口都有一個故事，為了瞭解傷口，我們必須更接近並擁抱這些故事。於是我們在自己的傷口中，再也看不到痛苦，卻因此領悟到了存在於痛苦之前與之後的意義。

在監獄裡，我看過坐牢坐了二十年或更長時間，卻沒有緊緊依附著他們的牆的人，連一個小時都沒有。他們對牆視而不見，只去感知所有在牆後面的生活。除了刻畫在臉上的皺紋，那堵牆沒有在他們身上留下任何印記。同樣的，也有人和我們一起過了二十年或更長的時間之後，得到了自由，而他們第一次的言論，就完全擺脫了監獄的塵土。我發誓，這些人就像是從未在牆上吊掛過任何一天的樣子。我對那些睜眼說瞎話的人感到悲哀，也因為他們甩掉這個地方塵土的方式而氣憤。他們會說些什麼樣的故事？他們的傷口根本沒有故事可說。

我在二〇〇二年二月回到了納夫哈沙漠監獄的老牢房區後，這座監獄只用了幾天就讓裡面的四個牢房區，填滿了新的痛苦與新的傷口。其他的老鳥囚犯和我早已將他們在牢房裡需要的東西都備妥了。出於我們對這些新來者的善意，希望他們能在經歷追捕後，有喘一口氣的空間，我們還準備了新生訓練，並刪除了所有複雜的細節。

若我依然處於掛在牆上的舊狀態，就不可能來接待與歡迎這些新囚犯了。他們需要一個和他們相像的吊掛方式，而我們的吊掛方式與他們新來者的吊掛方式毫無相似之處。經驗無法傳承，每一個人都必須透過自己獨一無二的故事，定義他們與他們的牆之間的關係。我選擇在這些人旅程的一開始就陪伴在他們身邊。我必須支持他們、幫助他們、回答他們不可能自行解決的問題。我告訴他們我對於那堵牆所知道的一切。不過明確來說，那並不是我的牆。

這些初來乍到的新人，從一塊由兩個彼此競爭的故事所撕裂的土地上，躍上了他們的牆。他們相信第一個故事的一部分，也相信第二個故事的一部分，因此兩種敘述在他們心中交揉。第一次大起義的那個世代，擁有巴勒斯坦民族主義的故事。那場運動的菁英們再結合一些普遍的真理與不同的區域、地方性要素，所寫出的與土地相關的內容，是可以讓所有巴勒斯坦人都團結在一起的文化與政治空間。那就是我們的故事：我們記得那個故事的一切細節，而那則故事也與我們奮鬥的目標一致。那個時候，伊斯蘭主義者的論述遭到邊緣化，對於民族運動並沒有形成任何有意義的挑戰。

反過來看，第二次大起義世代的成長時期，巴勒斯坦民族主義早已分崩離析。伊斯蘭主義者運動的力量已在公共廣場出現，而且他們一直奮戰，直到贏得了大眾對它們故事與論述的認可。結果就是伊斯蘭主義潮流成功進入了巴勒斯坦人當中，讓巴勒斯坦人墜入黑洞。兩個互相衝突的描述，在這個黑洞裡，為了一塊只能容納一個故事的土地歷史與地理互相爭鬥。

我近距離觀察著這些新來的囚犯：這些有時會得到牆的憐愛，但大多數時間卻都遭到粗暴猥褻的純潔之人。我看到他們試圖與牆建立起連結的初次摸索，也看過他們頻繁從牆上跌落的痛苦失敗。我只有在擔心某些人會被跌落的恐懼淹沒時才介入。然而儘管介入，我還是維持著最小限度的干預。其他一些老鳥在催促菜鳥加快他們與牆之間的連接、希望他們在監獄裡找到安定感時，用力過猛，讓新進者對這樣的壓力產生了抵抗。他們於是堅持找出自己的方式。許多人成功了，但也有許多人失敗。這些失敗的人會再站起來，重新開始掛上牆，並用他們自己獨一無二的字母在牆上寫字。他們寫下他們所知道的與經歷過的事，也寫下之前讓他們走岔了路，以及讓他們失去自己故事的原因。

新的寫作內容並沒有感動那些以各種可能方式介入的老鳥囚犯。於是兩個陣營進入了一種未來將持續多年互相厭惡的狀態。菜鳥以各種語言寫作，所以閱讀他們想要說的話，並不容易。他們的寫作，與他們在生活黑洞中所經歷的一樣混亂無章，然而他們卻始終將這樣的寫作與生活視為井然有序。他們在已經掛滿了老鳥的牆上，尋找著自己的一方牆面。他們擠上了牆，對剩下的小空間，宣告他們的所有權。這些新來的人拒絕任何將他們邊緣化的嘗試，努力地為自己在那些老舊牆上所敘述的一切，尋找認可。

與這些菜鳥為伴時，我向他們說起了痛苦與煎熬，我希望自己所說的一些事情，至少可以點亮他們新地盤的某個黑暗角落，或藉由瞭解煎熬的本質，讓他們免受長期的折磨。我花了很多時間談堅持與放手這兩件事。對他們許多人而言，我說的話可能與外國話無異。剩下的其他人則是帶著深深的興趣聆聽，他們的態度讓我相信自己說的話，或許真的可以帶來一些好處。我也說了很多關於舊敘事的事情，以及它掛在牆上的型態與其中蘊含的明晰的痛苦。我還提了很多其他關於他們掛在牆上的童貞本質，以及其中囊括的那些相似卻又不同的痛苦。不過我發現自己正在為那些初來乍到的人浪費呼吸，於是我開始整理自己在這些新人來的時候就已經四散的文稿，試著恢復我原來舊有的例行日常。當我再次於我那堵穩定的牆上安定下來後，老鳥與菜鳥之間的厭惡感已清晰可見。在未來的幾年，這樣的狀況甚至更加明顯。

帶著你的傷口到你想去的任何天際邊緣。把傷口不斷地打進你每一吋的身體裡。你的傷口若維持清醒，你就會死，所以讓你的傷口死去吧！或者讓傷口沉睡。不要因為期待傷口會復原而打擾它的睡眠。拒絕接受你的傷口對於痛苦與煎熬的所有主張，因為就如夢一般，事情只有在我們相信是真的時候，才會變成真的。你要比傷口更深、更大。不要活在傷口的邊緣：就讓你的傷口如你的傷口那樣存在。讓你的上輩子允諾你一千個擁有類似痛苦機會的來世。我們不是我們的痛苦。我們是痛苦之前存在的一切，也將是痛苦之後存在的一切。不要愛上你的傷口。絕對不要被犧牲者這個角色所誘惑。你是你傷口的主人。在監獄裡，你就是自己的監獄。你的監獄有一部分的業是你。如果你的父親倒下，接住他。如果你愛的人離開了你，不要絕望，如果她的愛是真摯的，那麼也不要相信她真的離開了。如果你的母親來探視你，不要阻止自己在她面前崩潰：那些都是你的痛苦。所以近距離去瞭解你的痛苦有多麼巨大吧！不要害怕靠得更近，因為除了那些我們所不瞭解的痛苦外，所有的痛苦都可能出現。

　　好幾個月就這樣緩緩流過。在我沒有任何預先期待的情況下，上帝在我的牆上重建了祂自己。在祂出現之前，有個古老的誘惑曾經試著引誘我的靈魂。只有對誘惑退後一步，我才可以更接近上帝一步。我一直在猶豫不決，直到某個與我親近的人重新回到我的生命中，那是我的一個姪女。遠在比一輩子以前還要久遠的時候，我曾將小時候的她扛在肩上。她將我推去重新擁抱我的真主。那是我離開沙漠，前往草地期間的一場新旅程的開始，也是一場拋棄自己身為一個受到啟發的扎哈里阿拉伯人存在的新旅程的開始。在我下一次的移監過程中，當我離開納夫哈監獄，轉往位於巴勒斯坦中部被占領的烏姆．卡立德村（Umm Khaled）哈達林監獄時，我會與我的真主同行。我們一起開始了一個讓我們兩個都吃驚的新的懸掛計畫。

哈達林監獄

有篇刊登在某家以色列報紙上關於囚犯的冒犯性文章，讓我與納夫哈監獄的典獄長發生了衝突。那位典獄長於是把我轉到了哈達林監獄，作為我無禮舉動的獎勵。哈達林監獄是專門設計關押那些頑固程度足以干擾占領國利益的激動分子之處。鑑於極端的安全措施，第三牢房區又被稱為「堡壘」或「保險箱」。那裡架設了錄下幾乎所有事情的安全攝影機，小到連每一次呼吸起伏都不放過，所有的牢房裡也都裝設了監聽設備，捕捉牆與牆之間被說出口的每一個字。

堡壘有兩層樓，分為四十間小牢房。這座監獄離海只有幾公里，四周圍著大片大片的柑橘林。但是關在這座監獄裡的人，卻捕捉不到任何一絲環繞在他們四周的綠或藍，因為牢房區太矮，看不到監牢圍牆外的景象。每一個九平方公尺大的牢房裡只有三張床，這個數目與我的孤獨的本性頗為合拍。儘管這裡傲慢監獄管理層的暴力傾向，造成了惡劣的生活條件，但是我卻偏好這裡讓我長時間與我的牆獨處的生活。這裡的牆是一個等著我以自己喜歡的任何方式安排其元素的空間。

堡壘與哈達林監獄建築群另外一棟被稱為夏隆平原（Hasharon）的牢房區只隔了三十公尺的距離，那是專門留給巴勒斯坦女性囚犯的牢房區。由於距離實在太近，兩個牢房區對話的隻字片語，在必要的時候可以互傳——也因為相距太近，每次守衛那個牢房區的士兵刑求時，我們都會聽到女子的尖叫聲。那些尖叫聲總是會讓我們挺身而出面對監獄當局，而結果也總是我們遭到壓制，或者附帶一些虐囚程度上的限制協議。每當女性囚犯反抗壓迫政策時，我們也會扮演支持與增援他們的角色，因此她們往往可以達到生活條件的某種穩定程度。

占領國在性別對待上並沒有任何歧視：當巴勒斯坦女性在她們自己的社會裡，持續承受著各種不同型態的壓制與壓力時，監獄當局對於男性與女性囚犯的壓制和暴力力道相同。在「同等壓制、同等抵抗」的口號下，巴勒斯坦女性堅持自己參與革命鬥爭的權利，即使這麼做讓她們與保守、父權的社會發生衝突——這個父權社會將她們鎖在看不見的地方，有如一個要隱藏自己裸體的人那樣。

巴勒斯坦女性挾持著這種存在於民族抵抗論述之下、家庭以外的新空間優勢，開始從始終壓制她們、將她們的角色邊緣化的社會束縛中，啟動一個自我解放計畫。她們凝聚了極大量一直隱藏於內的力量與能力。這個計畫起初進程緩慢，但隨著她們角色的逐漸開展，在短短幾年內，她們就成了抵抗運動的積極分子，其中一些人站在前線，而其他的人則鞏固中堅。

一九四八年的大浩劫之前，關於重大事件的記述，女性一直被迫滿足於由男性壟斷的內容。婦女只能聆聽男性的故事，不論這個男性是農夫、勞工、技工、戰士、老師，抑或只是毫無出息的無業遊民。她們複述著男人們的勝利，有時候也會講述戰敗的消息，前提是如果男人選擇與她們分享這樣的消息，而不是偷偷將消息藏在自己襤褸的衣衫之下。在收成好的時候，婦女們訴說著男人的豐收，但在地球吞噬了他們所種植的珍貴作物時，她們卻講著自己的貧困。她們訴說著男人的誠懇以及男人們相信的事物。她們訴說著男人們的恐懼，卻忽略了她們自己也正處於那份恐懼當中。她們訴說著男人的大浩劫，以及大浩劫如何影響他們的土地、生計與英雄氣概。她們訴說著男人對於他們真主的虔誠，以及男人如何默默接受自己所失去的一切，不論失去的一切是多麼嚴重。她們訴說著男人對於出埃及記的承諾，如何篤信不移，也訴說著男人的帳棚和掛在帳棚上的鑰匙。鑰匙屬於那些已經被擊毀，永遠也無法再打開的門。

一九六七年，巴勒斯坦人在第一次大浩劫之後，又加上了第二次的大浩劫。巴勒斯坦婦女拒絕再扮演男性故事口頭目擊者的舊角色。相反地，她們開始構述她們自己的故事。她們寫下了她們自己的戰爭，並在有人死亡的時候，寫下了她們自己的死亡。當她們的身體與靈魂遭到侵犯時，她們寫下了她們自己的憤怒、她們自己的貧困與飢餓，以及她們的謊言，那是與男人謊言相符的謊言。她們寫她們歸家的兒子，也寫埋屍遠方的兒子。她們寫她們所尋找的一個或多個戀人。她們在難民營、鄉村與那些仿冒城市的牆上寫下了她們自己的話、她們自己的房舍，以及被摧毀的一切。忠實的婦女寫下了關於她們自己的忠貞，但出於對遭到背叛者的體貼，她們鮮少提及自己的出軌。她們訴說著她們的旅程與疲憊。當她們被掛在牆上時，她們寫下了關於她們監獄裡的事情。

二十年後的第一次大起義，甚至賦予了巴勒斯坦女性更多的權力。她們取得了與男性並駕齊驅的一席之地，而且每當戰爭拉開序幕時，她們往往站在男性之前。她們進一步反抗普遍存在的社會不公，離開對她們已不安全的家庭，並砸向那些當著她們的面用力關上的門。但是她們無力防範占領國政府的暴力與殺戮。她們奮戰、殉道、遭到關押。巴勒斯坦女性在阿克薩群眾起義期間，甚至做得更多。她們巨大的能力與犧牲震驚了人民。在面對殘酷鎮壓——以及身處殘酷鎮壓當中——時，她們率先站了出來，位列炸毀自己身體的第一批義士之伍。她們寫下了她們自己的傳奇，講述著在監獄裡長期依靠著牆的故事。在監獄的廣場中，在獄卒的虐待下，她們鑿出了令人最難以置信的堅韌肖像。

從一九六七年起，占領國政府已關押了兩萬七千名巴勒斯坦女性：其中有成年的婦女、年輕的女子與未成年的女孩；有母親與祖母；甚至還有尚未出生的孩子。這些監獄的牢房目睹了那些新生兒的第一聲啼哭，當孩子撐開了他們母親子宮的時候，他們掛在牆上的母親，正帶著沉重到足以拉傷她們那堵牆的鐵手銬與腳鐐。出生後的孩子會待在他們出生的牢房裡，由母親撫育整整一年，在這段時間，其他的獄友會分攤照顧孩子與守夜的工作，也會分享焦慮的情緒。其他的女性藉由這樣的方式，體驗她們因為監禁而被剝奪的母性。她們為孩子編織衣物、製作娃娃。她們帶著寶寶走出牢房，並為了給孩子遮蔭而精疲力竭。她們在孩子的耳邊，輕聲講著各種她們記得的床邊故事。

然後服刑的母親可以擁抱自己親生孩子的大限已至。兼任守衛的士兵走過來，母親緊緊抱著她的孩子，想把孩子融進自己的胸膛之中。士兵繼續靠近，母親的手指緊緊按住孩子的身體，怕孩子從手中滑落。在孩子開始回應母親緊緊的按掐與悲泣而嚎啕大哭時，士兵伸出了手。母親開始哭得更大聲，其他的獄友也加入了這個用淚水打造出來的團體。士兵們無動於衷。所有的慈悲之神都拋棄了這個地方。母親哀求再讓她抱抱自己的孩子，一個小時就好，她以自己所珍惜的一切發誓，一個小時後一定會把孩子交出來。士兵們無動於衷。母親召喚著她的真主，召喚著大家讓她相信的其他所有神明，但是士兵們沒有真主。雙手、手指全都鬆開了；哭叫聲也消失了。小寶寶不哭了，因為他的眼淚把自己弄得精疲力盡。其他的獄友湧過來擁抱一位因為用完了自己所有的力氣，而放棄了自己兒子的母親。

＊＊＊

在堡壘裡，我知道自己在尋找什麼了。我發現了許多更大的空間，不但契合我的個人主義傾向，也符合我總是需要再多一個小時獨處時間的需求。那裡的人因為受到那個地方的影響，也都更習慣個人活動，與其他監獄擁擠的牢房狀況完全相反，這一點實在幫助頗大，因為在其他的監獄裡，你連呼吸都會成為一種公共行為。那些活動在強化堡壘內許多人的個人主義時，卻並沒有降低大家的團體意識。只不過對某些人而言，這樣的環境加深了他們的內斂傾向，他們開始一天二十四小時都關著牢門。

我的日子很快就進入了新的節奏，我和我的牆相處的時間也一樣。在監獄的大庭院裡，曬太陽的時間比我們需要的還長。這裡的冬天有很多雨水，這是我在沙漠裡幾乎沒有見過的情況。有些窗子提供了補丁般的狹小綠景，讓我想起了四季的更迭，也記起了現在正是春天時節。如果關在這裡的人需要閱讀與睡眠，那麼這裡的牢房氛圍中有種讓人更容易閱讀與入睡的東西。堡壘提供了我所需要的一切。來到此地，終結了我過去十年掛在擁擠牆面的日子，我需要一個安靜的片刻來好好地喘口氣。

二〇〇四年五月，殘酷與壓迫程度日益升高的監獄管理當局政策，粉碎了我維繫平和與安靜日子的希望。在與管理階層對話無望後，我們決定發動絕食抗議。這次的抗議由我們自己執行，沒有任何其他監獄的獄友支持。在一次破壞我們絕食抗議行動的嘗試中，獄方為幾名囚犯進行移監安排，我也在其中。我繼續在貝爾謝巴監獄絕食，直到哈達林監獄裡的囚犯得到獄方承諾改善他們的生活條件，決定終結他們的絕食抗議行動為止。我在貝爾謝巴監獄一直待到八月，那時貝爾謝巴監獄裡的囚犯也發起了他們的絕食抗議。這場抗議在十八天後結束，沒有任何值得一提的進展。與獄方新一波衝突的結果，就是我在二〇〇五年初又被移回了哈達林監獄。我發現堡壘內的生活條件改善了一點點，讓我能更輕易地繼續掛在那兒，有助於自己對於獨立的追求。遺憾的是這樣的情況並沒有維持太久。那一年的年尾，在沒有明確的原因情況下，我被轉回到沙漠中的納夫哈監獄。之後從哪兒再次移到貝爾謝巴監獄，二〇〇六年又一次的移監，我回到了哈達林監獄。在寫這些內容的時候，我一直待在哈達林監獄中。

我帶著我的老計畫與老方案回到了哈達林監獄，期待這次或許可以在沒有任何意外驚嚇的延宕或打擾下，完成自己的規畫。這次一道帶回來的，還有一個分歧正在加劇撕裂巴勒斯坦故事主體的悲劇。那個存在於民族主義者與伊斯蘭主義者論述之間的分歧與撕裂，加深了巴勒斯坦人所面對的地理與歷史危機。兩種論述在撰寫它們的平行歷史時，都披上了扭曲的地理外衣，而這兩種論述，只要堅持各自的敘述內容，就永遠不可能統一。

二〇一一：春天來了嗎？

巴勒斯坦人分裂了：地理上、歷史上、時間上，全產生了分歧。約旦河西岸占領區的生活，與遭到包圍的加薩走廊生活完全隔離。這樣的隔離很快就滲入了監獄中，監獄裡的囚犯運動也開始分裂。與法塔赫（Fatah）同一陣營的囚犯，住在特定的牢房區，他們和所有其他的巴勒斯坦組織成員共用這些牢房區，僅一個團體除外。哈瑪斯（Hamas）陣營的囚犯帶著他們的歌曲、國歌、他們的週五佈道，以及他們對於天堂與一個虔誠信奉的真主的故事，另外安置。哈瑪斯成員隨身還帶著他們的古老歷史，以及與我們相似的臉孔、相同的皺紋。他們在一個不同的太陽下進行他們一個小時的放風與運動，遠離我們的火力，並選擇一個不同的基卜拉進行他們長時間的祈禱，拒絕接受我們的神像。

堡壘一直——至今依舊——是這座監獄中唯一一處各個巴勒斯坦組織的囚犯全和平共處的牢房區，不論彼此之間有什麼差異。所有的不同信仰都在這裡的水泥屋頂下找到了庇護之處。這個牢房區的另一個特徵，則是這裡的牆強迫掛在其上的人選擇立場，避免任何型態的中立。你不是放手就是堅持、不是愛就是恨、不是掛著就是一直往下滑。這與其他牆的作風大相逕庭，其他的牆允許囚犯和自己維持一定距離，就像是可以掛於其上的牆根本不存在。然而堡壘不但強迫大家維持某個程度的明確態度，還會依照它自己的意願，隨時隨處做出它的判斷、顯露它的反應。在堡壘裡，不論任何情況，牆都是伙伴，它是感情與情緒的見證人、是每一個行為態度的裁判，甚至就算囚犯停止了行動，它依舊會提出自己的裁判。在堡壘裡，你若漠視牆的存在，那麼一堵白牆很快就會變得髒污。這裡的牆會毫不猶豫地回應你的態度，讓你的日子充滿了無法承受的沮喪。當冗長沒有休止的談話令你窒息時，這裡的牆會擴張。你若因為迫切需要獨處來仔細檢閱自己靈魂的故事，這裡的牆會縮窄。

時光在年復一年間快速交替。我的母親又恢復了她的探視。她朝我衝了過來，而我則是用絕對精心準備的新謊言，彌補著我們母子所失去的日子。我甚至更依賴掛在牆上的時間。我內心的音樂與白牆的舞蹈和諧地應和。幾根白髮昭告著我即將邁入四十大關：正走向秋季的黑髮，很快就會順其自然地掉落。我的背開始變得有點駝，那是諸如吊掛、滑落與摩擦等這類自然外力的現象，再加上其他超自然現象作用不斷累積向下拉扯的結果：譬如飢渴；貧窮與激進主義的誘惑；戰爭；輕易就蔓延的死亡；難民與充斥著溺斃婦孺的海灘；次等人、民族主義論述；一個瀕臨崩壞的星球；一個到最後還依然相信自己神性的人類種族。人們拋棄了他們的信仰，真主將祂的懲罰延後到未知的某一天。於是人們對我們的殺戮益發肆無忌憚，而我們對長久的等待，也愈來愈厭倦。

挫敗感普遍充斥於二〇〇六年至二〇一〇年間。二〇〇八年加劇了窮苦大眾痛苦的全球金融危機，更是深深刺痛了世界。許多國家都站在深淵邊緣，其中不乏墜入深淵困境者。在阿拉伯人當中，大眾的熱情預示著即將出現的情緒爆發。中產階級的年輕人與較年長的世代一樣，都接納了關於權利遭到竊取、不存在的公民權以及數百萬名看不見的受害者等新論述——這些都是與統治政權的家長主義及其腐敗官僚機構的現實相去甚遠的想法。二〇〇四年亞西爾．阿拉法特總統遭到暗殺的事件，讓一位原本遭到阿發法特光環邊緣化的舊政治菁英[42]，在整個巴勒斯坦的地位得到了提升。這位菁英鼓吹一條新道路——放棄抵抗的選項。對新掌權者而言，唯一的選擇是協商與「和平抵抗」，但是這樣的概念即使以最溫和的型態呈現，仍被大眾明確認定為懦弱，並遭到漠視。占領國政府有效利用了巴勒斯坦人在論述與行動上的匱乏。沒有任何東西遏止他們的濫權，於是他們放手拓展自己的統治、領土的侵占、新的屯墾區，並犧牲巴勒斯坦人的土地，讓既有的屯墾區無限制地擴張。巴勒斯坦人的回應限縮成每週的新屯墾區面積統計，以及討論如何繼續協商，只不過協商的現實——儘管經過了如此多的努力之後——除了殺戮與土地侵占數量的飆升外，毫無進展，遑論巴勒斯坦內部的分裂仍在持續深化。

始於從突尼西亞，但尚未將其他阿拉伯國家首都變成春綠色之前的阿拉伯之春（the Arab Spring），令人意外。我看到我們舊有的論述轉變成了一場阿拉伯熱血年輕人塞爆廣場的運動。他們狂喊著自由，也狂喊著推翻一直以來透過癱瘓所有進步、繁榮與現代化觀念，壓制我們歷史弧線發展的奄奄一息的政權。我看到的一切，都讓我樂觀。我確信阿拉伯人民最終必能實現民族

42 譯注：巴勒斯坦總統阿巴斯（Mahmoud Abbas），為約旦河西岸自治政府領袖，也是民族解放運動（法塔赫）和巴勒斯坦解放組織領導人。

主義。大家一旦擺脫地方性的各種立場，就可以將巴勒斯坦的目標，重新排進阿拉伯在政治層面與人民層面的優先待辦事項清單當中。長達數十年來，「上帝會解決一切」這句話所隱喻的漠不關心與聽天由命，終於可以結束了，我與這一代人一樣欣喜。這一代人正在為一個政治與社會架構，寫一段新的序言——一個新的《可蘭經》開端章——這個架構將會取代所有之前曾經運作過的架構。我很開心地看到女性在擺脫了男性罩袍，以及習俗與傳統的保護傘後，也加入了這個運動的行列。我開心地看到年輕人在邁步向前，口齒清晰地以現代化詞彙表達一個發展論述的同時，逃離了古老、褪色與灰塵滿佈的文本。我開心地看到那持續了數百年的挫敗，畢竟那埋葬了我們的創意庫，並將我們排除在快速發展的現代化之外，直到現代化的概念從我們的眼前、耳旁與意識中完全消失——現在樂觀主義正瀰漫在阿拉伯世界中。

阿拉伯之春的春綠，從阿拉伯國家各首都的廣場開始擴散，一直蔓延到我們監獄庭院的廣場。整個阿拉伯世界正在發生的一切，都是未來的祥兆。哈瑪斯與占領國政府之間即將進行的囚犯交換協議消息，同樣也是個好兆頭。夢想倍數成長，自由的地平線也出現在我們的指尖可及之處。我身邊的一切都在不停地運轉。所有的人，不論老鳥、菜鳥，都一樣。每個人都在倒數自己掛在牆上的最後時日。大家將這個交換協議視為自己脫離掛牆生活的自由機會，但是也很清楚這項協議最終只會限於幾百名囚犯而已。每個人都活在一種希望可能落空的恐懼與焦躁狀態中。

在埃及那個「世界之母」的開羅城中，解放廣場（Tahrir Square）等到了春綠。一位年邁的法老跌落了。這位法老為了個人的永生、他的後代與他的侍從所追求的金字塔，全都建築在埃及人民的痛苦與貧困、埃及人民的希望與夢想之上，以及埃及人民的意見表達與扼殺之上。天空轉成了春綠色。雲朵上滿載著令人開心的好消息，那是關於改變，關於一直沉迷於古代的阿拉伯世界，正在開啟一篇新盟約的好消息。我甚至變得更樂觀，因為我們以前一直說的那些謊言，現在即將成真，除此之外，我們先知們曾提到的阿拉伯壓迫政權潰倒的事情也將實現。文藝復興雖然遲到，但終究還是來了，就好像我們那些古老的口號，全都從牆上跳了下來，佔據了阿拉伯各個城市的各個廣場。我們的傳奇並非寓言。傳說中的英雄都在這兒，站滿了廣場，沒有任何恐懼可以讓他們重拾之前的冷漠。傳說中的英雄都在這兒，用他們的雙手鍛造他的命運，並將他們的依賴，轉變成企圖與行動。

二〇一一年十月，消息傳來，哈瑪斯與占領國政府之間的囚犯交換協議已正式生效。囚犯們全銜回牢房，每個人都拿出自己的收音機，確認這則報導的真實性。地方廣播電台宣布他們計畫廣播即將遭到釋放的名單。對於我們這些囚犯而言，五個人裡有四個人的感官知覺全暫停了運作，唯獨聽覺正常。他們把收音機拉得更貼近耳朵。電台接著播放的浪漫與愛國歌曲，讓許多人咒罵著播音員的一家老小與電台老闆。之後是美容護膚與一些家庭用品廣告的重複播放。更多的辱罵、詛咒與等待。紙、筆與寫字的手，都準備好了將廣播宣布的名字隨聽隨記。臉孔從記憶中消失，只剩下了名字。每個人都在回想自己的親戚與朋友，並在心裡與情感上，將這些人依照重要性排列。每個人都在計算著自己若不在名單上，可以承受得起多少失落。老鳥們發現自己正處於十字路口上，因為組織隸屬關係，將決定他們漫長懸掛的去向。在自己牆上只掛了短短幾年的菜鳥們，擔心名單有利於那些已在牆上掛了好幾十年的人，以致自己的名字從釋放名單上跌落，害怕因此得在他們的牆上再吊掛更長的時間。

不論任何協議，數千名老鳥與菜鳥夾雜的囚犯中，只會有幾百人獲得自由。我在心裡重現了一九九四年《開羅協定》後的囚犯釋放事件。眼前的情景與當年完全相同，但現在的我有了舊的資源與我的牆。我的牆之前曾拯救過我一次，必然也能再次拯救我。電台播報員用絲毫沒有顯露任何情緒的聲音，開始閱讀即將遭到釋放的囚犯名字。這些名字明顯揭示了哈瑪斯成員的優先。一開始全都是哈瑪斯囚犯，不論他們在牢裡關了多久。這是一個令人沉痛的現實，不過我倒是可以接受。我瞭解這種發展的背後動機。

狂喊大叫的聲音甚至在唱名依然繼續的過程中，就開始從其他牢房中傳出。我肯定自己的名字一定不在那張名單上，但這個認知並沒有舒緩壓倒我懸置狀態的緊張與焦慮感。我開始害怕，於是更貼緊了我的牆。「我一定不能掉下去，因為下面什麼都沒有。」我不斷對自己重複著這句話，並試著相信這句話的真實性。然後唱名環節結束。邀請參加派對的請柬已全部發送完畢，但沒有我的份。被挑選出來的名字喧鬧地慶祝，接著全場突然陷入靜默。所有人都進入了一個閾限空間中。受到邀請的人在即將回歸生活之際，對自己的喜悅保持緘默，其他的人則拒絕接受自己的悲哀。每一個陣營裡的人都謹慎地選擇用字。受到邀請的人不願意傷害那些身處名單之外的人，而位在名單之外的人不願意破壞那些即將參加派對之人的喜悅。有個人將嘴角的微笑強壓了下去，直到他找到一個僻靜的角落，才釋放出那抹微笑。另外一個人硬是擠出了一個恭賀的微笑後，找了一個黑暗的角落，讓一直纏著他的臉孔不放的鬼魂，從他們躲藏的地方出來。

我重新與我的牆會合，然後用沉默的聲音對自己說：「你必須對那個世界放手，所以不要試著抓住那個世界。這些都是你的痛苦，吞下去。」我想像著自己的第一堵牆，我已經在那兒和世界道別。無聲地，我又開始對自己說：「騎上你的想像之馬與你創造出來的虛構生物。你的父親已經走了，而你的母親也已習慣了一個缺席兒子長久的背叛。沒有人會為你哭泣：他們都厭倦了眼淚，也厭倦了你永無休止的謊言。所以別掉下去。跌落過程中沒有生活，跌落之後更是一無所有。從你心中所有的牆上跳下來，落到你自己的牆上。在要求自己被釋放之前，你並沒有讓你的真主接受考驗，所以現在也別開始。對於你所有的命運與痛苦，你的真主都是無辜的。除了放棄這個世界，你別無選擇。部落中的所有偉人都死了。你是唯一留下的一個，所以抬頭挺胸地站好。你母親所唱的歌，內容依舊是關於她那個英俊兒子，以及在早上第一道曙光之前，睡在兒子臂彎中的女子。你母親每次的探視都會承諾，只要你繼續懸在這裡，她就不會離開人世。」

我繼續對著自己演說，就我一個人，至於其他的人，不論老鳥菜鳥，都已開始將他們的痛苦打包進紅十字會提供的小行李箱中。紅十字會是負責執行這次協議各條款責任的組織。即將被釋放的人，在這段待在牆影下的最後幾個小時裡，在他們已漸漸習慣的熟悉氣味中，打包著自己的衣物，準備踏上引導他們離開此處的路。最後的這幾個小時還包含了帶著混亂情緒的每個人都希望快速結束的對話。只有經歷過這樣的過程後，那些接到邀請函慶祝自己生命的人，才能終於開始慶祝，而牆上的人也才能回到他們的牆邊。

這種痛苦我瞭解。我曾經面對過這種痛苦，那是快二十年前的事了，我就像一個扛負著重擔的人那樣，一直擔著這種痛苦。但這一次的擔子更沉重。有些人從我掛在牆上的最初日子開始，就一直是我的伙伴。我知道他們的痛苦叫什麼名字，也知道他們如何稱呼那些遲到的喜悅。這是我的老故事，而那些和我一樣的說謊神祇，都相信他們自己的謊言。我知道他們怎麼喝咖啡、他們想像的戀人長什麼樣子、每一個人的春天曾經是什麼樣子，也知道秋天在他們臉上留下的遙遠記憶，是什麼樣的景象。我那年冬天的那幾週，有一種類似放逐的感覺，在心中落了根。那不是離開某個地方的放逐，而是脫離了靈魂的放逐。最後，在經過一些牢房時，我竟然開始聽到曾經被關在裡面之人的聲音，而且必須加快速度，才能阻止自己停下腳步，必須召喚出自己所有的信仰與確定的信念，才能維持自己的平衡、趕走隔閡的感覺，以及找到方法與新囚犯溝通。這些過程所需要投注的時間與努力，全都比幾乎已是二十年前的當時多很多，但我還是成功了，帶著新發現的平衡感，重新回到了自己掛在牆上的日子。

阿拉伯國家繼續走在他們的路上，途中流了非常多的血，也死了更多人。但是在那個磕磕巴巴又跌跌撞撞的春天，人民的革命卻被竊走了。軍事武裝人員洗去了他們戰敗的污點，占據了裁決者的座位。他們宣布的可怕敵人，其中有半數都出自他們自己的想像。他們與民族的敵人串通，密謀對巴勒斯坦不利之事。巴勒斯坦政治菁英加倍努力地孤注一擲，與一個受到大以色列古老故事所引誘，進而拋棄了所有和平偽裝的壓迫者進行磋商。巴勒斯坦人的分裂繼續，對於占領國政府條理分明的計畫，毫無招架之力。夢想破滅。整個阿拉伯世界進入了一個產出不了任何結果的暴力與混沌漩渦中。

我已經習慣了那些擺脫了束縛的老鳥囚犯不在的事實，尋找著之前與菜鳥囚犯在建立連結關係時的疏忽之處。同時，儘管監獄擴大了對囚犯有限自由與舒適度的攻擊，分裂的囚犯陣營卻受到了一種麻木狀態的影響，一如某種癱瘓，以致於大家根本無力於抵抗這樣的壓迫。我維持著自己的平靜，直到巴勒斯坦當局的總統穆罕默德．阿巴斯（Mahmoud Abbas）在二〇一三年決定進入新一輪的協商。這次的冒險將讓我付出巨大的代價，因為我第三次深深陷入了與自己的情緒、穩定度與信仰對峙的狀態。

第四梯次，也是最後一個梯次

二〇一三年發生的事情是這樣的。

巴拉克·歐巴馬（Barack Obama）在二〇〇八年當選美國總統一事，震驚全世界。他飛到埃及，針對中東和解發表了一場演說，與前一任美國總統形成了鮮明的對比。歐巴馬緊跟著美國前總統們的腳步，但懷抱著更多的善意，將解決巴勒斯坦衝突作為他總統任期內的首要目標之一。然而這位黑人總統身邊卻圍繞著一個白人政府，而這個白人政府對於支持以色列，以及維繫以色列在阿拉伯鄰國之間的經濟與軍事優勢，做出了極大的承諾，因此嚴重限縮了歐巴馬的成功機會。

歐巴馬第一屆總統任期結束時，中東和解案沒有任何值得一提的進展。二〇一二年他成功連任後，立即開始施壓，要求雙方回到談判桌上。他的施壓展現了成效。在一段為期九個月的時間裡，以色列人與巴勒斯坦人，根據由美國國務卿約翰·凱利（John Kerry）帶領的美國團隊所起草的一份文件引導，開始了協商的進行。初步的協定包括巴勒斯坦在協商期間，不申請加入任何國際組織的一份保證。而回過頭來，以色利則保證釋放一九九三年《奧斯陸協議》之前所關押的所有囚犯。這一群老鳥囚犯的總人數只剩下一百二十名。以色列將分成四批釋放，梯次之間不超過兩個月。

這一群老鳥散落在所有的監獄中，包括哈達林監獄裡的十三人，他們已經在他們的牆上懸掛了二、三十年不等的時間。我身上的疤痕提醒著自己有必要控制情緒，也不要偏離自己安全區域的穩定。儘管如此，這次的誘惑實在太大。生活在這片牆之外的邀請函充斥空中。菜鳥們將自己的痛苦深埋心裡，向我們宣布這個好消息，並恭賀我們長期苦難即將結束。他們為我們感到高興的心意，讓我們多年來因為實在太多次的失望，而感到的焦躁不安，黯然失色。

「薛西弗斯（Sisyphus）[43]，這是你要攀爬的最後的一座山，所以把巨石從肩上丟下去吧。為你永無止境的上山之行，即將劃下句點，好好地嘆口氣。你眼前的土地已是一片平坦，所以舒展四肢、享受愜意吧。你已經抵達了山的另一面，所以追過你的影子、把巨石留在身後吧。忘記你在生命春季裡所失去的一切。好好把握你的秋和你的冬；掌握未來生活的所有的可能性。將焦慮留在你丟在身後的那些鬼魂。存封起你數十年來在此的陪伴與所有曾經許下的忠誠誓言。」

我的腦子裡滑過這些話以及其他許多話。我一句都不相信。不論身邊的人如何不斷地說個不停，我和自己去相信什麼的能力之間，隔著上千道障礙。結束掛在牆上的生活，似乎是件令人難以置信的事情，是件愚蠢又輕率的事情。我已不是第一次站在岸邊，聽著海浪的聲音了，但是每一次我都會沉入乾涸的土地中，沒有水可以濡濕我的失望，也沒有水可以洗去我母親臉上多年的

43 譯注：薛西弗斯（Sisyphus）：希臘神話中的人物，創建艾菲拉城（Ephyra）的國王，因為洩漏了宙斯綁架愛琴娜（Aegina）一事而受到宙斯懲罰，必須將一塊巨石推上山頂，但巨石每次被推到山頂後，又會滾下山，因此他必須永遠周而復始地推石上山。

等待。我轉向一塊石頭，自此牆就在我身上鑿出了它的歲月。

規劃釋放第一梯次囚犯的八月將至。不論大家如何用力推動，日子幾乎就是靜止不前。咒罵成了中間地帶，隔開了生與死、乾渴與飲水、自由與解放、我們所擁有的戀人以及我們對於不是自己戀人的愛慕，也隔開了牆與天空。咒罵是中間地帶的模糊不明：我們復原前的傷口、我們結束前的等待、我們開始前的生活、我們耗盡前的耐心、我們解放前的監禁、我們復活前的死亡，以及兌現承諾之前的我們的真主。

連著許多天，我來回擺盪於放手與堅持之間，任何事物都無法平復我的不確定感。數十年來，這是我探索過不止一次的地方，我知道這裡所有的黑暗角落。那麼這些虛假的生活邀請函為什麼還是能引誘我呢？我怎麼會讓一個缺口趁虛進入，存在於我和我的牆之間呢？我肩上的石塊感覺更重了，大山似乎也變得更高更近，而每天都要爬上山的可能性令我害怕。就這麼放手與認命的慾望在我心裡翻攪。若丟下巨石，薛西弗斯，你會想起什麼？你怎麼能夠拋棄從未讓你失望的悲觀主義呢？如果你擺脫了你的牆，你將會墜入什麼樣的深淵？

第一批釋放名單公布了。我這個牢房區裡三分之二的老鳥，將他們的這些年全打包進小行李箱中。其中一個是皮膚黝黑的加薩人，他將奔赴海邊以及一塊遭到圍困的黯淡長條土地。另一個會去彌賽亞保佑的伯利恆城，這座城從未察覺到城中人民的消失，一天都沒有，也從未為他們哀悼過，連每年豎立的聖誕樹上的蠟燭，都沒有因為哀悼而吹熄過任何一根。大家開始歡呼並互相親吻、說著一些最後的話、最後的告別，並送上一個擁抱。新鳥們開始談論下一批名單以及等待的時間會有多短。最近幾個星期，存在於我和我的牆之間的那個缺口突然消失了。於是，那個誘惑、打亂我平衡的虛假生活也消失了。我向即將離開的人做了最後的告別，跑回到我的牆邊。我身上的巨石還在老地方。扛起你的巨石，薛西弗斯，因為只有嘗試所付出的努力，才能與期待成真的喜悅相比。每一次的努力都是最後一次。每一座山都是你最後的攀爬。不要半途而廢。

第二批的囚犯釋放名單直到兩個月後才公布。我不再有任何期待，日子也恢復了原來已習慣的色調。在奮力忽視來自四面八方的騷動同時，我一頭栽進了數十本書中，閱讀所有可以拿到的書。我再次聽到了浪漫的歌曲。他們唱著我無法觸及的喜悅之歌，但是我能夠用自己的方式體會他們所表達的痛苦。儘管我依然身處在正在和我道別的人之間，卻在試著漠視他們。他們不斷談著即將到來的分別，以及我們將有多麼思念彼此。他們要把我嫁出去，還開始規劃參加我婚禮的喜帖。有些人大力主張我應該要更常向上帝禱告，另外一些人則鼓勵我想像一些色情的刺激行為，無關祈禱，也無關讚美。

這些就是我身邊那些人的夢想，小小的，不可能實現的夢想。他們在我的解脫中，看到了他們自己被推遲的希望成真。我必須聆聽一些奇怪、怪誕的夢想，但我看到的卻只有他們夢想不可能成真的畫面。我沒有能力去相信，因為我來自一個說謊神祇的世代、一個夢想不會成真的世代。我聆聽著大家的夢想，精進著自己撒謊的專業技能。我隨著大家的婚禮狂想曲起舞、跟著那些將我的好運視為證實他們信仰之人一起禮拜。我練習著這些謊言以及更多其他的謊言，而他們則幫助我度過漫漫的幾週時間，直到該釋放第二批囚犯的日子。

二〇一三年十月，第二批釋放名單公布，其中包括了我們牢房區裡的五隻老鳥。我們第二次見證了道別的場面，而菜鳥們也同樣提供了我們這些喜悅被延宕到後兩個釋放梯次之人的慰藉。我繼續爬著我的山，我的那塊巨石每次也都準備好了在滾下山後，再經歷一次攀爬。

家人的探視開始出現一種令人精疲力盡的痛苦性質。我的母親不斷地質問為什麼她在家裡準備好了一切，並布置了所有的角落都之後，她的喜悅卻一再遭到拖延。她已從朋友那兒買來的新床怎麼辦？為什麼我回到她身邊的速度這麼慢？難道我希望自己的五官在她的心理慢慢褪色嗎？我的母親一刻不停地拋出各種問題，最後，這些問題全變形為指控：「兒子，你為什麼依然掛在那裡？大家的天堂之門全開了，只有你的還關著。去他的巨石！去他的你必須爬上去的山巔！你怎麼忍心讓你的母親痴痴地等？你還準備漠視她的擁抱多長時間？那些昨天前還是你獄友的同伴，都來看過我了，他們告訴我你過得很好，但是我不相信他們說的關於你的謊言。我在門口接待他們，是怕也許會在他們身上捕捉到一絲你的氣息。他們親吻我的頭與我的手，但我真心希望是我在親吻你。你告訴我要多祈禱，我照做了。你告訴我不要死，所以我死死撐著。你說你在經歷所有磨難時，一直有我陪在你身邊，那麼你回來陪我經歷磨難的時刻，為什麼來得如此緩慢拖沓？噢，你這個出自我窄小子宮與缺乏奶水的胸脯的果實，什麼時候才能戒掉你的謊言？你是你母親身上的巨石，你是那座山……真是個以虐人為樂的孩子啊！對一個因為你不在身邊而飽受折磨的母親，你難道沒有一點慈悲之心嗎？」

我的母親掀出了她在這二十年痛苦日子裡，所準備的一切罪名，並加上了她在旅程以及檢查站中所承受的羞辱。除此之外，她還增添了她日漸彎駝的背與衰退的視力，以及在她孤獨的時候，陪在她身邊的我的鬼魂。然後她開始投降，只不過沒有白旗宣示她的決定。母親在絕望中繼續叨叨地譴責著我，直到我的力氣終於崩垮。我從我的牆上跳下來，在我母親的絕望之下，放棄了所有的抵抗。我穿上了為了回到她身邊而準備的衣服，我們一起反覆唱著團聚的歌曲，並在新的床上鋪上床單。然後我又重新說著我的老謊言：「幾個月而已，瑪茲尤納……現在還不是放棄的時候……最後的一個階段了，然後我們就將抵達這條長路的終點……」伴隨著我母親所相信的其他謊言，她終於放棄了她的問題，並收攏了要再次投降的棋子。我的母親第一千次相信了我的謊言之後返家。她把她的夢想掛在一條寬寬的布條上，並最後一次召喚了她的真主，祈禱新的一天的開始。

二〇一三年十二月底，以色列為了安撫民意，宣布每釋放一名囚犯，就將在占領區建造一百棟新房舍作為交換。這實在是個天價，但是老鳥囚犯們並沒有耗費太多力氣去漠視這件事，這則消息也沒有扼殺他們的喜悅。下一批的釋放名單宣布了，包括哈達林監獄裡的四名老鳥。他們對我們說了許多道別之語，卻沒有說太多關於牆的話。

第四梯次，也是最後一個梯次的人依然待在牢裡：三十名老囚犯。大家依然掛在那兒，但心裡懷著最後的機會。兩個陣營間的談判毫無進展。可恥的美國一味偏向以色列立場，伴隨著加諸在巴勒斯坦人身上的政治壓力，迫使談判又延長了好幾個月。一天天、一週週沉重地過去，三十隻老鳥囚犯一直在等待，其中包括和我關在一起的三個人。冬天強化了等待的酷寒，幾乎凍僵了這些老囚犯的家人。我母親在不耐煩地等待著每一個小時的流逝之際，我用最新的謊言為她保暖。同時，我不但繼續掛在我的牆上，還因為恐懼，甚至將我的牆抓得更緊，因為我感覺到失望正在以快速而自信的腳步不斷地向我靠近。我每天早上起床，繼續舉著我的巨石。我信守著與我的山之間的約定。

二月呼出了它最後的氣息。依然留在牢裡的那些名字，臉孔上顯現出了他們的焦慮，卻依然在繼續等待著牆外生活最後可能的機會。占領國政府似乎在拖延落實協議指定條款的時間。巴勒斯坦領袖並沒有做出適切的回應。緊張的氣氛在第四批，也是最後一批名單規劃要公布的前一天，達到了前所未有的高度。一個為時過早的來生：這是我眼裡所看到我們這三十個永遠掛在自己牆上的囚犯景象。判決日到了，接下來若不是真正的生活，就是與一堵永恆火牆的約定。沒有任何跡象或徵兆預示著來生的到來。這個來生既沒有提供最後一次祈禱的機會，也沒有提供擦去古老罪孽的懺悔時間。

我的牆和我赤裸裸地待在檢查站裡：有時候我會在牆的後面尋找保護，有時候它會在我的身後尋求庇佑。每跨出一步，我們都緊緊相依，並重新確認我們的舊有盟約。路口的警衛對我們進行審問，並嘲笑我們的赤裸以及我們對大門的恐懼。我們自我宣稱已準備好放棄一切，會堅守當下。終身監禁或許是一塊剝奪你每一個復活與新生機會的沉重巨石。終身監禁或許是拒絕在你精疲力竭之前彎腰的大山。終身監禁可能是所有的一切，因為事情就是我們想要它們變成的樣子。

第二天來臨，但公告並未隨之而至。以色列拋棄了他們的承諾，堅持不放最後的這三十個人。門重重地甩在我們臉上，一併關閉的，還有所有逃離到一個可以終止我們懸掛時空的可能性。我們回到了我們的牆身邊，除了下一個小時陽光下的放風時間，已沒有東西需要等待。

根據希臘神話，阿多尼斯（Adonis）[44]並沒有逃開野豬的獠牙，當他血流不止時，那頭野豬就站在旁邊，居高臨下地看著他。獵人倒下了，獵物獲勝了。那頭野獸並沒有撕裂阿多尼斯的軀體，只是放任他在那兒，讓血液涓涓流淌。阿多尼斯做了最後的祈禱，就此掛在了他的死亡之牆上。愛芙羅黛蒂趕到時，為時已晚，阿多尼斯只留下了一個冰冷的軀體與他依然溫熱的血液。哭泣的愛芙羅黛蒂以她愛人的血絲，紡出了紅色的花朵。冥王（Pluto）看著愛芙羅黛蒂編織著紅絲線。然後他下達了命令：「阿多尼斯，每年的春夏兩季，你都會復活，在世界上過著你的生活。但是每一年的秋天與冬天，我會帶著你以及所有世界上的植物，回到冥界受死。」冥王看著我的回歸，以他認為適合的方式，安排了我的命運。誰曉得呢？也許下一個愛芙羅黛蒂不會來得太遲，還來得及止住流淌的血液。

我的真主，也是所有世界之神，從我的牆上，在地球這顆星球上的某處，安排了一個新的約定。遠離我流血與我的牆之處，新的女神已出生。她在出生時就擁有了一個關於一頭古老野豬的遙遠記憶，當她長大後，她追蹤著那些血絲線的蹤跡。她打包了她的外國字母，去到了一塊充滿

44 譯注：阿多尼斯（Adonis），希臘神話中的俊美凡人，是塞浦路斯公主茉拉（Myrrha）因為受到詛咒而與其國王父親希奈瑞斯（Cinyras）亂倫所生下的孩子，也是掌管愛情與美麗的女神愛芙羅黛蒂（Aphrodite）與冥后波瑟芬妮（Persephone）的戀人，兩位女神因為他而發生爭端。阿多尼斯熱愛狩獵，受到野豬攻擊身亡，死在愛芙羅黛蒂懷中。

了她父母祕密氣味的土地上，住在離我的牆只有幾個心跳之遙的地方。她撿起了第一條血絲線，並用這條絲線，開始為我，也為她自己紡紗。她紡出了她的春天與夏天，紡出了我的秋天與冬天。她的名字叫南娜，最後的愛之女神，接下來，就是我和她的故事。

第二篇

我、我的心，
以及一個最受約束的地方

南娜

因為一些我無法解釋或理解的神聖天命，所有的事情全始於最後一批囚犯規劃釋放之前的那一小段時間。當時的我正掛在自己的牆上，拒絕投降與跳下去的誘惑。我母親堅持不懈的問題，總是壓在我的心上，一壓就是好幾個小時，因此我一直在尋找著面對那些問題時可以自我安慰的謊言。我對其他人在剩餘的等待時間中所經歷的掙扎，視而不見。這三十個老靈魂，每一個人都找了一個熟悉的角落，去照護自己深深的新傷口。我並沒有花很長的時間去尋找這樣的角落，也沒有急著處理自己的傷口。我控制住了自己的期待，深深的栽進了閱讀當中。

在這顆星球的另一面，南娜正在計劃著她的第一步，並撿起了第一條血絲線。她和我一樣也是秋天出生的孩子，她在一九八七年生於海對面的一個地中海國家。那個國家活在眾多神祇的古老傳說之中，那兒的神祇名字怪異，無法輕易融入她父親的阿拉伯字母當中。那些神祇的榮景持續了數千年，赤裸的雕像佔滿了各個城市，而這些都是祂們永恆青春與智慧的證明。

南娜相信某些年輕神祇的故事，也漠視那些超出她想像的關於族譜與遨翔天際的故事。她那間小屋子裡的語言，多樣到令她驚訝。然而她父母每次屈服在自己的渴望之下，從義大利旅行到巴勒斯坦去重溫舊時、舊地與舊協定的過程，卻更令她炫目。南娜看過海的另一邊，也觀察過其他藍色的色度。她品嚐過東方料理，風味與氣味是那麼地辛辣，也見過年過七旬的祖父。老祖父配著幾杯甜茶，回應了許多令她感興趣的事。至於祖母輩長者細數她們那些不幸的往事，南娜則是過耳就忘，若非興致不高，就是無法理解。

南娜在行李箱裡塞滿了所有可以帶走的氣味、顏色與景象，然後回到她那些赤裸的雕像以及在顛峰時期曾歡迎過征服者凱旋，並被戰利品壓垮的古老廣場。相同的廣場還曾迎接過聖保羅以及和他在一起的信徒，也曾經接待過東方人，那些東方人在船艙中睡著的時候還是自由人，結果睡醒後，就變成了征服者海岸上人們的奴隸。南娜那時還不知道羅馬廣場的歷史，對於一個正在與因勝利而精疲力盡的西方決裂的東方所發生的革命，也沒有興趣。

南娜的心理年齡一直在增長。她的父母厭倦了怪異神祇的故事，渴望著更陌生卻也更熟悉的神祇。經過了十年的放逐與追求日常溫飽的生活後，夫妻兩人宣布投降。南娜打包了行李，回到了她的古老地中海海岸。這次的歸鄉是為了祖父最後一口氣前的最後一杯茶。她回到了沒有雕像也沒有銘文，卻滿滿都是人的城市廣場，廣場上的人和臉孔，與她父親的老照片相似。她回到了一種空氣中，這種空氣會在夜晚從雅法（Jaffa）港岸悄悄爬進她房間的窗內，並就此落腳。她回到了她的母語懷抱中，儘管多年來只要使用母語，她就結結巴巴。接著，她又將之前突然出現並定居在那塊土地上的人所說的希伯來語，也納入了她的語言當中。對一個還不滿十一歲的孩子來說，希伯來語是一種複雜的字母。在南娜那兒，一個涵蓋並混合了四種不同的語言、地理與文化的語言，找到了它們之間的最小公約數。

學校教育結束後，南娜手裡依然握著那條血絲線的一端。她的心膨脹了，而心中的空白處則是充斥著她女性特質的強烈渴望。愛與美的神祇現在在何處？南娜對身邊的城市廣場感到絕望，那騎著白馬的騎士，曾在四種語言裡都讓愛的語言完美呈現，怎麼如此狹隘與空洞。她離開了家，遷居去了大城市，住在她獲得了優異成績的大學附近一棟學生宿舍裡。

南娜持續尋找著她的騎士，但對於她的祈禱，騎士的回應卻總是姍姍來遲。她遇到的青少年騎士們，完好的身軀上既沒有勝利的傷痕，也沒有戰敗的痛苦痕跡，因此他們的騎士精神與質樸的挑逗，並不能贏得她的芳心。南娜想要不一樣的東西，卻對能找到這樣東西感到絕望。她取得了一個恢復人權的學位：授予她學位的那所大學，樹立於一位老人所擁有的土地上，直到有人來偷走了這塊土地，並在其上建立了偷竊者們的猶太國家。南娜的學業結束了，她學得非常好。她記住了那位在遠離家鄉的放逐生活中過世的老人五官。

南娜離開大城，回到了自己鎮上的狹小廣場上，並在那裡面對一套透過法院將罪行合法化的司法體制，展開了她的第一場法律戰爭。她的戰爭維持了很長的時間，打得也很辛苦，但過程中收穫的小小勝利卻讓她開心不已。隨著對占領國不公不義行為的認知加深，她愈來愈反對占領國的司法體制。而隨著占領國政府對巴勒斯坦少數民族的政策日益嚴苛，南娜對於自己身分質疑的堅持，也變得愈加頑強。她幾乎快找到了答案，但是我愈來愈高昂的尖叫聲，卻引起了她對那條血絲線的注意。她循著這條在不同城鎮中的街道巷弄間扭曲與蜿蜒的血絲線繞行，這些地方有些因為外力而人煙稀少，有些則是維持原貌。在第三批以及第四批，也就是最後一批的釋放名單之間，她循著那條血絲線來到了那堵牆的牆基旁。血絲線的終點就在這兒，而她也在此開始了第一次讓絲線停止繼續流轉的努力。

南娜回到自己鎮上的第一年，在一九四八年遭到占領的土地上落腳，那一年陪著她一起回鄉的，還有每次大家都會在家族聚會與交談間細數的一道古老傷口。家人們常常告訴她有關這道傷口的事，她自己也能從各處讀到這道傷口的相關過往。這道傷口的詳細內容，就這樣在南娜的心靈中定居了下來。她因為與這道傷口的糾纏過深，還決定去診所撕下膠布，看看傷口下究竟藏著什麼樣的真相。

猶如第一次經過那條路，四周的街道向南娜逼近，但她的情緒高張。她靠近了哈達林監獄，並將車停在牆邊。她可以感覺得到那條血絲線變熱了。駐守監獄的士兵草草問了她幾個來此的原因後，南娜走進了牆內。她一路穿過了由許多道門、鐵欄杆與士兵氣息所扼控的空間。陪同她的警衛指了指一間標示著六號的小房間。南娜走進去這間房間，坐在一張白色的塑膠椅上，面對著一面玻璃隔板。幾分鐘後，一道傷口走了進來，坐在玻璃隔板另一面的第二張白色椅子上。

訪問結束，那道傷口回到了牢房，談論著一位剛剛探視過他的年輕女士。我聽著他敘述對於這次意外探視的興奮。隨後大家又都回到了最後一批釋放名單公布日的等待中。一個禮拜後，南娜重回監獄進行另一次的探訪。那道傷口向她提及了他身邊另外兩道也正在流血的傷口。隔了一週後，南娜又來了，這次她手中握著血絲線的一端。她見了第一道傷口後，又見了第二道傷口。接著她坐在她的椅子上，等待著第三道，也是最後一道傷口，那就是我。

我快速地穿好衣服，對著鏡子檢查自己鬍子剃得如何。在一名士兵的陪同下，我走了一小段距離，直到兩人停在第六號房間的前面。那位士兵打開門，然後在我身後把門鎖了起來。

有些臉孔在結束他們的第一句話之前，就將自己的神祕之鑰交了出去，於是等你下一次再見到他們的時候，只有之前留下的一片灰白的影印副本，沒有任何東西可以勾起你的興奮、勾起你去尋找的直覺，或勾起你在發現那一刻之前的緊張感。凝視著這樣的臉孔時，你會有餘力去注意到周遭的細節，譬如一件洋裝的顏色、這件洋裝與口紅顏色的對比、髮型，以及垂墜的耳環如何刷撫過頸部。你會有餘力去注意到這個地點的細節，譬如牆壁的顏色、天花板的高度、隔在你與對方之間的桌面上，有多少道光線駐足。但是還有另外一種臉孔，南娜的臉孔。

「可憐可憐這些牆吧，小姐！」我最初脫口而出的這幾個字，除了我自己，沒有其他人聽到，因為全掩蓋在大家聽得到的眾牆低語當中。這些牆從未見識過與這個人的女性自信相近的任何東西。我坐在一張白色椅子上，隔著南娜全身散發出來的優雅氣質，與她對坐。兩人之間的玻璃隔板完全沒有降低我眼裡景象所帶來的震驚。那是一張不會提供任何免費資訊，也不會透露任何祕密的臉孔。那是一張可以召喚你啟航、深深陷入，然後持續追尋的臉孔。那是一張只有奪走你的呼吸，才能滿足其虛榮心的臉孔。你呼喚你所有的神祇來幫忙，然而就算那張臉的謎團，令你的男性自信緊張不安，你卻不會感到絕望。

時間消失了、地點消失了，南娜的臉卻留了下來。當下的重大事件蒸發了，過去的記憶也消失了，隨之一起消散的還有記憶所涵蓋的每一個聲音與景象。這一張臉沒有做出任何承諾，但糾纏其間的人卻精疲力竭。這是一張即使閉上眼睛也無法忽視的臉。這是結合了東西方矛盾的一個費解之謎。我坐在我的白色椅子上，體會著南娜的臉孔。

「哈囉。」

「嗨。」

「我叫納瑟。」

「他們告訴過我了。」

「真的？」

「我以為我會見到一位老先生。」

「你確實見到了一位老先生。」

我們談了一點監獄的事情、一點我們這個最後一批囚犯釋放的等待。房間裡那個小角落的氣氛很溫馨，我可以感覺到融冰的過程。接著我冒昧地提出了我的第一個自白。

「我可以跟妳說件事嗎？」

「當然可以。」

「來這兒的路上，我對自己說如果是位漂亮的女子，我就會盡可能待久一點，待到不能待為止，但是如果是位不漂亮的女子，我就會言簡意賅，四句話後優雅退場。」

「結果你的發現是什麼？」

「我剛剛說了第一百句話，而且我人依然還在這兒。」我擺出了一個頑皮的笑容這麼說。

她的臉附和了我的微笑，但對我這份突如其來的坦白，她臉上的表情卻沒有洩漏任何一絲想法。我喜歡她接受我直言不諱的作法。她的行為展現了一個不滿二十七歲女子的成熟。這一點強化了我的男性好奇心，而且我發現自己正在逾越第一次見面的禮節。

「妳眼中的這個世界是什麼樣子，南娜？」

我的問題讓她驚訝。當她在努力想要找出一個合適的答案時，我可以讀出她體內的緊張。

「什麼意思？」她試圖以拖延戰法，找出答案拯救她自己。挺聰明的一步。

「就像我說的：妳對這個世界有什麼看法？妳是透過一副悲觀的鏡片看待這個世界，還是從一個將擔心與痛苦程度降到最低的其他角度，去看待這個世界？」

「這個世界是什麼樣子，我看到的世界就是什麼樣子。」

我們兩人繼續談論世界的苦難、世界上的窮苦人群，以及世界的失落。我們還談到了戰爭、恐怖主義與我們土地遭到占領的問題。南娜主動提供了她在法界的職涯狀況，以及一點點她的社交圈資訊。探視結束時，我們兩人都留下了繼續長談的渴望。有名士兵過來打開門，南娜走了出去。另外一名士兵打開了我這邊的門，把我帶回牢房。我變成了某種更安逸的存在，並開始思考，不斷回味著與南娜相處的半個小時。之後我再度回到了我的等待與我的牆身邊。

將近一個月過去。南娜再次探視我，然後是第三次的探視。這兩次的會面，我們無所不談，話也愈說愈多：她的父母與十一年的放逐生活、她在古老羅馬神祇影子下的童年、她的巴勒斯坦之行、她的祖父以及她所感覺到的深厚祖孫情，還有她回歸到祖國眾神祇的懷抱。我們談難民營、放逐、夢想，也談我們最後一個自由機會的等待。

隨著時間過去，南娜增加了探視頻率，直到最後每週固定來訪。我們的會面交談已不足夠，於是兩人同意寫信，繼續彼此已擴及各個層面以及愈來愈深入的對談。同時間，占領國政府否認了曾經的承諾，拒絕釋放第四批，也是最後一批的囚犯。所以我繼續待在監獄裡，掛在我的牆上。我的傷口繼續淌著血，而紅色的血絲線則盤著南娜的手指纏繞。她不斷紡著這些血絲線，而我則不斷地淌血，等待她的下一次探視或第一封信。我再度擁抱自己的無期徒刑、再度與掛在我牆上的自己和好如初，杜絕從牆上滑下的一切可能。就像某個重新開始服刑的人一樣，我聚集了所有的力量，推著巨石上山。任何山脈都無法否定我抵達目的地的堅持。我將注意力轉回到自己正在流血的傷口上，拒絕等待傷口自行癒合。我就這樣接受了以原貌呈現的痛苦。

下一次的會面，我加速的腳步讓陪著我去會客的警衛都吃了一驚。這名士兵在我身後將門鎖上。南娜還沒有到。我坐在自己的白色椅子上等著。不久，我站起來，而那一刻，南娜也從另一扇門外走了進來。

「我讓你久等了嗎？」

「沒有，我也是剛到。」

「你好嗎？」

「現在還不錯。」

「你要繼續站著嗎？」

「沒有、沒有。我這就坐下來。」
一陣沉默。
「是什麼原因讓妳重回到這兒，南娜？」
「我不懂你的意思。」
「是什麼原因把妳帶回到所有的這些痛苦當中？連神祇都不會進入監禁的空間中。祂們會嘗試，但是當嚴重的幽閉恐懼症發作而轉身離去時，祂們就失敗了。」
「我不是神祇，納瑟。」
「妳怎麼知道？」
「因為我人就在這兒啊，而你剛剛不是才說神祇不會進入監禁空間裡嗎？」
「沒錯，我的確這麼說過，但妳可能是我從未聽說過的神祇。」
「妳對神祇有多瞭解？」
「很瞭解。」
「你相信所有的神祇嗎？」
「我相信那些在我們談話時，不會看輕我的神祇。」
一個半小時過去。在這段時間裡，我們討論了許多世界大事以及神祇相關的事情。探視時間即將結束。
「南娜，可以為我描述你在來這兒的路上，所經過的某塊綠地是什麼樣子嗎？」

「一定要嗎？」
「為什麼這麼問？」
「因為我根本沒有注意到任何綠地。不過我承諾下次說給你聽。」
然後我說了每次在我們會面結束時會說的話：
「開車注意安全，南娜。」
「我會的。」她這麼回覆，一如既往。
南娜離開了整整兩週。我怎麼了？我到底在幹什麼？那個不斷在玩弄我時間的東西，究竟是什麼？日子怎麼突然變得如此沉重？我那些美麗的夢中情人，每天晚上都去哪兒了？這種我不瞭解而且從未有過任何類似經驗的新的等待，又是什麼？然後我收到了南娜的第一封信。

二〇一四年五月十三日

吾友納瑟，

有一天你曾這麼問我：「是什麼把妳帶來這裡？妳為什麼一直回來？妳是受虐狂嗎？連神祇都不會進來這個地方。」我現在寫下的這些字句，就是要為你，也為我自己回答這些問題。

某個三月天，冬天即將走到終點，我來到了這個地方，碰到一個人，他告訴我他最愛的就是風景。在今天的世界裡，大家一般熱愛或喜歡的事物，應該不會是風景。而我則是根本沒有想過這種事情。

今天，我前往附近一個名叫傑特（Jatt）的村子。村子座落在一個與種族隔離牆平行的山丘上，和一九六七年土地上的兩座村子澤伊塔（Zeita）和巴卡．阿許沙奇亞（Baqa ash-Sharqiya）對望。我朝北行，道路沿著基立心山（Mount Gerizim）山側而上。許多村子散落在這座山脈的高坡上。這些村子看起來一如其他的日子，經歷了上天祝福之水的沐浴，洗去了所有可能遮掩清晰視野的塵埃。但是這樣的景象現在卻有如一幅畫。突然之間我就領悟了，我的朋友，我是一個熱愛自然景觀的人，但是一直以來卻始終沒有認知到這一點。我發自本能地熱愛這樣的景觀，卻沒有感覺到那份熱愛、沒有享受過這份熱愛……這就是差異所在。你感覺到了這份熱愛。你知道這份熱愛的正確價值。至於我，我熱愛這樣的景觀，卻不知道周遭一切的價值。在我們的世界裡，愛的概念已然改變，事物的意義也變了。我們活在臉書、智慧手機與先進科技的時代中，只要碰觸一個按鍵，萬物皆可得。為了讓我們享受自己熱愛的東西，這些東西必須具體且容易取得。

我住在一個飽受唯物主義困擾的時空中。擺脫這種病症的困難度，與其重要性一樣高。每個人都在競爭著第一的位置——成為物質財富與外貌的第一人——直到這場競爭最後把我們所有人都變成了相似的人。即使價格標示強烈要求著我們的關注，但東西本身卻已失去價值。許多人不知道美麗的事物、讓你快樂的事物，其實都在自己伸手可及的地方。我原來也不知道，但是因為你的協助，我現在發現了這個道理。從現在開始，我會享受存在於身邊的景色。從現在起，我會知道自己熱愛這些景色，對於這份熱愛的瞭解，足以讓我品嘗快樂，而且這樣的快樂，即使只能持續短短幾秒，也很好。為了愛而去愛，正是美的定義。

在三月一次為時一個小時的探訪中，這只是你的言語之海裡的一小點。現在你知道一直把我帶回來的原因是什麼了吧？在你的眼中，這或許只是一件簡單的小事，因為你理解事物的價值。但對我而言，洞察力已衰弱，有必要強化。只有在失去某樣東西的時候，我們才會瞭解那樣東西的價值。你沒有這樣的缺失感，所以你自然會質疑我不斷回來的行為。別擔心！我不是受虐狂。我是個活在不自然現實中的自然主義者，需要與你這樣的超自然者見面，才能保存自己本性的平衡。

能遇到你，真的很開心，

南娜上

＊＊＊

看完這封信後，我立即提筆快速回信，在信中，我警告南娜與古老痛苦牽扯的危險，因為那些古老的痛苦除了讓人精疲力竭外，不會給予任何承諾。我可以看到她傾聽著我對她問題的回覆，以及愈來愈專注於我當時所說的一切細節，卻毫無任何恐懼或警覺情緒。她並沒有催促我回覆，也沒有打斷我對於身陷囹圄、掛在牆上囚犯生活的那種慢吞吞的描述。這個曾在一個大城市裡學習了四年的年輕女子，現在正住在一間小公寓裡，研究著監獄裡的人。

我回頭再次閱讀她的信。然後好幾天刻意不去想這件事。接著又讀了第三次，這一次我渴望聽到更多她所說的話。

相思

我站在自己的鏡子前，第二次檢查鬍子刮得怎麼樣，這次的時間，比平常長了好幾分鐘。我確認自己的穿著看起來沒問題，頭髮也沒有亂。然後我坐上了自己的椅子，等著監獄警衛的到來。我不知所措到無法解釋自己為什麼感覺如此緊張，也想不出任何句子來開始我與南娜的對談。一般來說，我不會出現這樣的情況。每次回到鏡子前，都會有一張寫滿困惑的臉回視著我。士兵來了。快速的步伐；開門。然後我坐在自己的白色椅子上，南娜透過玻璃與我面對面。她看起來比之前更優雅，顯然她在鏡子前花的時間比我更長。不過我並沒有花太多時間研究她的穿著。在一張甚至會讓那個小角落的牆都停下凝視的臉龐之前，我怎麼能這麼做呢？

「哇嗚。」

「你喜歡我的穿著嗎？」

「當然喜歡。」

「謝謝。」

「妳回來了？」

「我不是總是回來嗎？」

「這麼固執！」

「難道你不再這麼固執了嗎？」

「妳若迷失在我們的痛苦裡，我擔心會發生什麼事。」

「你什麼時候才能不再把我看成是一個懦弱的女人那樣對我說話？」

「我沒有。我不是那個意思。」

「你就是在這麼做，你也就是這個意思。還有，我希望你不要再說你比我大多少歲了。」

「可是我真的很老了。」

「一點都不老。你的年齡一點都嚇不到我。」

我們離開那個角落後，南娜快步向前，坐到了我的床上。她看著我蹣跚地走回牢房。日常的任何活動都無法幫我忘記她的存在。她存在於我每一天的每個小時之中，我的牆上滿是她的消息，而她的臉孔與五官也已刻畫在我的心中。一個小時、一個小時地過，我的困惑顯示了我是個叛徒，密謀對抗我的牆。日子緩慢流逝，直到南娜第二封信的到來。

吾友納瑟，

現在是二〇一四年五月三十日週五晚上十點十四分。再過一會兒，我就要就寢了，因為冗長且艱困的一天工作正等著我。我正在環顧自己的這間小房間。如我曾經對你說的，這間房間裡除了一張床、一個小書架，以及另一個大一點的書架外，什麼都沒有。我的學位證書掛在牆上，旁邊還掛著一面這個國家的國旗，這個讓你疲憊，但你依然深愛的國家。

由於依然沒有收到你的信，我被迫讀了你給我朋友瑪格達（Magda）的信。我已不在乎信是寫給誰的了。信上都是你的話，這就足以讓這些字句對我產生比其他人的話語更深刻的影響。這絕對不是奉承。

不過我有事情要對你說。那個你宣稱已經搬進了一間單身公寓，住在監獄的囚犯與死者之間的女孩，是個最怕死的人。她花了非常非常長的時間才搬進她自己的公寓中，因為她害怕一個人獨處。她離開父母的床，開始在自己房間睡覺的時候，已經學會了英文。她就是這麼懼怕怪物與竊賊——她連聖誕老公公都怕！那個女孩住進新的公寓，完全是為了要透過你，納瑟，去看見美麗。在最近這次搬家之前，自然的型態、顏色與美麗根本無法帶給她任何喜悅。我想是你帶來的改變，當你在她的眼中棲身後，她的眼睛才開始以嶄新的角度看到美麗。我不認為一個擁有動力去看見生命與美麗的人，可以被視為一個監獄囚犯或死人。你就是你自己，不是任何別的東西。而且你自己不是也說過，一個男人只要存在於一個女人的記憶中，他就是不朽嗎？如果真的是這樣，噢，矛盾大師啊，你怎麼會位於死人之列呢？你不是在那個女孩的眼中，已經建立起你的家了嗎？所以不要試著用所有的監獄囚犯與死人這一套來嚇唬我。

我現在要開心又滿足地去睡覺了。不過在睡覺前，我還有個小小的自白。我想正是因為我對男人世界的經驗有限，才會發表膚淺的意見，認為男人在其他人面前，絕對不會感覺到害羞，並且以自己喜歡充滿自信與力量的男人形象。納瑟，在我的生命裡，我從來沒有想像過一個男人在女子面前呈現出來的困惑，會讓他如此具有吸引力。以後我再告訴你改變我想法的事情是什麼……

我想要繼續寫下去，不過在法學院，他們教過我們被告人保持沉默的權利。我想我已經在一封信裡提供了過於充分的證據，入自己於罪了！所以，

祝你醒來後找到每一份善、

愛、美與色彩，

生命與生活，

力量與自由。

願上帝看顧你，並讓你免於所有傷害。

你聲稱與囚犯和死者同住的人，

南娜上

我的等待呈現出了一種每週都在變化的色調。若非一次探訪會增加我的困惑以及對南娜臉龐的糾纏，就是一封信會促使我快速回信，警告她不要太靠近，儘管我其實打開了大門迎接所有可能的靠近。給南娜的信中，我寫自己的困惑與情緒的混亂、寫想要看到她與更深入閱讀她來信的渴望。我也寫自己對於一件正在接近之事的恐懼，因為我完全捉摸不到那件事所隱藏的祕密。但

是我以極謹慎的態度寫這些信。這些信的字裡行間中，可以讀出我的質疑與不確定，不僅僅對南娜，同時也是對我自己。然而在信中，我也將瀰漫心中的複雜感覺全藏了起來，沒有在紙上洩漏任何一絲。南娜的謹慎度就比我低多了，她的第三封信就顯露了一些東西：

納瑟，我不耍心機了。我坦白說吧。我不會稱你為「友」，我將改稱你為「親愛的」。友誼通常代表時間的軌跡，但在「親愛的」這三個字當中能夠找到的喜愛，卻可能瞬間出現。我在你的文字力量下，只花了一瞬間就讓自己淪陷。我的智識與每一種可能使用的武器全都棄我而去，留下我一個人在那兒像個手無寸鐵的戰鬥人員。不過物理定律也沒有騙人，就像那些定律所說的，每一個作用都有相等的反作用力。所以，因為我們會面突然結束所產生的氣憤，讓我在離開的時候，體內能量進一步爆發，如果我想維護身邊之人的安全，只能被迫將自己的情緒傾注進筆尖的墨水當中。

親愛的納瑟，對我來說，成為你上次話裡所說的那個人，是一件讓我覺得非常非常驕傲的事情——所有的這些感覺在短短的幾句話中就出現。從你說的話與敏感度中，我可以掌握到你這個人的富裕程度。事實上，你是個天才。你是個天真的孩子、頑皮的年輕人、敏銳的男人、負責任的鬥士、浪漫的戀人，你同時具備了所有的這些特質。儘管我們身邊一片黑暗，你卻具有非凡的能力，可以用話語喚起美麗，並將你的愛傳達給萬事萬物。或許這正是我們在初次見面時，我會懷疑你已過四十一歲的原因。我堅持你應該更年輕些。人一旦不再愛，就會變老，而你依然有著非凡的愛的能力。因為我喜歡獲利（純粹就是這個詞彙的資本主義意思），也喜歡利他，所以你絕對且必須要多寫信給我，這樣我才可以把你的話帶到外面去。讓我散佈這個疾病吧，這樣我才不會是唯一被感染的人！每次看你的來信，以及每次探視你之後，我都覺得自己變得更成熟，而我對於自己周邊事物的知識也更深刻。為此，我欠你良多。

我沒有你那樣的語言能力，我的詞彙也不足以描述自己當下正在度過的階段。你具備了深度、敏銳度、智慧與力量、慾望與自由、想像力、洞察力，又有男子氣概。在一個人身上找到所有的這些特質與描述，是多麼罕見的事情啊！難怪你總是讓我驚訝。

親愛的，你還缺少一個東西——認知到完美只屬於上帝——這一點是為了讓你確信我不是受虐狂。這些都只是我對一個強而有力且令人驚嘆的行動所產生的反應。改天再跟你談這個，因為我已佔用你太多的時間了。

我警告你，我可是一個非常固執的人。你帶我一遊伯利恆的承諾依然有效，我一定會讓你信守承諾。如果最後證明這一切只不過是場逝去的夢，那麼至少你一定要答應我，這是屬於我們兩個人的夢。

你作夢的夥伴……一個強加給你的夥伴關係，

南娜上

在我這方面，儘管我的糾纏已開始擴張到完全包圍了我的牆，但是我依然在繼續著自己的詐騙之術。這是種不一樣的等待，而且我喜歡這種等待。就像我的終身監禁並沒有因為昨天未被釋放的第四批囚犯，而重新來過一遍似的。我寫了更多的信，以各種不同的間接語言對南娜說話。有時候我警告她保持距離，其他時候則在她下一次探視的時候，和她打情罵俏。我該怎麼辦的問題已逐漸消失，南娜的臉龐在我眼前，依然是唯一的答案。

我看到南娜離開我們的角落時，總是像遭到外力撕扯般強行被帶離。她為了多聽幾句話，每一分鐘都在掙扎，而我對於自己的言語，當然也絕不吝嗇。每一次見面之後，我就拆掉一座把我和她出現之前的生活連結起來的橋。這樣的行為並不是有意識的決定，反而是對於更大外力的一種臣服，而這股外力，動搖了我所有曾經知道的一半。我身邊的囚犯都注意到了南娜的信件源源不斷地流向我，監獄的警衛也注意到了，但沒有人說任何話。反觀南娜在她的下一封信裡，卻有很多要說的話。

二〇一四年六月七日

我親愛的納瑟，

我的這篇文章早在二〇一〇年二月就寫好了。那個時候，我愈來愈相信自己永遠也找不到我想要共度一生、共度歲月、分享自己夢想的那個人了。我當時的堅定信念就是要築一座堡壘，抵抗我朋友聲稱我難以取悅、需要降低一些自己標準的說法。說實話，從那時候開始，我就承諾自己，不論是人還是決定，永遠都不要受到類似的指控影響。我完全忘了這篇文章的存在，直到與你的姪女夏莎談起雅法以及那兒的海時，我才想起來這篇文章。我翻箱倒櫃地找遍了自己的紀錄。我也不知道為什麼要這麼做，但就是感覺到一種強烈的慾望，想要把這篇文章寄給你看，而且在此之前，不對你透露任何關於這件事的訊息。事實上，那不是真的。我清楚知道自己為什麼要這麼做，但是我想把原因藏起來，避免自己陷得更深。

我來了，噢，雅法海！

我逃離了日常的生活，在絕對保密的情況下奔向你，就像在做件不見容於社會的不正當事情似的。我們的見面又怎麼不是種罪惡？今天早上我感覺到了你的呼喚。當陽光偷偷穿過一扇我通往天堂入口的窗子，突然搔弄我的臉時，我正在睡覺。經過了好幾天下不停的大雨，以及我因為擔心看到你陰霾的心情而沒有到你身邊的事情之後，我立即回應了陽光的邀約。我蹺了課、拋下了朋友，把手機以及所有可能打擾到我們相處時間的東西全留在了身後。我喜歡在你最美麗的時候看到你。你保存了我將找到一個與我一起遨翔於雲霄之人的冀望。現在我來了，想要你像沒有人曾經做到的那樣淹沒我。我確信很快就有某個人經過我的道路，某個像你一樣的人會帶我奔向在我眼前延伸的遙遠地平線。別嘲笑我！有時候我會覺得自己迷失了，不再知道自己是誰。是我在作夢嗎？是我要求太高或太難取悅嗎？其實或許我只是迷失了、或許只是一個現實主義者，或許只是有點蠢。我不知道。

我只知道我想要他像你一樣。讓他的存在粉碎我，讓他的浪潮從遠方將我沖走。我想要他像你一樣深沉，擁有深厚卻鮮為人知的財富。我會慢慢地發掘這些財富，這樣興奮之情就永遠都不會止歇。他會一頁一頁地揭露自己的內容，樂於挑動我的情慾與刺激我的思想。

我現在聽到了海邊清真寺傳來的午禱宣禮。儘管這裡有各種猶太復國主義的提醒都強行打擾著我，但是交揉著喚拜的海浪之聲，製造出一種獨特的壯麗感。即使你不禱告，這種具有魔力的氣氛，也會漫溢出許多祥和與平靜之情。

我想要他像你一樣。一個東方的海岸，即使他的微風從西方吹來。一個令人聯想到這塊土地的顏色。他臉上的皺紋呼應著這些石頭。一個精通這塊土地語言的大師，知道這塊土地上的所有瘋狂之處。我想要他像這座古老、強韌的清真寺尖塔一樣高聳挺立，即使受到陌生人的包圍。我像要他像那座教堂的鐘鈴一樣，在放逐時陪伴著他。

噢，雅法海，你讓我想起了這個希望的符號。不論他在哪裡，你都維護了我會找到他的肯定。他將會是我的奇蹟。他將是我生命的色彩，以及畫出那些色彩的畫家。我會在他耳邊低語一個永恆的祕密，我會告訴他，「你將是唯一發現我弱點的人。我將自己靈魂的韁繩交到你的手中。在你面前，我會放下所有偽裝的力量，沉入你的內心深處，並放棄我最後一息的呼吸。

親愛的納瑟，我向你揭露——只有你！——我的弱點。祝你有個開心的一天、平和的一天，就像我在雅法海岸的那一天，祝你有個充滿希望的一天，一如那個三月天，當協商正在進行時，我遇到了生命中有如一股海上微風的人。我正在展現自己陷入情網的初步徵兆。我並不想隱藏這些徵兆——也無意讓你猝不及防。

南娜上

簡直就是一場不可能出現的撞擊！我憑什麼與雅法海相比？雅法海是一位教父，是一位可以在一個二十出頭歲的年輕女孩，站在海浪前透露自己內心最深處祕密時，提供無限答案的教父啊。南娜正在拋棄她的海，讓我成為她的答案泉源。對一個光是應付自己身上的巨石重量，就已力竭的男人，南娜知道自己要他再肩負起的責任有多沉重嗎？在舊有的複雜之上，我的牆能夠再承受添加新的複雜嗎？

二〇一四年六月十八日。南娜坐在她的椅子上。我先是沉默不語，因為早已淹沒在她臉龐的力量之中。那是一張可以給你一千個理由活下去的臉龐，即使死亡是你所渴望的事情，那張臉也能讓你遠離死亡。然後我開了口，說了很多話。南娜優雅如昔，但是除了她臉龐的輪廓外，我根本無法注意到任何其他的細節。我像是想要隱藏一個祕密，一個不讓她知道，也不讓我自己知道的祕密那樣說著話。

「妳今天怎麼會來？」

「你不高興我來看你嗎？」
「沒有這回事，不過我們約定的是明天見面。」
「我知道。」
兩人就這樣重新回到了天南地北的長長對談中。我們說雅法與那兒的海。我掩飾了自己重重的迷惘感，也掩飾了感覺自己被壓垮的沉重問題。南娜談論著她被指派的法律案件，以及為一位老者上訴，最後幫老者重拾了某些權利的喜悅。我也非常高興，甚至比她更開心。這次的探視即將結束時，南娜站了起來，像是第一次見到我那樣盯著我看。
「你想知道我為什麼會今天來，而不是明天來嗎？」她突然這麼問。
「當然想知道。」
她靜默了一會兒，專注地凝視著我。
「因為我想念你。」
一名警衛打開南娜那邊的門，她走了出去。我站起了身，卻只是這麼站在原地，試著將剛剛從南娜口中說出來的那幾個字，重新組織成我可以理解的語言。士兵打斷了我的語言處理過程，把我帶回了我的牢房。南娜帶著她的舊問題，動身前往她的海岸，留下我一頭栽進了內心深處的最低點。南娜清楚知道她在說些什麼。她謹慎地選擇了她射出第一箭的時間與地點，然後在確認我是受到了致命一擊還是僅僅只是擦傷之前，就轉身離開，放任我就這麼活到她下次的探視。南娜開始用我不斷流出的血絲線紡織。她用她自己的方式紡著，但是誰能因為神祇的行動而責怪祂呢？想念某人。這是一句屬於閾限的話，你會在最迷惘的那一刻偶然發現這句話的邊境範圍。想念的方法千萬種。這個詞彙的哪一種詮釋可以將我從一整個禮拜不停思考其意義的行為中解救出來？我要如何相信自己這片除了我的牆、我那些都是古老文字的古老故事外，一無所有的乾涸土地竟然戰勝了海洋？在過去的幾個月裡，我才是那個受到南娜問題刺激——而且有時非常嚴重——的人，但我的表現為何如此溫和？那些問題不斷來襲，直到我收到了南娜的另一封信。

二〇一四年六月二十日，星期五

在我們為自己曾共度的夜晚畫出想像時間軸的一片白色屋頂下，我的小房間正在聆聽著紀伯倫三重奏（Le Trio Joubran）演奏的一首烏德琴曲旋律，還配上了馬哈默德·達爾維什（Mahmoud Darwish）[45]的聲音。這首歌觸動了我的靈魂深處，將我和你留在了天堂之中。在你之前，我知道天堂的一些特徵，卻不知道你可以彌補一直以來的失落。這種存在於我一直喜歡的這首作品與你當下在我想像中所演奏的方式之間的和諧感，讓我如此目眩神迷，以致於懷疑你是不是一直都待在我的天花板之上，只不過我不知道為什麼沒有注意到而已。

但是因為我在寫下這些愚蠢的自白時，你並沒有坐在我面前，所以我可以更勇敢地告訴你，你的存在並不僅限於我臥室的天花板。你一直和我在一起，無處不在。當我參訪檀土拉

45 譯注：馬哈默德·達爾維什（Mahmoud Darwish, 1941-2008），巴勒斯坦詩人與作家，被譽為巴勒斯坦民族詩人。留下了《蝴蝶的負擔》（The Butterfly's Burden）、《日常悲傷日記》（Journal of an Ordinary Grief）等作品。

（Tantura）村的廢墟時，目的是要去看一道尚未癒合的傷口痕跡，而我在你的眼中，也讀到了相同的傷口。當我造訪曾經一度在聖火中燃燒的迦密山（Mount Carmel）時，儘管這個世界黑暗，我看到了這座山是如何依舊美麗，然後我看到了你。巴哈伊空中花園（Bahá'í Gardens）的玫瑰肯定你在我生命中畫出了最生動的色彩。海洋讓我感覺到你沖刷我的力量有多大。你像基立心山一樣高聳在我面前，但當微風輕觸我的臉頰時，我又感覺得到你溫柔的撫摸。我走訪人口稀少的卡昆（Qaqun）村，這樣你和我或許就可以藉由在巴勒斯坦的土地上唱巴勒斯坦國歌，而保留住這個村子敗亡的記憶。因為太陽眼鏡的加持，我讚美上帝一千次，因為當淚水蓄集在我眼中時，太陽眼鏡讓你躲開了他人的注視。

別笑，納瑟。當我打開自己的衣櫥，挑選要穿去探視你的衣服時，我聽從了你的建議。在你說我穿白色很好看時，你就讓事情變得很不容易了！我回想著我冒險告訴你我想念你的那個時候。我不知道你會不會因此批評我，如果你會這麼做的話，那麼你又會怎麼想。話說回來，就算我盡了全力掩飾，這其實也不是什麼祕密。我不擅於掩飾事實——我也不想掩飾。而顯然，納瑟，事情的事實就是你讓我陷得太深，而我無法游回岸邊。

南娜上

這是南娜寫給我的信，寫給所有的我。她正在用牆與天花板勾畫我的故事。那是她第一次掛在我的老牆上的經驗。南娜，歡迎進入天空子民的世界！妳依然精於遨翔嗎？又或者因為在地面生活了太長的時間，妳已經相信了地心引力？

因為我愛妳

二〇一四年六月二十四日，南娜可以感覺到我的不耐煩，於是提早一天探視，縮短我的等待時間。當監獄警衛在我身後把門關上時，南娜已經坐在了她的椅子上，注視著我，試圖從我臉上找出蛛絲馬跡的訊息，因為我維持著靜默。我掏出了一張之前藏起來不讓警衛發現的紙條。我把紙條壓在玻璃隔板上，這樣南娜才能看到我為她所寫的問題：「上次探視時，妳說妳想念我。你知道在天空子民的語言裡，這幾個字代表什麼意思嗎？」

南娜直直地凝視著我的眼睛並點頭。我們就這麼不發一語地坐在那兒。我不知道誰打破了沉默。

「別去管我對你的感覺。只要說你是什麼感覺就好。」

「事情如果真的這麼容易就好了，南娜！」

「隨便你說。我是個成年的女人。我可以應付。」

「南娜，看著我。仔細地看著我。」

「這幾個月我一直都在這麼做，納瑟。我在看著你。」

「除了我的命、我的牢籠和我的無期徒刑，我什麼都不能給妳。」

「我知道你的三位一體。儘管這樣，我還是朝你走去。我之所以朝你走過去，也是因為這個。」

「我害怕妳會陷入這個如山一樣巨大的痛苦中。」

「不用為我害怕。至少和你在一起的時候不用。」

「可是我擔心，這一切都是因為我。」

「納瑟，不要再把我推開了。只要告訴我就好。」

「妳要我說什麼？」

「告訴我你想要什麼？隨便什麼都可以。」

我對南娜提及我心中正在生長著某種厭惡自己的東西。我談論我們的第一次的會面、第二次的會面，第九次的會面。我談論她定居在我的牆上、我與她的臉龐糾纏、對她探視的等待、每一個小時的沉重、看著她接近，希望她更靠近的渴望，以及我對於愈來愈靠近的恐懼。我談論為了我自己的原因而擔心她，也說我的監獄，以及她的年輕與我愈來愈大的年紀。

「所有這些為我的擔心，是怎麼回事？」

有那麼一小段時間，我摒住了呼吸，並沒有去刻意尋找一個可以同時拯救我們兩人的答案。我沒有檢視自己手上的選擇。在她的問題和我之間，沒有時間做任何事情。

「因為我愛妳。」

四十五年，前一半的時間我都花在一堵牆前，那堵牆將難民營的危機，強行壓在我的身上。

那是一種透明的生活，沒有任何隱藏的東西，而且因為憤怒神祇的大量詛咒而飽受磨難。那是一個在找到東西填肚子之前，需要挨餓的童年。那是一個當貧困擊碎了他的男子氣概後，彎背折腰的父親。那是一個在貧困中奮力挖井，但因為挖了太長的時間，以致全四肢枯竭而斷的母親。那是一個害怕、猶豫與無所事事的青少年。那是一個受到難民營中女子追求的困惑青年，這些女子在他的身上刻下了她們不馴與反抗的渴望。然後是青年時期，在那段期間，我學會了各種謊言，並將自己的謊言變成了一則可以傳述與歌頌的傳奇。我上大學的那幾年有了許多覺悟，但是我卻因此感覺像是遭到了放逐，因為那些覺悟否定了自我，也否定了我的故事。

至於我生命後半的二十多年，則是在一堵牆後度過，那堵牆豎立在我的渴望與我的傷口之上。它以愛人的擁抱姿勢貼緊了我，並像初初陷入愛河的戀人那樣激烈地賣弄風騷。那堵牆吃我的肉、啃我的骨、隨心所欲地擴張與縮小版圖。那堵牆從未反對或抗拒我投入它那廣闊的空間懷抱中，一次也沒有。掛在牆上的我，若改變位置，就會遭來它的責罵，但每當我犯傻時，它卻每次都原諒我。那堵牆容忍著刺入床墊並打擾了它午睡的傷口疼痛。那堵牆徹夜不睡，直到最後一道傷口睡著，這時它就會過來為我的流血而哭泣。

各種語言、民族與宗教全在我的牆上混融。戀人與她們的香水味、留在我床上的衣著餘物也一樣。那堵牆宣稱它允許我的許多怪異行為，並對許多《可蘭經》視為禁忌之事做辯解。那堵牆讓我遠離生活，同時也讓生活遠離我。在我軟弱的時候，它總是溫柔地訓誡。

我的牆預示了南娜的到來。它開始幫我做好面對另一個世界的準備，一個已經遠離我二十年或更長時間的世界，也是我遠離了二十年或更長時間的世界。我天真地以為，自己在難民營高牆之後的那些年少歲月，是出於天意的睿智，目的在於幫我準備好面對即將發生在眼前的事情：我的終身監禁，以及吊掛在第二道牆上。我一直這樣想，直到南娜活生生地出現在現實當中，坐在玻璃牆後她那張白色的椅子上。拋下你的巨石吧，薛西弗斯，因為你的大山已經在心中降低了高度。留下你的傷口吧，阿多尼斯，因為你還沒有開始流血。

「因為我愛妳。」所有之前未說的話及這些話中的意義，全跳出來塑造了命運，從根本上改變了南娜與我在那個小角落相遇的情景。如果她可以滿足於獨力改變那個房間，該有多好！若是那樣，這件事就與我原本既非落腳於地球，也沒有觸及天堂、既沒有呈現新面貌，也從來都無所知的整個存在狀態，毫無關聯……但在那一刻，來自於另一個時間的另一個國家，於一個全新的自然當中，在我們面前成型。

「因為我愛妳。」我可以看到一名穿著皇家紅色洋裝的女子，坐在我的左手邊，拉著大提琴。大提琴的琴頸爬上她的胸膛，溫柔地輕撫著她的脖頸，然而這樣的情境卻與她的演奏格格不入。那名女子毫無羞恥地露出兩條白玉般的腿，甚至多此一舉地露出了更多部分的大腿，這個畫面讓我深感不安。她並未得到允許就逕自演奏，毫不在意我對音樂的偏好，或我的古老東方性格。她撥弄著我的琴弦，她的西方音樂更是直接與我的困惑與緊張交流。我不敢顯露我的所見所聞，因為南娜不會瞭解我正在紡織的絲線有多麼瘋狂。然而那首樂曲或那名演奏者本身，卻沒有任何東西可以降低南娜帶給我的驚奇。在玻璃隔板的兩邊，南娜和我很快就成為同一幅場景中的一部分。我自己的音樂並沒有成為正在發生事件的原聲配樂。相反的，南娜卻帶來了她自己的音樂。確實，所有發生與談論的一切，背景的演奏音樂全是她。

「因為我愛妳。」不知道為什麼，《新娘百分百》（Notting Hill）中的一個場景出現在我的腦子裡。電影裡的女主角站在她所愛的那個人面前，問他過得好不好。他的新傷口因為太新還來不及處理，以致於染紅了書本的頁面，也染紅了他書店中的一排排書架。她無意傷他的心，而他則打算躲在小小的書叢角落療傷、擺脫所有對她的依賴，抓住另一個可能的救贖。現在她就站在他的面前，身邊全都是書。她絕望地認為他的血絲線將永遠不再回應她的紡織行為，但她還是做了最後一次的努力，她說，「我只是個女孩，站在一個男孩的面前，請求他來愛她。」南娜的紡織與她的音樂，在那一刻，在那個角落，在那堵牆的後面，將那個場景活生生地搬到了現實中。

「因為我愛妳。」周遭所有的牆都變得透明，顯露出了它們的祕密。任何事物都無法在我眼前匿身，也沒有任何東西可以將我隱蔽。我看到了一名士兵站在牆後、看到了南娜的車子停在牆邊，也看到了南娜經常忽略存在那些綠地、占領區那稍微偏北的種族隔離牆、無所不在的軍事檢查站、我的國家那帶著民族古老氣味的天空，我還看到了沒有未來的男孩與女孩，以及被分配的半自由，一如每個人都相信的虛假承諾。我看到了每一條帶我前往南娜屋子的道路，以及埋在占領國村莊與城鎮下的巴勒斯坦村莊廢墟。我也看到了沿著海洋，在海灘上建造起來的城市……

上帝打開了所有通往祂花園的大門。就像是有人在對我說，「這是你開始依靠你的牆時，所放棄的東西！不過現在，南娜來到了你的面前。從你的舊傷口中走出來吧，在她的芳唇上種植出一片新的傷口之田。在你面前的是南娜，正在要求你去愛她。你真應該感到羞愧！你怎麼能停下你的腳步、耽擱你的親吻？是什麼重要的事情讓你裹足不前？伸出你的手，或伸出更多的東西。這是世界將給予你的最後，也是最美麗的事物了。這樣事物將你已遺忘與依然記得的東西，全都混在了一起。」

「因為我愛妳。」我回首凝望：我在牆上的吊掛以及掉落、我遭到的拘禁與束縛：全都回來了。任何事物都無法在我眼前匿身，也沒有任何東西可以將我隱蔽。上帝打開了祂地獄的所有大門。現在什麼都無法拯救我逃離在南娜中燃燒。我從牆上掉落，牆也從我這兒掉落。我放開了緊握的手，牆也放開了我。那道玻璃隔板打開了我之前緊閉的每隻眼睛，而我無力抵抗。這個世界帶著它最好、最美、最甜的東西來到我面前，並將這樣東西放在我前面的椅子上。南娜。她是天堂、人間，以及兩者之間一切的誘惑。她是上帝與祂的先知所禁止的一切——然而在她身上，所有事情都得到了允諾。對那些祈求者而言，南娜就是通往天堂的道路。她是所有問題的答案。

「因為我愛妳。」我們各自坐在我們的椅子上，檢查確認自己的靈魂是否在穿越了通道後依然存活。我們說著許多關於愛的話，而愛在我們心中紮入了更深的根。穿過那些透明之牆所看到的一切東西當中，南娜的臉龐依然是唯一的定錨點。南娜成為了我唯一的肯定、我唯一的安全庇護所，現在的我已擺脫了我的牆，並將之拋在腦後。

我對南娜說了關於那名大提琴演奏者與《新娘百分百》的事情。我告訴了她許多其他事情。南娜回應我瘋狂的方式，滿是創意。

「我愛妳。」

「我更愛你。」

「前提是如果還能比我愛的更多的話，南娜！那麼我會一直堆積我的愛，直到我自己被淹沒。」

「我會比你沉沒得更深。」

「我會想念妳。」

「我也是。」

「我不想離開。」

「我想永遠待在這裡。」

「把時間停下來。」

「好。」

「開車注意安全，南娜。」

監獄警衛帶我回到了四周都是透明牆的牢房中，這些牆已放棄了保護我以及將我藏起來的工作。南娜陪著我回到牢房，就像是知道我有多麼需要她的陪伴。她在這一點上先聲奪人了。她坐在我的床上，幫我煮了咖啡，並和我一起點燃了我的第一根煙……這就是南娜，一位監禁之處的女神，也是我的女神。

我在與筆與紙對抗的戰爭中落敗。我想要將內心的一切都寫給南娜，並對她說：「這就是我，南娜。除了我的命、我的牢籠和我的無期徒刑，我什麼都沒有。」我想要一而再地在南娜耳邊重複這件事。我想要確認這是她眼中所見、坐在她對面那張白椅子上的人。我拿起了我的筆開始寫。

我相信……我雖然死亡卻依然活著，雖然是囚犯卻仍然擁有自由。我是個四十五六歲的年輕人。我在自己那個沒有美酒也沒有天仙的天堂中，是個殉道者。

我相信……上帝，相信祂是枷鎖與鐵鍊的真主、是飢餓、戰爭與地震的真主、是生者與死者的真主，也是中產階級的真主。

我相信……所有的上帝信息，不論來自天堂還是人間。我閱讀《可蘭經》、《妥拉》（Torah），也讀《福音書》。我還讀摩西，並貫行十誡與二十種其他的誡命。

我相信……我的無期徒刑還沒有開始、我的天空是電閃雷擊、我的母親已經不再去數日子，而我的父親則是以戰敗者之姿凋零，沒有人為他祈禱，也沒有人以送葬的方式哀悼他。

我相信……巴勒斯坦是我的熱情所在，還有我的阿爾及爾（Algiers）與我的大馬士革（Damascus），雅爾穆克（Yarmouk）已獲得自由，回歸是一種權利，而在醉鬼和祈禱者的眼中，耶路撒冷是個被俘虜之地。

我相信……女人是男人的守護者、夏娃對我們被逐出天堂一事其實是無辜的、我們的命運由我們自己的雙手鑄造、蘋果的存在其實獲得了允許，而我是第一個品嘗禁果之人。

我相信……邊界是悖論、種族與性別歧視是錯覺、宗教裁判所是錯誤，而言論與行動自由不僅是權利，也是道德與宗教。

我相信……牢房的四壁真實存在、我的鍊條都是鐵鑄、我的手腕也有力，而我那位擁有東方臉孔的訪客既不會忘記，她也不會妥協，除此之外，她誕生自十月的子宮。

我相信……我的貧困是財富、我的單身是嚮往、我的失怙是一塊脛骨；神祕的神獸布拉克（Buraq）某天晚上會帶著我去我父親那兒；如果妳辭世，母親，你就背叛了我的心。

我相信……枕在我胸膛上入睡的那個人是個孩子、傷人之心是謀殺，是愛情先至，然後永遠長存，還有那個曾經愛過我的人，已經忘了我。

但是，願悲傷降臨妳身！妳怎麼可以忘了我！

我給不了任何東西，除了我所聲稱的那些：說的話、一段旅程、長期的吊掛，以及關於老牆與其他一些新牆的故事。在南娜身上，我不僅僅只是找到了去愛的人。我還在她身上為自己的使命與旅程找到了一個同伴。一個有著共同目標和興趣的同伴，在每週的會面與往返的信件裡，我們將這些全納入了我們的歌與盟約當中。我的話對南娜而言，必然已經足夠。同樣的，我在心靈層面也分享了她的每一個小時與每一天。我棲居在她踏過的每一個地方、徹夜不眠地看著她安睡。每次她覺得孤獨一人時，我都坐在她床邊。當我們一起喝著咖啡，迎接著每天早上的開始時，我都會親吻她。我會在正午以及每天夜落的時候親吻她，然後再回頭完成我們已經開始的事情。我想要確認我存在於她的一天當中，猶如我很確定自己的每個小時中都有她的存在一樣。地理因素全都消失了。邊界全都消失了。我不再奮力去召喚出南娜的存在，因為她已先降臨在我的牢房中，並決定永不離開。我都無法接受自己在她生命中任何低於這個程度的存在。

二〇一四年六月二十八日

我摯愛的納瑟，

明天就是齋戒月的第一天了。雖然我知道我們從未談過有關禁食的議題，但是我有一股強烈的慾望，想要送上我的節日祝福。有人告訴我你會在齋戒月禁食，也會祈禱。這讓我很開心，因為你現在已經知道我有多愛雅法海與喚拜之間的和諧光景。除此之外，我還非常訝異自己想要祝福你的母親，瑪茲尤納伯母。也許是因為我知道你有多愛她、多崇拜她。我和她說話的時候，感覺好像在跟你溝通，因此我全心全意地欣然接受了她的聲音與她內容豐富的祈禱。

二〇一四年七月二日

當我準備召喚你，讓我們一起消磨一些時光的時候，你就出現了，就在我的白色天花板上。這種在一起的時光，就算只有短短的幾個瞬間，也讓流動在我們身邊的魔法值回票價。我還不睏，因為我依然在回想我們見面時發生的一切，依然在試著理解你包容我與觸動我核心的能力。我不知道你怎麼可能會相信你將帶給我任何痛苦與煎熬……像你這樣的人，納瑟，沒有傷害我的能力。你的天性中沒有這樣的能力。今天，我將你的詩作《我相信》讀給我母親聽，在此之前，她一直都不知道我們的事情。她的反應極為正面。嗯，我開始覺得累了，我想我要去睡覺了。如果你來幫我蓋被子，我可能會在你的耳邊輕聲告訴你，我是如何深深地被你裹在懷中，以及我將如何永遠不停止地愛你。

二〇一四年七月三日

晚上，我和家人共度，聽他們說話。但其實我並沒有真正地聆聽。一整個晚上，我都因為對你的迫切需要而飽受煎熬。我試著喚起當我凝視著你，而你告訴我你想要我們就這樣維持五分鐘的那一刻。我真後悔自己沒有那麼做，沒有屈服在你的眼神之下。現在我唯一的感覺就是屈服的渴望，而這種感覺是一個教訓，告誡我下次不要再這麼拘謹。我剛剛才滑過臉書。所有的新聞都是壞消息，尤其是穆罕默德·阿布·克迪爾（Mohammed Abu Khdeir）[46]的相關報導。我在網路上找《新娘百分百》，這部電影並不難找。先這樣了，我們很快就會再見！

南娜上

46 譯注：穆罕默德·阿布·克迪爾（Mohammed Abu Khdeir）：二〇一四年七月二日早晨，十六歲的巴勒斯坦青少年穆罕默德·阿布·克迪爾在東耶路撒冷，被以色列人當街擄走並殺害。驗屍結果顯示他在遭到毆打後，被活活燒死。

說起愛這件事

我將所有的名詞都換成了「南娜」。「我」變成了「我們」。在我的字典裡，個人的行動也變成了集體行動：我們起晚了、洗了洗我們的臉。我們煮了我們早上的咖啡，而在太多人打擾了早晨的平靜後，我們就突然放棄早餐。我們補了我們的衣服後，再次站到鏡子前，對我們的外表感到很滿意。我們看了報紙，儘管報上關於殺人、飢餓與放逐的新聞只會讓我們更沮喪。我們用第二支煙燒光了我們的沮喪。我們到外面去曬我們那一個小時的太陽，結果聽到了某人在幫其他人解說前一晚的夢境，並說到了最後一部分。我們闡述著我們的政治與社會分析，我們還提供了一些讓某些較保守的傢伙不悅的進步思維。我們分開站立，在那一小時裡，我們在太陽下燃燒，直到身體變黑——或者該說直到我們露在外面的所有皮膚變黑，不管怎麼樣，南娜露出來的地方一定比我多。我們一個小時的陽光時間結束，於是我們回到了我們的牢房。我們坐了一會兒，一方面休息，一方面與其他人交換消息。我們閱讀政治或歷史或文學的東西。我們看了一部關於二次大戰的無聊電影。然後太陽下山前的第二次戶外一小時曬太陽時間到了，接著是第二次回到牢房。

日落之後，南娜和我等著吃晚餐。我們食之無味地很快將飯吃完，然後就這樣打發著時間，直到牢房裡的獄友全都開始處理他們個人的私事，我們才能再次獨處。

我的牆之前的惻隱之心，現在連一絲都沒有留下。它似乎在報復我的背叛，我現在再也不需要依靠它了。透過那堵牆向外看，我可以看到以各種色彩與色調呈現的，各種可能或大概會成真的生活。在我的這堵透明牆之外，生命正在朝每一個方向爬行。與我們相似的人匆忙地度過他們每一個小時。街道與車輛永遠都無法停止它們的運作。在高高豎起並向前跨越地球的水泥怪物前，綠色空間愈縮愈小。

再也沒有什麼東西可以為我提供遮掩了。這就是我的牆的報復。二十多年對牆的依靠，並沒有給我帶來任何好處。我害怕，但我不道歉。我的牆背棄了我，對我咒罵與威脅。

「你怎麼可以掉下去？」

「我厭煩了。」

「你相信在我之外你所看到的東西嗎？」

「我相信南娜。」

「我支撐了你一千年又一天。」

「你還沒吃夠我的肉嗎？」

「抬起你的巨石，納瑟。在我之外，只有高山。」

「但在我面前，我只看得到南娜。」

「這些都不是你的舊謊言。你怎麼能相信這些？」

「你沒有看到南娜的臉龐嗎？」

我的牆沉默了，再也沒有對我說任何一句話。這就是我們最後的對話。我常常花很長時間召喚我的牆，但它繼續以沉默報復。

在這堵透明的牆外，上帝喚醒了祂所有的生物，甚至包括那些已死亡與滅絕的生物。祂讓自然回歸本源。祂帶回了地震、火山與爆發澇災的河川。祂提高了死亡的渴望，也增加了死亡怪異而不確定的時機。我再次感到害怕。每次南娜離開我而走向她的車子時，我都會詛咒擁擠的道路。每當南娜想要旅行的時候，我都會詛咒萊特兄弟以及那些塞滿天空的鐵怪獸。所有的一切都讓我為南娜擔心。我無法忍受她會發生任何事的想法，不論那些事有多麼微不足道。我的牆並沒有停止懲罰我。南娜是我的恐懼湧泉，但她也是我的安全區與力量根源。她是我的疑惑；她是我的肯定。她是我的海洋；她是我的海岸。我為了奔向她而逃離她，她是我最後一戰的戰場。我確定自己將是勝利的一方，因為沒有其他的戀人可以在南娜身邊度過一夜，並在醒來墜入她的雙眼之後，依舊被擊敗。

南娜和我繼續在我們的角落，維持著我們每週的會面，陪同的還有那位大提琴手。我沒有對南娜清楚表達我的恐懼。我需要更多時間去探索這個新戰鬥場地的輪廓，才能對自己的勝利擁有絕對的信心。我從未在自己的戰鬥中勝出過，但是對那些選擇了我，或者我所選擇的對峙，我也從未逃跑過，一次都沒有。在我這場為了南娜而戰的戰鬥中，不論死或生，我都是勝利者。我勝了，卻依然無法阻止自己擔心南娜以及對她提出警告。對我來說，自己被殺沒什麼，但我非常害怕她會遭到殺害——就算我不擔心，我掛在我們那個角落玻璃牆上的夢境也會擔心。

「她穿的是什麼衣服？」南娜正在詢問關於那名大提琴手的事情。

「我沒注意。」

「隨便看，沒關係。」

「妳確定？」

「確定。」

「她穿著一件紅色的洋裝。」

「她在演奏什麼？」

「新的曲子。不過很適合我們。」

「那她還算聰明。」

「妳嫉妒嗎？」

「對啊，嫉妒你看到或觸摸到的一切。」

「我眼裡只有妳。」

「這麼說，你只會更糟！」

「妳連威脅人都這麼美麗！」

「是你讓我變成這樣的。」

「別把每一扇門都關上，南娜。妳這樣子要怎麼擺脫這一切呢？」

「我們又要回到那個問題上了嗎？」

「要一再一再地回到那個問題。」

「你為什麼不乾脆放棄算了？」

南娜紡出了更多的絲線。她提到了即將到來的生活。她為自己蓋了一棟房子。她選好了小花園裡的花朵顏色。她烹飪美味的食物。她調暗了餐廳裡的燈光，並讓我選擇音樂。她挑了一部浪漫電影讓我們一起看，並把她的頭靠在我的肩膀上。電影中的離別場景令她落淚。（相聚的場景時，她也哭了。）她起身去看看我們的女兒莎爾瑪（Salma）與她的小小夢境。她把雙唇印在莎爾瑪的額頭上，然後回到我身邊，用吻來引誘我的疲憊。她總是用吻開啟她的夜晚。

南娜紡出了許多計畫，對我被困在我們這方小小角落裡，感到愈來愈沮喪，因此堅持只要遨翔穿越這裡廣闊的狹窄空間就好。我要她看看我：看看我，看看我的牢籠，看看我的無期徒刑，也要她連一刻都不要忘記我是誰。這就是我。這就是我自我介紹的方式。她的夢想並沒有為我帶來新的東西。我那堵透明的牆已經將每一個可能夢境的細節，全攤在了我的眼前。然而我漠視了牆所給予的東西。我放開了它所有的可能，只緊緊抓住了南娜，她是我唯一肯定的真實。南娜將我從所有的半現實中解救說來，這些半現實全都是牆的拿手好戲。我想要南娜看到我現在的真實狀況，而不是藏於未來的我的可能。當她猛然跳入「之後」這兩個字當中時，我看到她逃離了現時現地。我為我自己感到恐懼，但我更為她感到恐懼。

二〇一四年七月三日

我摯愛的納瑟，

昨天到家，換上睡衣後跳上床時，我都不敢信。我打開了電腦，就看到了《新娘百分百》。如果現在不是齋戒月，我一定會邀請你和我一起享用一大碗爆米花。

順便一提，我忘了把你親愛朋友哈茲瑪（Hamza）的照片附在我上一封信裡了。我感覺很糟糕，因為前幾天我未能去他的墓前告訴他，你在注視著你們兩人的合照時，我從你眼裡看到的一切。當你要我讓夏莎告訴他，你很想念他時，你對他的愛，真的很令我感動。

我正一邊工作一邊寫信。別再那樣盯著我看了，你會讓我分心！

現在是下午兩點十三分，我已經回家，準備要看電影了。我應該挪個位子，讓你坐在我旁邊嗎？如果不是太麻煩的話，拜託就過來吧！

現在是下午四點三十一分。電影結束了。那一刻我無法開口。我只會說你是我所遇到最美好的事情。真的，你比我曾想像過的任何東西都還要更美好。現在的我情緒過於激動，不適合寫信。但我需要告訴你我有多愛你。我不知道你是否預料到這部電影對我可能會有什麼影響，但是這部電影確實把我帶去了非常遙遠的地方。我記得我們第一次碰面的所有細節。有時候，感覺襲至，讓我想要用全部的力量擁抱你內心的一切。和你在一起的時候，我想要讓時間停止。我想要給你足夠的保證，讓你不再要求我保持距離、不再要求我為自己保留一個逃生艙。你為什麼就不能瞭解終於找到你的我，有多開心呢？不論這趟旅程有多麼長，你都在我身邊。我在等著你。你什麼時候才能瞭解，納瑟，你是我從出生的那一天就在等待的人？你什麼時候才能瞭解每次我想到你要我逃離的請求，我都泣不成聲？我需要能夠在你完全不害怕，或不為我感到恐懼的情況下說出你的名字。你帶給我的快樂是我從未在任何人身上找到的快樂。我已經停止尋找了，納瑟。我已經來了。

愛你，

南娜上

***

愛情是件奇異的事情。愛情縮短了漫漫長路，並將地球上的世界和天外的世界連結在一起的能力，也同樣奇異。愛是一場重建、一座橋的建立、一片明亮沙漠的綠化，沒有水也沒有塵土。愛是一件奇異的事情。愛是信仰者的指引，也是通往上帝最近的道路。有了愛，色彩就會在你的旋律間起舞。和解與容忍都在你心中拓展。你會原諒冤枉你與對不起你的人。你會毫無溺斃的恐懼，直接一頭栽進去。你會遨翔，就算跌落，你也是向上跌落。上帝的最高等與最低等生物都來和你說話。綠色鋪展，沙漠則後退兩步。你的牢籠與鎖鍊一去不回。愛情暫時中止了你心中的恐懼與焦慮。愛情彌補了你所否認的一切、彌補了你的牆，也彌補了你在長時間懸掛後的跌落。

當你愛時，心中的所有高牆與天花板全都塌陷。你的影子跌落，卻依然站立。你的雙手成為了你牢籠的所有者。

當你愛時，上帝從祂最低的天堂走下來。祂將祂的手放在你的手上，並為你做最後祈禱。

當你愛時，你就是你的時間，你也是你的空間。沒有任何東西可以限制你，沒有任何東西可以反抗你。你之前無古人，你之後無來者。

當你愛時，你精疲力竭地入睡，睡醒時則是興高采烈。你就是王。每一夜都是一次襲擊，而勝利則會為你的早晨加冕。你在每個海岸都有一個戀人。

當你愛時，你會是寬容的和平締造者。你會是給予寬恕、付出愛、暢飲美酒與全心投入的人。你是武士，每一把劍都是你的劍。

當你愛時，你成了一個異教徒。你既是外，也是內。你是阿拔斯時代（Abbasid）的人、伍麥葉時代（Umayyad）的人，也是法蒂瑪時代（Fatimid）的人。你從所有的角度去包容一個部落。

當你愛時，你就是城市的完美、鄉間的完美、帳棚的完美。你是難民、放逐者，也是游泳或快步跨越邊界的人。你是從大浩劫回歸的人。

當你愛時，你的聲音會回到你身邊。你會放棄數算自己傷口，再說，即使你已癒合，南娜也會在你身上紡出新的傷口。

南娜穿著她的白衣，再次測試我的容忍極限。「白色很適合妳。」我曾經這麼對她說過。於是她穿著白色來懲罰我發紅的臉。

「靠近一點，南娜。」
「我該站起來嗎？」
「是的。」
「像這樣嗎？」
「不，還要再近一點。」
「納瑟，我感覺害怕。我覺得我無法承受更近的距離了。」
「妳說妳跟我在一起時就不會害怕。」
「我記得。」
「再靠近一點，不要相信那堵玻璃牆。」
「除了你，我什麼都不相信。」
沒有任何東西可以將我的眼睛從南娜的臉上挪開，除了兩人遭到玻璃拘禁的呼吸，而那道玻璃最後也因尷尬而開始冒汗。
「親愛的上帝，請為我們的主人穆罕默德祈禱！」
「夠了！」
「怎麼了，南娜？」
「我更害怕了。」
我們又陷入了沉默。我、南娜的臉，以及一道我們假裝不存在的透明玻璃牆，而在我們這麼做的時候，這堵牆並不相信我們。南娜的臉龐就在這兒，盡顯優雅。天使從他們的天上降臨，將衣服掛在最近的雲朵之上，然後下來赤身與南娜的臉龐游水嬉戲。

我的牆旁觀著新吊掛起來的我。它閱讀所有我寫的信。它在我每次看南娜的來信時都用頭撞我。南娜與我碰面後，我的牆總會用照片或畫像進行突襲，讓我對她的擔心愈加強烈。若不是南娜愈來愈堅定的態度，以及堅持要與我一起面對我的考驗，我永遠都不可能抗拒我的牆。每次與她見面後回到牢房，我都會變得更強壯。我的焦慮降低了，也愈來愈善於漠視眾牆的透明，以及牆之外的那些生活細節。我只需要南娜。這個世界已經給了我它所擁有的最美麗之物，所以再也沒有任何東西可以引誘我了。我的牆知道如何審時度勢，卻也頑固不已，它每天更換著嘗試的方式，一天都沒有放棄。

二〇一四年七月十二日

我的摯愛，

隨信檢附《新娘百分百》中你喜歡的那首歌歌詞。納瑟，我相信上帝非常愛我，因為我愛的這個男人舉世無雙。我的摯愛在付出愛這個方面完美無瑕，不過他是以他自己獨特的方式去付出。顯然他沒有複製任何人的作法。確實，我肯定沒有人能夠像他那樣掌控愛。他用凝視擁抱我、用他說的每一個字說服我。我的真主在這個世界上，創造出了獨一無二的我的摯愛。一個如同我期望的那樣去愛我的人。他的每一幅愛的情景，都勝過我想像力所能創造的程度。他遠遠超越了我所有的期待與夢想。這個男人即使沒有切身活在我的生活中，也已成為了我生命的動力。

我的上帝啊！我何德何能可以擁有這樣的禮物？感謝上帝將你賜給我的每一天每一刻。納瑟，我覺得電影裡的這首歌就是為我而寫。每次聽這首歌，我都因為感覺你在對我說話、觸摸我的靈魂而完全被覆沒，即使你讓我變成了矛盾的存在：同時成為了地球表面最脆弱以及最強壯的生物。

南娜上

大約就是在那段時間，我的母親又開始用她的問題讓我感到苦惱萬分。每次開放探視，她都會來看我，期待聽到一些能夠令她安心的消息。之前被釋放者的拜訪，進一步加深了她的問題強度。她怪罪她的真主延宕我回家時間的強度也在增加。我厭煩了她一再重複的問題。「我就在這裡，瑪茲尤納，我沒有任何答案可以減輕妳漫漫長夜的沉重。我的旅程還沒有結束，母親，我再也無法承受你的問題了。」

瑪茲尤納哭了，姐姐們也跟著她一起掉淚。我變得嚴厲起來。「我還沒有死，母親！我的監牢不是讓妳來為困居此處之人慟哭的墓地。不要再把我埋葬在這兒了！不要每次的探視都哭哭啼啼。這就是我。我還在這兒！我一直都沒有停止愛妳。現在正起起伏伏的，難道不是我的胸膛嗎？如果妳願意的話，也可以數一數我的呼吸！」

我的反應令母親驚慌不安，我的姐姐們也一樣。她們很有默契地放棄了她們的問題，或者至少把那些問題藏到了我看不到的他處。於是探視恢復到了舊有的、令人安心的模式。

我向她們提到我對南娜日益深刻的情感。這則消息嚇得她們臉上失去了血色。

「我的心可以感覺得到。」我母親這麼說。她和南娜說了不止一次的話，對南娜也多有稱讚。

「我愛她，母親。」

「我也愛她。」瑪茲尤納這麼說。

你曾有過告知某名囚犯他母親過世的經驗嗎？

二〇一九年齋戒月的第三天，星期三晚上七點，我們從紅十字會那兒收到消息，一個名叫卡瑪爾（Kamal）的囚犯的母親過世了。其他人要我陪他們去卡瑪爾的牢房，把這個消息告訴他。大家等著晚禱喚拜，讓卡瑪爾得以結束禁食，緩解飢渴。接著我們進入了他的牢房。一個小時後，大家又回到自己的牢房。

你曾有過告知一名囚犯他母親過世的經驗嗎？我有，而且這並不是第一次。等到卡瑪爾用完他的開齋餐後，我們走進他的牢房，感覺尷尬又過意不去，死亡天使們突然降臨在卡瑪爾母親床邊時，感覺也必然是這樣。卡瑪爾的母親一直拒絕著這些訪客的到來。她當著他們的面把門重重關上，但這些訪客堅持造訪。她要求他們多給她一點時間，只要持續到她下次到監獄探視就好。「讓我過最後一次開齋節就好！」她直視著天使們的眼睛這麼說。「卡瑪爾要些衣服，我還沒有時間幫他買。你們下個月再來。卡瑪爾最討厭我對他的要求拖拖拉拉，再說，我也不忍心讓他等。你們下個月再來！上次我去看他的時候，忘記把他這十四年間臉上的變化雋刻在我的心裡了。一個月以後再來。讓我最後一次將我的愛傳達給我的兒子。給我一點時間祈禱，希望他只會為我哭一小會兒。」死亡天使擔心自己執行工作的決心可能會有所動搖，因此蓋住了她的臉，快速地結束了她的生命。

我們走進了卡瑪爾的牢房。大家都遮住了自己的臉，不讓他在我們臉上看到他母親的送葬隊伍。我們不發一語地坐了下來。卡瑪爾已洗好了他的餐盤。他坐在我身邊，問我身體如何。被遮住的眾臉孔開始簡短地說些人都逃不了一死的泛泛之語。隨著他們講話內容愈來愈具體，鼓勵卡瑪爾堅定與堅強的力道也愈來愈大。卡瑪爾驚訝地看著他們的滔滔不絕。

「是誰？」卡瑪爾問我。

「你的母親。」我毫不猶豫地回答。儘管我也覺得尷尬，但我並沒有遮住自己的臉。我沒有等下一個月或未來某次探視的到來。你的衣物來得太遲了，卡瑪爾。不會再有開齋節終結你在鐵牢裡的長期齋戒了。

卡瑪爾摀住了他的臉，卻不是因為羞愧或尷尬。他緊緊抓著鐵欄，然後把臉埋在雙手之間。他一直哭，直到啜泣讓他呼吸困難、臉上的淚濕透了鐵欄。我們告訴他，一個小時前，一位慈愛的真主已將他的母親帶走。我想卡瑪爾根本沒有聽到我們說了些什麼。

「媽媽！」卡瑪爾抱著他的鐵欄，不斷哭喊著他的母親。

你曾有過告知一名囚犯他母親過世的經驗嗎？我有，而且這並不是第一次。溫柔一點，噢，死亡天使。我發誓，對我們而言，沒有任何東西要比你帶走的人更珍貴了……溫柔一點，噢，死亡天使！溫柔地降臨。願牽引死者之人有福；願被帶走之人有福。

我另外有自己的故事要說。我們說到哪兒了？提到瑪茲尤納，她很開心地去瞭解她兒子所愛之人。然而若是她其中一個孫女表示要跟一名囚犯訂婚，而這名囚犯不但已經在鐵欄後生活了二十五年，還在朝另一個二十五年更艱困，甚至更長的鐵牢生活邁進，不知道她會不會像現在這樣開心？

軀體

我已放棄了在牆上的吊掛。這就是激情的效果：激情將我們從一種吊掛型態，送往另一種完全不同的吊掛型態。激情重寫了我們的過去、重新安排了所有的字母，並將其中的某些字母對調。激情回答了我們推延至未來的問號、讓那些久經埋葬的重大事件起死回生，同時也將那些我們相信至關重要的事件，推到了遠離中心的邊緣。愛意包圍著我們心中的那些鐵格角落，並將我們拋進了一個蘇菲旋轉[47]的中心。我們失去了對感官本質的掌握；感官的真實與幻想交揉。我們旋轉著，無法確定是自己在旋轉，抑或是周遭的一切在旋轉，而我們才是定錨點。

愛改變了我們稱呼真主的方式，卻同時將我們帶往離祂更近之處。愛讓祂離我們更近，不需要經過書本、筆記以及經文中令人無法盡信的章節作為媒介。我們聽得到自己內心的聲音。我們與其他的生命說話，也傾聽對方的話語。當我們走到樹枝下時，樹枝會為我們折腰，如果牆上沒有樹枝，我們就在牆上畫下樹枝，且一併畫上樹葉與果實。我們一直在自己的蘇菲旋轉中轉著，直到我們領悟到自己已成為周遭萬物的一部分。我們與自己的音樂、舞蹈和諧一致。儘管我們其

47 譯注：蘇菲旋轉（Suficircle）為蘇菲教派的一種修煉靜心方式，十三世紀由蘇菲教派大師魯米（Rumi）發明，據傳魯米持續旋轉三十六個小時之後成道。信徒透過身體旋轉進入冥想狀態，進行祈禱以及與阿拉溝通。

實已不會再因為犯錯而感到羞愧，但是我們還是矯正了自己的錯誤。如果他人得不到一句道歉，我們會為他們出頭索要道歉，並在每一次接收了道歉之後給予寬恕。當他人一天又一天地等待時，我們會感到痛苦，我們還會為那些絕望與放棄等待的人痛哭。我們邀請每一顆破碎的心坐到我們充滿愛的桌上子，我們也會將那顆心的傷口包紮起來，直到那顆心傷癒或死亡。

在牢裡，我們的靈魂對軀體毫無用處。軀體只是一個沉重的負擔，受到了自然規律的束縛，而這些束縛又限制了我們旋轉、遨翔與游過身邊雲彩的能力。軀體除了飢餓、口渴與疲憊外，什麼都沒有。軀體進食，只是為了尋找失去的胃口，以及或許可以因此回想起遺失在記憶中的某時某地的老氣味。軀體飲水，但是什麼都無法澆熄口渴的感覺。軀體因為無所事事而愈來愈疲憊。軀體相信感官愚昧的混亂，也相信感官對於存在與不存在的愚蠢解釋。軀體會隨著所有音樂起舞，只是為了不斷跌撞與失去節拍。軀體在沒有罹患任何我們所瞭解的疾病情況下，以其狹隘的方式生病與復原，或者就此死亡。牢裡的靈魂擺脫軀體，繼續過著日子。兩者活在雙方同意的分居狀態中。軀體沉入了它們的較底層世界，而靈魂則持續遨翔，拒絕接受與它們自發行為作對的所有現實環境。兩邊互不拉扯對方後腿；除了有必要確保兩個世界維持和平共存的狀態外，軀體與靈魂彼此既不干擾，也不對抗。

在牢裡，軀體失去了自己的目的與目標。我們之所以照顧軀體，只是為了確保它們不會變成靈魂的負擔。我們的靈魂要一雙無法在見面或分離時擁抱的手臂，有什麼用？要一雙在我們需要時無法伸出去的手，有什麼用？要十根無法解開一件洋裝的扣子，並因而無法解開隱藏在洋裝之下不為人知的祕密的手指，有什麼用？我們要一雙無法接受其他熾烈熱唇的雙唇，有什麼用？或者一雙無法再帶著我們走向遭到劫持的未來的腿與腳呢？這樣的軀體已沉入了文盲與無知的狀態，沒有語言、沒有對話，也沒有意義。軀體在意料之外的夜間激情魔咒下顫抖，但到了早上，一切只剩下混亂的記憶。或者軀體也會因為一個清醒時的幻想而抽搐，但這個幻想會被蒙蓋或掩藏，不讓他人看到。在牢裡，軀體成了牆的一頓餐點，那些牆永不知饜足，總是會再回頭以我們為食。軀體被改變了，變成了無聊與可憐的受體。軀體成長、老化、衰敗，然後失去所有活下去的慾望。軀體提醒著我們自己正身處牢籠，因為除了軀體外，我們其他的一切全都拒絕接受枷鎖的捆縛。

「納瑟，我覺得我已經完全變成你了。」

「我當然是妳的一部分。」

「你什麼時候才要來拯救我？」

「拯救妳脫離誰的魔掌？」

「脫離你的魔掌啊！脫離你的不存在以及你的存在。」

「不要把唯一出路的那扇門鎖起來，南娜。」

「老天爺啊，不要又開始這一套了！」

「但我的確不在妳身邊，也確實存在。」

「我的夢境為什麼會讓你害怕？」

「我的現實為什麼會讓妳害怕？」

「不要否認我的恐懼與我的焦慮。」

「跑吧，南娜！在妳還有機會的時候，離開吧。」

「我發誓我永遠不會跑，除非是跑向你。」

「妳的固執總有一天會害死我。」

「你喜歡其他的死亡方式嗎？」

「不管怎麼說，不要相信這堵玻璃牆。」

「我再說一遍：除了你，我什麼都不相信。」

當我們墜入愛河時，我們的軀體會回歸。愛讓軀體復活。這是南娜教會我的道理。我相信這個道理，我的軀體也相信這個道理。我的這副軀體，已開始反抗我漠視它的方式，一如它抗拒我那因為它的基本動物性用途，總是無法去到非常遠處的遨翔。不過我積極地防止了我的軀體參與任何和南娜以及她的完整性有關的事情。那樣的經驗猶如掉進一個深淵，而這個深淵缺乏必要的詞彙來匹配南娜與我會面的精神層面。

在這段期間中，我依然維持著自己對天空世界的偏見。南娜正是因為這樣的言論，才及時地抓住了第一條血絲線。我不斷嘗試讓南娜相信她正在紡織的世界。我們若是陷入一個由大量水泥牆與一些玻璃牆所治理的全然的身體語言中，而這個身體語言又無法提升至我們靈魂交流的高度，那麼我們兩人都逃不掉。地球人的語言，侷限在彼此爭鬥、掙扎與殺戮的字句中——不論這些行為是否有正當性。這些字句在對自己的背叛行為做出辯解後，就只會侵害、排擠與欺騙。我若遇見任何一名地球女性，永遠都不會宣稱我愛她。但是南娜來自於一個不同的世界，不是這個地球。她不斷地回到牆邊、聆聽這些人說的話、聆聽他們的痛苦，以及聆聽他們從吊掛之處，向下發表的奇怪言論，就證明了她來自另外一個世界。再說，她超越我們的地區性關注，對普世抱持關懷興趣之心，也證明了這一點。

二〇一四年七月二十二日，晚上九點十一分

納瑟，我的命運……

我在辦公室。我的工作永遠都做不完！我很快就召喚你出現在我面前，而等待你出現的那些瞬間，是我一整天中最美好的部分。我害怕提起我還沒有準備好要說的事情。所以就讓我說自己已經忘了是在什麼時候，以及為什麼會愛上你吧。我們的連結已經開始像是持續了永遠那麼久了。

我收到了你的其中一封信。一開始看信，有種奇怪的感覺在我的胃裡翻騰。我解釋不出自己的反應……這些都是你的手指所寫下的字。我藏放你信件的盒子，已經成了我每天都要造訪的基卜拉。我向你承諾，納瑟，我永遠也不會放下我對你的愛，就算你一輩子都留在牢中也一樣。你的信今晚會睡在我的枕頭之下。

明天我會在你家中，在那棟保留了你的聲音、你的味道，以及你靈魂指尖的房子。我會看到你每夜躺下睡覺時，那個讓你的頭安枕的房間。我會經過很快就將打開來迎接久未歸家的你的前門。到了那一天，我會在那兒迎接你。現在，我要睡覺了，我確信你正在奔向我的途中。一天比一天更靠近，很快你就能把我拉近，然後在我的耳邊低語：「別害怕，我會一直陪你到早上。」明天開車時，我會注意安全，而且會走監獄對面的那條路，或許你能感應到我的經過！

二〇一四年七月二十五日

我回來了，幾天之後再次提筆。我的靈魂已經冷靜了下來，而我也終於能夠分享我造訪艾達難民營（Aida Camp）的細節了。我必須做的第一件事是挑一份禮物給瑪茲尤納。她說的一些事情，始終在我的腦子裡無法擺脫，她說因為她把所有的耐心都消耗光了，所以艾達難民營裡已經沒有任何耐心了。由於阿拉伯文的耐心是sabr，與蘆薈同一個字，因此我決定在附近的苗圃裡，買一株蘆薈植物送給她。

你弟弟，阿布德·阿爾法塔（Abd al-Fattah）在難民營入口和我碰面，當我看到他時，我突然之間變得冷靜。我去了你家，見了你的所有家人。之前我曾和他們每一個人都說過話，但見到本人卻是完全不一樣的事情。瑪茲尤納在清真寺祈禱完後返家，我匆忙迎上親吻她。她以呼求上帝的方式回應我，還說了很多很多的好話，譬如：「噢，我親愛的、我的命、你的來訪簡直讓整個難民營蓬蓽生輝。」我把你為了開齋節而寫給瑪茲尤納的信念給她聽。這封信讓你姐姐們全哭出了聲，但是瑪茲尤納卻只是拿著你的信親吻。

房子裡，那種清冷的感覺回歸。我幾乎可以聞到你的味道。我多麼希望你能在這兒和我在一起！我們走進了你的臥室，我一直在強忍的眼淚這時全部湧出。這裡就是你以前躺下來，以及每天早晨起床的地方。不知道以前在地上是誰睡在你身邊。如果曾有許多人睡在你身邊，你是否像愛我這樣愛她們？等我們很快見面時，我再告訴你更多的事情。

愛你，

南娜上

南娜並沒有停止對我的軀體說話。她利用所有可能的方式這麼做，而她採用的方式也非常精彩。不論是她說的話、選用的詞彙，還是穿著的衣物，都是在對我的軀體說話。因為我的要求而留長的頭髮、拒絕我一再提出要她把頭髮紮在腦後，好讓我清楚她整個臉龐的要求，也是在對我軀體說話。當她坐下、起身、以及抗議我對她的臉興趣過高，導致我忽略了她正在討論的事情，都是在對我的軀體說話。我不可能漠視她的臉龐與這張臉所散發出來的光環，再說，當我們在自己的小角落見面時，我總是能不斷地在她的臉上有新發現。

「把頭髮綁到腦後去，南娜。」

「我不想這麼做。」

「小氣鬼！」

「貪心鬼！」

「妳好大的膽子，竟然敢把一部分的臉像這樣隱藏起來！」

「不要跟我說你沒見過更漂亮的人。」

「妳或許不是最美麗的女人，但我覺得妳是，而且對此深信不疑。」

「你的這些把戲幫不了你。」

「別再這麼吝嗇了，只要把頭髮撥到後面就好。」

「好吧，不過我得要有髮夾。」

「臨場發揮吧。」

於是南娜從筆記本中拿出一枝筆，把頭髮抓在一起後，用筆將頭髮捲成了一個髻，整張臉盡露。

「我的天啊！」

「納瑟！」

「我會為妳奉獻生命，南娜，身、心都一樣。」

「我會為你奉獻更多。」

「如果那些在妳臉龐裡游泳的天使都離開就好了，南娜。我無法再專注地看任何其他的東西了。」

「如果你可以留下就好了。」

「不要相信我的不存在，南娜。」

「我想要你跟我在一起。」

「相信我，我不會離開妳，一個小時都離不開。」

「納瑟，我想要你跟我在一起。我需要你。」

南娜還不瞭解她把我這副一直以來始終被掌握在嚴苛的年、季、牆、鐵與玻璃物理定律手中的軀體，帶回到了真實生活中的程度。南娜剝除了我軀體不存在與邊緣化的狀態，將它變成了一個有需求、有渴望以及等待的受體。

我的軀體現在必須回應南娜的問題與需要。我必須將自己的胸膛種在南娜的頭可能會安放的所有地方。我必須伸出一隻手為她清出一條路，並沿著每一條路與她並行。我必須在她入睡前（與入睡後）親吻她，並對她紅潤、叛逆軀體所引燃的女性特質做出回應。然而儘管透過玻璃看著南娜，我的軀體卻依然凍結在原處，僵死而無法行動。我的軀體貫徹著它自己的身體性，對我或對南娜的訴求均無動於衷。我的軀體藉由它的虛弱與無能，執行著自己的意志，並透過拒絕一位隔著玻璃牆坐在面前懇求接近的年輕女子，變成了一個怪物。

我拖著自己精疲力盡的軀體回到了牢房。帶我回房的監獄警衛看著我沉重、遲疑的腳步，也看著我的軀體失去平衡，沿著看起來比我生命還要長的短廊踉蹌而行。這些透明的牆絲毫不給我喘息的機會，因為他們沒有阻止我目送南娜離開我們的小角落。我看著她坐進她的車中，咒罵著每一個在附近的礙事者，因為那些人妨礙了她永遠流不盡的眼淚。

我軀體的功能逐漸回歸。愛能點燃我們的軀體，所以我們逃向自己的靈魂，在一場猛烈到失控的大火中尋求解救。南娜很快就到了，她填滿了整個房間。她看到我需要她後，就前來解救我。南娜成了我啟航時的船，也是我想要遨翔時的風。她是我下錨的海岸，也是治癒我暈船毛病的乾地。她是如盾牌般保護我不受焦慮所困的一堵牆，也是一面我可以將想法塗鴉其上的天花板。她是我在誤入歧途時的確定道路，也是在大地停止轉動時的蘇菲旋轉……南娜成了我在問題中迷失時的答案，也成了我被驅逐時的棲居之所。

二〇一四年八月十日

我的愛，

我想你、我想你、我想你！沒一會兒前，我在我的信箱裡發現了一封信。你是怎麼做到的？總是能在我最脆弱的時候趁虛而入。昨晚，我阻止了晚上對你的召喚，因為這樣你就不會看到我這個鬼樣子了。我狂哭了一場，不過對於之前沒有解釋的事情，現在我要回頭澄清一下。

在上帝的面前，我發誓你將是唯一定居在我身體、我心裡，以及我靈魂中的男人。我發誓我們將來的孩子，會以你朋友的名字哈茲瑪給他命名。他會是個與其他孩子都不一樣的獨一無二的存在，而大家會因為他的名字而叫我哈茲瑪的媽媽。我發誓除了和你在一起的生活外，不會有其他的生活，而我也會信守承諾，就算你的旅程要持續一千年也不例外。你是我的生命、我的愛。我們，你和我，會一起分享我的這片白色天花板。我發誓當我和你在一起時，什麼都不怕，除了我可能會帶給你的任何焦慮外。我好愛好愛你，愛到心痛。我愛這份愛戀中的所有矛盾。你的存在成了我的聖經；你的愛是我神聖的律法。我從未感覺到如此強大的信仰，而我唯一向上帝祈求的，就是有某個國家可以讓我們在一起，有某個地方可以庇護我，並讓我枕在你的胸膛上入睡。我將成為你的土地，這樣你或許就能成為你以前本應是的農夫。

我愛你如此之深。我愛納瑟這個男人、納瑟這個人、納瑟這個任務。有時候我會想像我們第一次的會面，但沒有那堵將我們分開的玻璃隔板。我想像不出自己的反應。我會滿足於只跟你打招呼、握手，還是絲毫不顧慮習俗與傳統，直接對你投懷送抱呢？你曾那樣想過嗎？

兩天前，我去了圖勒卡爾姆市（Tulkarm），為我們兩人挑了兩支銀戒指。願上帝助你，納瑟，因為你要從一個囚禁轉去另一個囚禁！你未來的無期徒刑正在等著你，我無意核准你的提早釋放，就算是在獄中表現良好的條件下都不准。

哈茲瑪的媽媽

愛你

陷入戀愛中的人多麼奇怪啊！如果他們是信徒，那麼上帝、先知與天使，就會試煉他們的信仰，這樣一來他們就永遠不會失去信仰。如果他們入睡，那麼醒來時迎接的清晨，將是屬於他們私人的清晨。他們餓了不需要吃飯。他們咒罵自己的軀體，卻會為了伸出去的每隻手、擁抱的每隻手臂、所有親吻的唇、所有走路的腳，以及每一個讓摯愛之人枕於其上的胸膛，而讚美上帝。如果戀人們祈禱，他們會早早結束禱告，卻增加禱告的次數，並改變祈求時使用的字句。如果戀人們死去，不論每個人相信什麼，他們並不是真的死亡。

除了南娜的影像與她身邊的生物外，我不再透過牆去看任何東西了。我的軀體在各種不同狀況的循環輪轉間，戰勝了自己。之前已離棄的一切，就像是要彌補失去的時間似的，全都匆匆回歸。我的軀體全心信賴南娜正在紡織的世界——也相信她的愛所呈現的所有徵兆。我的軀體投注了許多個小時，去交叉檢驗南娜欣賞的那隻手、她以一首簡單詩作讚美的臉孔、她用一次親吻所淨化的所有罪惡的嘴，以及每晚夜半時分她枕在其上小憩的胸膛。南娜並沒有對我的軀體投注任何注意力——這讓我在鏡子前面花了更多的努力、更長的時間。

我的軀體回歸了，隨著一起而返的還有鐵鍊。我現在每次試圖在沒有一張關於周遭實體世界的良好地圖情況下遨翔，都會與牆發生衝突。我現在要面對虛弱、老邁與四肢疲憊無力的可能。隨著軀體一起回歸的還有我的慾望與我的原始本能，它們在沉睡後變得愈來愈暴躁，並且強烈要求得到滿足。我軀體裡的一切都在叫囂著南娜的名字。現在、馬上！我所有的行動都是為了南娜而執行，其他的一切是時間與精力的浪費。每當眾牆向我逼近、鐵鍊勒進了我的手腕時，我都會轉身面向南娜。我不斷地寫信給她。在牆之外，除了她，不再有任何其他人或其他東西的存在。

她只要停下來，我就會停下來。她踏足的每個地方，我都會為自己支起一頂帳棚，然後把我的衣物、我的夢、我的慾望，以及想要她靠近的激情，掛在那裡。

現在南娜就在這兒，許下承諾、發下誓約，並且不計回報地只做有利於我的事情。南娜哭了又哭，直哭到我氾濫溢出了自己的河岸，我沉重的軀體也拉著自己下沉。南娜拋棄了古老的羅馬神祇，轉而尋找與她長相相似的迦南神祇。她在平原與山丘上尋找著全能的神埃爾（El）。她在迦密山與那位不論降臨何處，都在散播肥沃與豐饒的巴力（Baal）[48]打了聲招呼，然後突然轉身奔向巴力的母親，同時也是宇宙創建者的楊姆（Yam），目的只是為了要與巴力用祂自己的肋骨所創造出來的妻子阿席拉（Ashira）碰面。南娜不斷地學習與尋找，因為她還沒有找到自己所丟失的神祇。豐饒女神阿納特（Anat）正忙著安排一場倉促的婚約儀式，所以南娜只能等待。她等了很長的時間。她之前已經等了整整一輩子的時間了。她遨翔於空中、從一個海岸航行到另一個海岸。她漫步穿過許多城市、閱讀著街上的標示。南娜想要改善這個她正在編織的世界，不留下任何東西給機會。

過程並不容易，但我最後還是戴上了南娜買的婚約戒指。我一直把戒指帶在身上，等著南娜的到來。她終於來了，我將戒指藏在引路的監獄警衛看不到的地方。我加快了腳步，那名士兵需要努力才能跟上。我們到了見面室後，門應聲而開。南娜一如既往地坐在那兒，掛著一抹讓她臉

48 譯注：巴力（Baal）為古代迦南人民敬拜的主要神祇，掌雨水與農作物。

龐發光的微笑。我把戒指從藏匿的地方取了出來，滑進我的手指。

「我心甘情願地接受綑綁自己的束縛，南娜。」

「你不怕你會後悔嗎？」

「我後悔在妳之前的全部生命。」

「我覺得我的愛會成為負擔。」

「若真是這樣就好了！」

「你讓我變得更甜美、更漂亮了，納瑟。」

「妳一直都是甜美又漂亮。妳難道不相信鏡子說的話嗎？」

「現在相信了，現在你就是我的鏡子。」

「你看到戒指上刻畫了什麼樣的愛了嗎？」

「我看到了。」

「妳就是我故事的結局，南娜。」

「而你是我故事的開端。」

原來這就是戀人們都會去的地方，進入一個被施了魔法的世界。他們帶著他們的軀體、靈魂與魔法進入這個世界。這裡是朝聖者覲見他們真主的地方，城市裡沒有人會相信他們對於發生事情的陳述。你不在意牆的透明，因為你沒有需要隱藏的東西，也沒有東西可以瞞過你。在這裡，軀體與靈魂合而為一，沒有不協調或矛盾的問題。在這裡，你以自己完整的本體呈現，沒有任何與自己隔離的存在。你會與你所選擇的塵世與天堂同伴匯聚在一起。你紡織出來的世界是多麼美好啊，南娜！

二〇一四年八月十四日

我摯愛的納瑟，

有關你的釋放遭到推遲一事，我可以用完全肯定的態度說我不生氣，而且我知道你不會接受任何對我們人民受害現實淡化的妥協，即使那個妥協代表著我們可能在一起。上次見面時，你說我試圖在開齋節的晚上吻你。如此大膽的舉動！我不知道是不是真的！你還說考慮到這是我的第一個吻，我吻你吻得很不錯。我若問你關於以前的接吻經驗，你會在意嗎？你有絕對的自由，可以回答，也可以拒絕回答。我只想讓你再用你擁有的全部愛意，把我緊緊地抱住。不用對我的肋骨施恩！

二〇一四年八月二十二日

這一天，詩人撒米哈・阿爾卡辛（Samih al-Qasim）的死訊傳了過來。同時，加薩的轟炸與所有的殺戮依然持續。所以我是在為哪一件事情哭泣呢？阿爾卡辛臨終前寫下了他最後要說的話：

我並不愛你，死亡，但我也不怕你。

你以我的身體為床，我的靈魂為被。
但是我看到你的港岸太狹窄，不適合我。
我並不愛你，死亡，但我也不怕你。
陪在我身邊，納瑟。永遠不要離開我。也不要叫我離開。或許你不可理喻，也或許你是命運給我下達的指令。我會和你在一起。你是我的開始、我的結局，就是這樣。你或許隨時都會收到我死於愛情過量的消息。原諒我如此喪氣，也原諒我在上次的碰面時發脾氣。

南娜上

南娜相信她正在編織的東西，並開始講述一個與我相似的故事。她從一個即將到來的世界角度，陳述我們的見面。她傳達命運對於她和我的軀體所下達的命令。然後她重新將她所編織的東西，以及那樣東西的所有可能性，掛在明天的大門上。南娜的編織考驗了她與我的命運。她計算她與我的可能性。南娜像每一個十月女孩一樣：她改變、她變化，她走向極端。她不是那種會屈服在命運之下的人，除非那是她自己親自寫下的命運。

南娜常常寫信給我，她的信占據了我許多個小時。她寫她的肯定，也寫她拒絕接受交織在我寫給她信中的所有疑惑陰影。我經常性的遨翔讓她煩擾不已，除此之外，她每次試著把我們向下帶往一個陸地的範圍，以及一個我連一天都沒有相信過的現實時，我的固執也令她惱火。南娜是我唯一的現實。

十月

南娜把一具沒有經歷過愛情與戰爭的純潔身軀還給了我。戀愛就像出生，帶我們回到了第一次寫作的第一行字。我們做的每一件事都是第一次：我們的第一次哭泣、邁出的第一步，以及第一次的失足與跌倒。之前的知識再也無法提供我們任何協助。身體的記憶全都消失。一個新的學習過程開始，伴隨著多次繁複的嘗試，只為了能融合過去。我們不都是自己知識與經驗的產物嗎？我的記憶發生了什麼事？還有我這副只要南娜在場就愈來愈緊張，猶如想要找出一些合適反應的身體，又是怎麼回事？她的親近令我顫抖。我像是從未親吻過任何人那樣地想要親吻她。當我試著解開她的每道謎題時，我顫抖的手指令自己憤怒。

南娜突然的襲擊令我潰不成軍。在我耳邊的幾句愛語、一個想對我身體做些邪惡事情的慾望，都會讓我張口結舌。她成了遨翔的高手，毫不在意地心引力或適用於我們那個角落的物理定律。每當我邀請她跳舞時，她總是早我一、兩步行動，而且總是由她挑選音樂。

哀呼我的軀體！我絕非那種連親吻都要摸索半天，並因此失去方向感的人。那曾是我常常與他人分享的私密知識。我在女人面前，從來不是個會吃驚或尷尬，以致於說不出話的那種人。那麼我現在這種南娜知之甚詳的讓我身體記憶麻痺的東西，又是什麼？她後來知道了我之前的生活狀況，也知道了我在她之前的情史。她知道了我犯的錯與懊悔，也知道我的每一道傷口與受傷的原因。她知道女人就算在我身上留下深深的痕跡，也無法掌控我的身體。即使記憶深刻，但身體的記憶卻很短，因此記憶造成的痛苦也很貧乏。

「你愛她們其中任何人嗎？我指的不是那個在大學裡無視你的女生。」

「不愛。」

「可是你……」

「沒錯。」

「如果你不愛她們，怎麼可以那樣做呢？」

「那一點都不難。」

「我懂了。」

「那是另外一種字母型態，不過我們學得很快。」

「你真的精通？」

「我全身各處都刺上了令人驚艷的證書和學位。」

「我不想再聽了。」

「妳可以問我任何妳想問的問題。」

「你想要我問嗎？」

「我的答案會讓我們分手嗎？」

「不會。」

「我比妳更純潔，南娜，如果妳在意的是這一點。」

一抹滿意的微笑在南娜的臉上綻開，至少我的詮釋是這樣。

「怎麼了？」我問。

「沒事。我就是很喜歡自己是你的第一個這種想法。」

「這也擊中了我的虛榮心——或其他更多的東西——而且妳將會是我的最後一個。」

讓一個女人直接刺中你的核心，是多麼美好的一件事啊！一個一杯酒就讓你醉醺醺，並讓你時時都處於心情不定狀態中的一個女人。一個不顧你的期望、不理會你的許可、不敲門就逕自進門來接近你的女人。她沒有給你著裝、擺姿勢或做好回應準備的機會——就算你著了裝、擺了姿勢或做好了一切準備，她也會將這些全部剝除扯下，讓你重頭開始。如果你努力去解開她的企圖，她就會將紙上的逗點與句點互換，並在紙上填滿問號。一個處於她自己反覆無常變化中的十月女子，她將孤伶伶的一個小時擴展成了你一年裡的四季。她設定時間，卻沒有出現；然後突然毫無預警地現身。猶如她只是來告訴你：

我來了

我懷著祕密來到你身邊：做好準備。

在我面前粉碎的是所有你想要的鏡子，
將你存在的塵灰，四散於雲心，
詛咒所有你想要的命運，
展露你在每個女子門前的男子氣概，
漠視她投降的懇求，不要成為仁慈者的一員。

我來到你身邊，猶如海洋：赤裸裸。
剝除你所繼承的沉重扎哈里遺產，或所有剩下的遺物。
相信天堂之語，或不要相信。
擁抱所有雅典述說的心愛寓言，
或者當一名劍鋒可以斬破所有邊界的斯巴達叛軍……
如果你願意，做你想做的人。我毫不在意他人對你的指指點點。

我來到你身邊，猶如一個承諾：你和我
是十月與十一月的孩子、是鳶尾花的孫兒，長著拒絕秋天每一道陰影的葉子；
是繼續信守著兩道承諾胸懷的兩個靈魂。
白得有如盡全力死在你胸膛上的神風特攻隊員，黑得有如黑夜，那等待為你注滿清晨苦澀咖啡的黑夜——
如果你願意，親吻可以讓咖啡變甜。

我來到你身邊，猶如一個鬼魂：做一朵雲。
寬恕你所有的女人，原諒她們留在
一具軀體上的一切，這個遭到傷口背叛的軀體。
這些無法得到遺忘恩典的傷口。
將你的牆拉近一些，因為在這個沒有容身之地的地方。
對所有在我之前的季節與歲月放手吧。

我來到你身邊，帶著一聲嘶喊：要執著。
最美麗的聲音是狂喊「不要！」
沒有神祇，除了在你看到我時，那個棲居在你臉龐內的神祇。
沒有祈禱，除了手指的哭泣。
在我祕密的大門邊，要執著。
沒有鎖鍊，除了你所相信的鎖鍊。
沒有歌頌，除了你那些垂死的拒絕，

以及這些拒絕在我嘴上遭到屠殺的聲音。
我懷抱著原諒你所有罪行的寬恕之心來到你身邊，所以驅逐祈禱與齋戒吧。
不要相信你的善意，
因為我是東方激情的女人、是秋天心情的女人，
而強加在你十一月之上的我十月的意圖
是，如果你要這麼說的話，的確很邪惡。

我來到你身邊，猶如太陽：你看到
我身上交錯的光線，以及那海洋的黑暗
在你的缺席與我的嚮往之中的海洋的黑暗了嗎？
盡可能快點來！
太陽不會在一具軀體內棲居兩次，而我已是個三十歲的女人，
所以將你的叨絮話語和你的調情，留待其他時間再繼續吧。

十月：一個故事的開始……
十月：等待的秋天……
十月：永恆……

現在因為南娜，我為自己的軀體悲嘆！我所有的大膽斷言與傷口都到哪兒去了？我的女人與幻想都到哪兒去了？傷口與受傷的原因全消失不見了，就像是傷口都癒合了，或都死亡了，甚至沒有留下任何一道可以回想的疤痕。我那些潮濕而汗涔涔的夜晚，以及在幾乎沒有亮光的陰暗角落，所偷來的時間都到哪兒去了？我觀察到南娜的軀體正在以其不同的語言說著什麼——有些我瞭解，但有些卻是完全陌生。她正在透過我的行為與她的反應，探索著她自己的軀體。我退後，她就會前進，當我動作太快時，她會在我行進的軌跡上，讓我停下來。

我不知道該如何處理南娜的生日。我要怎麼將禮物拿給她呢？對於一個賦予了你生命、軀體，並以信件為你帶來全新詞庫的女人，什麼樣的禮物才合適？這個女人將你那令人頭昏的旋轉，變成了帶你攀登向上的蘇菲旋轉。這個女人解開了你的牆的韁繩，並開始保護你免於牆的透明，直到她成了你的一堵穩定之牆，讓你因此恢復了平衡。

二〇一四年十月

給我的摯愛與這一生發生在我身上最美好的事情：

我的生日結束了，我可以確認這是最棒的一次生日。謝謝你的禮物，特別是那件刺繡洋裝。玫瑰花束也送到了，之後我去郵局又發現了你的信，裡面還附了一張卡片，你在上面寫著，「願你每一個生日，我都是妳的愛、也願你總是在離我夠近之處，讓我可以觸碰。」你怎麼會如此瞭解我？因為一份深刻到可以維繫一輩子的快樂，我哭慘了。

我看到自己摸索著走向你的胸膛。我遲到了，因為我在你臉上細微的特徵中，迷了一會兒路，但我總是會抵達，並躺進你胸膛上的安全地方。你是我生命的真主！如果我、我的身體與靈魂的一切都可以與你交織並裹住你，該有多好！我在這裡，埋頭向前衝，我很愛這種撞向你的感覺。你的一切都深深吸引著我，我實在等不及我們身體初次相見的那一刻了。現在，你的把戲已經夠多了！告訴我關於我們即將到來的第一次坦誠相見——每一個細節都別放過。

愛你，

南娜

南娜的生日像朵海岸邊的鳶尾花，預示著十月的到來。那朵鳶尾花望著第一波的浪碎，並未轉回頭去讀取那些船的名字或目的地。那朵鳶尾花宣告著一個尚未決定要不要降臨，只能這麼硬撐到最後一刻的黃色秋天。南娜宣布了她的十月，也與我的十一月訂好了一個約會……在她等待的時候，海洋、海岸與鳶尾花都陪在她身邊。她紡著十一月的降臨，緩慢而刻意，然後她將自己的衣櫃裡，掛滿了黃色之後的所有顏色。

「每次妳穿白色的衣服，都讓我魂不守舍。」

「如果你要的話，我可以換穿其他顏色的衣服。」

「如果妳這麼做的話，我會非常生氣！」

「你簡直不可理喻！」

「這個白色根本就是拒絕死亡。」

「你真的會殺了這個白色嗎？」

「不會！我要把它灑向每一個方向。」

「然後呢？」

「它會以一首詩的型態重新回到我身邊。」

「我從來沒有從這些層面去思考。」

「它們剛好就是我不能少的層面。」

「這麼貪心！」

「不是貪心！只是一個害怕自己確實知道將發生什麼事的懦夫。」

「就像你一樣偷偷溜走、躲在你的各種藉口後面。」

「妳不怕殺了我？或殺了妳自己？」

「真的有戀愛殺這種事嗎，納瑟？」

「是的，南娜：而且有許多不同的殺法。」

＊＊＊

更深入我的身體記憶中去尋找，用手指翻開記憶的土壤，再用手掌一抔一抔地將土舀出來，變成了一件必要的事情。我無法用這具軀體去面對南娜的猛烈攻擊，這具軀體甚至沒有任何經驗可以幫助它去理解，那伴隨著如此年輕與活力而來的熾熱存在，連一次經驗都沒有。南娜擁有每一種禁果。當這些禁果成熟時，她向她的主祈求在對的時間收割。我周延地檢查了自己的傷口與瘀青。我會恢復舊有的親吻記憶嗎？強將威權加諸在我年輕軀體上的那些肉體所帶來的陰影記憶呢？還有其他我有所準備與主動接觸的肉體記憶呢？

我尋找著某種方式，希望可以破除至今已維持超過二十年的童貞。我開始喚醒在深沉長睡中的每一種感官，並尋求它們的協助。這個任務並不容易。一開始，我只能踏出短短的小步。我向南娜透露了一些我為我們兩人所想出來的夜間幽會的祕密。我寫信告訴她有關我們共有的明天，以及我向上帝祈求允諾的夢境。我放大了我們這個任務中的性慾細節。我變得更加糾結。我的軀體氣喘吁吁地想要跟上。

我依然害怕自己若說得太坦白，南娜不會相信我們幽會期間所發生的真相。我擔心她會把這些事情當成一次隨意想像的產品，或者等待實現的遲滯承諾。南娜會相信我軀體的新徵兆嗎？她會相信我斷斷續續的呼吸嗎？我襯衫上的紅唇膏？她被撕破的洋裝？這不僅是我的想像，每次任務結束後的疼痛，就可以證明。這是南娜的眼睛。這是南娜的嘴。這是她吊掛她衣物的地方。她身體猶如大理石般的冰涼，燙傷了我的手。她的氣味緊緊依附在我的衣服與赤裸的皮膚上。

我的身體從它的殼中冒出頭。這個過程並不順利，南娜初期的探視期間，我的身體沒有任何可以幫助對應的改變。這個過程需要許多次的夜間任務，直到屬於身體的男子氣概被訓練出來、被駕馭。在我寫給南娜的信中，親密的片段增加了。我們在不同的時間與地方見面。當某天南娜決定深夜過來，確認兩人上次會面時的一些細節時，我們進一步背著牢房裡的其他囚犯密謀。她在沒有任何預警的情況下，坐在了我床上那個她的老位子上。

南娜一再的夜訪只會激起我的牆的憤怒。

二〇一四年十一月

在我最珍惜與最摯愛之人的生日這一天……

致我的愛、我心中最珍貴的人。

願你的每一個生日，都是我的摯愛。願我在你的每一個生日都是你的摯愛。願你的每一個生日，你都可以成為幫助我的人——我的納瑟——一如我會成為幫助你的人那樣。除了神聖的天意外，沒有任何事物可以安排我們的相會。上天的照護是多麼神奇啊！

今天，該由我帶你來一次長長的約會了，所以請穿上保暖的衣服。上個月我在慶祝自己的生日時，雨就這麼莫名其妙地背叛我下了下來。但是明天老天一定會用陽光補償我。我將是你，你也將是我，而雅法海則會成全我們的三位一體。我感謝這片海洋的忠誠，當它把你賜給我時，我也感謝這片海洋允諾了我的祕密祈求。

今天的海並不平靜。海面一如既往地洶湧翻騰，像是某個人正在期待著我們到來——或警告並抗拒著我們到來。你和海都不知道會發生什麼事，我覺得我可以想像得出你臉上的驚訝表情。不過我打算暫時保留這些細節，就像你也會這樣做，因為這是我的權利，我的，而且這是我的約會，遑論連這個地方都是我選的。當我朝你猛撲而下時，你必然溺水，什麼都救不了你。沒錯，我就是在對你說話！不要驚訝。只有你能夠讓我說出這樣的話、做出這樣的舉動。你到底對我做了什麼，你這個海洋之禮、你這個天空子民世界裡的我的主人！我要讓你的頭枕在我的胸膛，這樣你才能聽到我的心跳正在向你訴說它從未說過的話。

我希望，我的生命，你可以接受我的禮物以及我們的約會。

愛你，

南娜

我的牆持續著與我的爭吵。它不但不提供支援，而且除了指責我外，一根手指都不抬起來。我的牆痛恨南娜、痛恨她的十月、痛恨她遲到與早到的探視，也痛恨依附在她身上的氣味——我猜那些氣味應該是南娜刻意去努力收集而來。我的牆痛恨我遺忘在自己床上有關服飾的文章、痛恨我們早、晚關於她的閒談，也痛恨南娜不斷的紡織。它痛恨我將全部的心思都放在她的身上，也痛恨我在她提早離開時，有多麼想念她。我從未向南娜透露過我的牆痛恨她的事情，我想我應該有告訴她完全相反的情況——我不記得了。我的牆痛恨剛剛才過去的南娜的月份，也開始痛恨剛剛才開始的我的月份。

我的牆突然開始對我說話。

「從什麼時候開始，這些月份開始對你這麼重要了？」

「你是說十月嗎，還是十一月？」

「別再故做聰明了。我太瞭解你了。」

「聽起來是你的問題不合理。」

「剛好相反！我瞭解你、瞭解你的這些傷口。這些傷口難道是我造成的？」

「難道我除了自己的傷口外，什麼都不是嗎？」

「你還能是什麼呢？」

「南娜呢？」

「如果你的南娜不是你的另一道傷口，為什麼我可以聞到你的痛苦？」

「我以為你已經不再跟我說話，也不再聞我的味道了。」

「誰說我是在對你說話？」

「那現在這個聲音是誰的呢？」

「你自己的。」

毫無憐憫，也完全沒有寬恕。我的牆不再選擇。它殘酷，而且從我對它放手後，就不遺餘力地懲罰我。如果牆能像我們的身體一樣有記憶就好了！

南娜和我，我們寫了很多信。我們不斷在我們的角落裡碰面，兩人各坐一邊，中間隔著玻璃隔板。大提琴音樂在幕後播放著，但是音樂中卻沒有任何東西，可以阻擋得了我聽到隨著我們之後每次碰面而來的南娜哭泣。南娜相信並肯定我們的婚約，已得到女神阿納特的賜福。當神祇巴力從迦密山那高高的山頂走下來，並在我們的角落旁為祂自己創造了一灣綠洲時，南娜看到了我們的土地與天空是如何的繁茂與茁壯。她相信與肯定，但她為她的信仰與信念哭泣。南娜哭得太厲害，以致於她的眼淚已成了我們一切所說、所做的伙伴，成了我們之前的眼淚，與我們之後的眼淚。她在我們說愛的話語時哭泣、在我們停止交談的時候哭泣。南娜只是不停地哭泣。

這座城市的眼淚

唯獨上帝有孤獨的權力。

——土耳其諺語

二〇一四年十二月二十八日

納瑟……

你在上一封信裡說的事情，讓我的世界旋轉不已。你終於拋棄了你那端莊的語氣。你所描述有關我們夜晚的會面、我們將結合的明天，以及關於一片仁慈的天空，正從上方俯瞰著我們的所有事情，都讓我開心極了。上帝與你同在，納瑟！你讓我更愛我的身體了。你並不是唯一一個可以與這些束縛以及這個無期徒刑共存的人，所以別再用這些理由來讓我跟你保持距離了。這些束縛都已經成為我存在的一部分。

每年我都會列一張清單，寫上我希望會發生的事情。今年我劃掉了清單上的大多數項目，因為你已經讓這些事情實現了。清單上只剩下讓你的胸膛成為我的枕頭，以及用你的臉照亮我的早晨兩件事情。在我們上一次的夜會中，你為什麼要突然檢視自己？我需要你偶爾失控。你急速的行動讓我頭昏。你把我轉得暈頭轉向。

二〇一四年十二月三十一日

今年要結束了。在我開始對愛失去信仰時，這一年把你賜給了我。阿赫拉姆．莫斯特加尼米（Ahlam Mostaghanemi）[49]說的對，她說：「愛從我們最沒有期待的時間與地點來到我們身邊。」我在二〇一五年會更愛更愛你。不過現在，請原諒我！辦公室有太多工作要做。但別擔心！你的女孩會創造奇蹟……我會盡快回來。

南娜上

二〇一五年一月三日

今天狠哭了一場。今天是你遭到逮捕的紀念日。我哭得太厲害，連我父母都在擔心我的狀況。這些日子我常常哭，而且往往沒有特別的原因。但我知道一件事，我想要你在這裡和我在一起。想要你在我的胸前、在我的眼裡，在我的關心與痛苦之上。一個人怎麼能夠如此深愛另外一個人呢？我不知道，但我卻如此地深愛著。在流淚前、流淚後，我都愛你。

我的上帝，我是多麼愛你啊！

49　譯注：阿赫拉姆．莫斯特加尼米（Ahlam Mostaghanemi, 1953-），阿爾及利亞詩人與作者，是第一位以阿拉伯文創作詩與小說的的阿爾及利亞女性。著有《肉體記憶》（Memory of the Flesh）等書。

當我們的肉體遭受到某種創傷時，我們會脫口詛咒。傷口惡化的時候，我們會詛咒使自己受傷的能力與失血過多。當疼痛以傷口處為家時，我們會變得憤怒。疼痛開始對著沒有受傷的肢體攻擊，但我們卻拒絕承認自己肉體的任何一部分，可以顛覆我們肉體的其他部分。若是我們的胸部遭擊，為什麼某個肢體會失去作用呢？若是一條腿在身下扭傷，我們的胸膛為什麼會起伏得更快速呢？我們的靈魂受到了肉體虛假陳述的壓制。肉體投射出的脆弱，壓垮了遨翔空中的靈魂。於是我們的靈魂反過來詛咒我們的肉體，聽著它們無法相信的悲痛。

然而靈魂的創傷，不論是受苦還是流血，卻是完整而全面的。靈魂的傷口帶來絕對的傷殘，且停滯不去：這些傷口不會繼續惡化，卻也不會給予我們時間去恢復力量。這些傷口在我們體內深深紮根，就像是從一開始就在那兒似的。於是我們開始將自己當成了一道傷口那樣描述自己，除了下一道傷口外，沒有任何東西在等著我們。這道傷口沉默無聲：它不會為了吸收我們所有的憤怒與挫敗而嚎吼或詛咒。我們的身體反應全凍結了，隔絕了那些攻擊靈魂的傷口。我們的靈魂發現自己被擠縮在自己的軀體內。當靈魂發現無路可逃往一個較寬廣的空間，種下自己的痛苦時，它們愈發感到困限，於是我們哭泣。

「你為什麼哭？」

「我不知道。」

「我想我知道。」

「請你什麼都不要說。」

「南娜，我就在這兒。」

「納瑟，不要試著治癒我的眼淚。」

「那妳要到什麼時候，才會不再用妳的眼淚懲罰我呢？」

「我並不脆弱，我也不是懦夫。不要為我擔心受怕。」

「愛並不是對我們力量的考驗，南娜。」

「我只是想和你在一起。你怎麼能說那是脆弱？」

「妳什麼時候才能相信？」

「相信什麼？」

「相信你紡出來的這些世界的力量。」

＊＊＊

有人說當我們的軀體再也無法承受痛苦時，就會向眼淚尋求庇護。不過我不相信這句話。我不相信我們的軀體擁有類似哭泣這樣的靈性行為。哭泣就是這樣一件事：一個靈性行為，沉默、深刻，又帶著質疑。若受創的傷口很深，靈魂因為窘迫，不會去尖叫、詛咒或以其他肉體的應對方式去反應。靈魂只需要一個孤獨的角落去接收自己不斷湧出的眼淚。一個不問任何問題，也不關心原因或理由的遙遠角落。一個絲毫不在乎這個靈魂是痊癒還是死亡的角落。一個就算受傷的靈魂蜷伏了溼溼長長的時間，也不會抗拒的冷漠角落。

「納瑟，我……」

「妳就是妳在紡織的世界，南娜。這是我的血，而這是我的血絲線。」

「每次離開我們的角落，我都覺得自己的靈魂要離我而去。我感覺到窒息與恐懼。」

「我回到牢房就發現妳在我的床上。妳把衣服掛在一度曾是我的牆的地方。」

「大家告訴我要現在抽身，趁著陷入更深之前。我感覺到窒息與恐懼。」

「我的牆已拋棄了我。它說在我對它放手的那一刻，我就背叛了它。它一直在怪我。」

「大家不相信你還有希望。他們談論著可能會發生在你身上的事情，試圖藉此讓我感到困惑。」

「妳已成為我唯一的可能，而我的牆痛恨這一點。」

「再把我抱緊一點！」

「妳看不出來我已經這麼做了嗎？」

二〇一五年四月四日

給納瑟，南娜的靈魂，

我聽說了很多關於靈魂擁有另一半的事情。我一直都很喜歡這樣的概念，但現在才開始有點瞭解。我一直想要一個有存在感的男人，現在的我就是與一個儘管不在身邊，卻擁有強大存在感的男人陷入熱戀。然而你卻要我從你身邊跑開，納瑟？我唯一逃離你的那次，就是跳入你臂彎的那次。結果只是要讓我陷得更深、更深嗎，我的另一半？在窒息感之外，在淹沒感之外，誰曉得你和我還會發現些什麼。

我知道，親愛的，我失去自持與哭泣的時候，為你帶來了很大的焦慮。抱歉！我總是覺得非常靠近，但同時卻又感覺如此遙遠。當我離開我們那個小角落時，我感覺自己要回到一個無法理解我的世界。與你分別竟是如此痛苦，納瑟。為什麼每一次我都必須要與你分開？只有在與你相聚的那幾個小時，我才活著。這些都是愛的眼淚。你一定要相信我！我只想要你在我身邊。噢，如果你早知道就好了！

二〇一五年四月十八日

我痛恨這個月。若能結束就好了！夜晚的眼淚又回到我床上宣示主權了……我哭得很兇。我只想找到你，擁著我的頭，告訴我一切都將很快結束，而我們也將在一起。

愛你，

南娜上

南娜為攤在我們腳下的那幾個月哭泣、為我們角落裡的那道玻璃隔板哭泣，也為我們信件中的每一頁哭泣。她寫信的時候哭，讀信的時候也哭。我們談論的愛愈多，她哭得愈厲害。我們會逃避到其他的話題去，然而一旦回到愛這件事，南娜就會又開始哭。她努力與自己的眼淚對抗，但當我指出逃生艙的位置時，她甚至反抗得更強烈。

「南娜，我要妳答應我一件事。」

「你說什麼我都答應，你沒說的我也答應。」

「答應我，南娜。」

「我答應！」

「如果妳對我的感情降溫了，即使只降了一點點，都要來告訴我。」

「你為什麼要說這種話？」

「因為我無法接受，南娜。」

「無法接受什麼？」

「無法接受一半的感情。」

「我知道我的眼淚透露了我的脆弱。但是唯有在你面前，我才會盡顯自己的脆弱，毫無羞愧地揭示自己的軟弱。」

「我不希望這份愛轉變成一個怪物，不但威脅妳的平衡感，也不斷地將你貶抑成我們見面時的淚水。我不希望妳哭。」

「什麼怪物，納瑟？當我奔向你的時候，我就是在逃離各種怪物。」
「可是我無法承受所有的哭泣。」
「我不會再哭了。」
「好，不過這些眼淚呢？」
「你這樣讓我害怕，納瑟。」
「跑吧，南娜！跑回到妳那些小怪物的身邊。」
「你曾答應過我，在我們兩人之間，永遠不會有單方面的決定，我們會一起決定我們的命運。」
「現在就跑開吧！」
「沒想到你會違背自己的承諾。」
「南娜，如果沒有我，妳依然可以呼吸，如果在我的缺席的現實中，妳依然可以感受得到自己完整的存在，如果妳的頭安放之處，遠離了我的胸膛，就算只有一次，也要來告訴我。」
「我答應你。」

我用自己已知的所有語言應對南娜的恐懼。我看到她逃離了她的恐懼——甚至以高高在上的姿態俯視與斥罵她的恐懼——至少每次和我在一起，她都這麼做。她並沒有透露她的恐懼如何折磨她的時時刻刻，或如何扭曲她所紡織的一切計畫。昨天還可以用我永遠都不會厭倦的方式，只談情論愛的南娜，現在卻在恐懼填滿了她的宇宙空白處之後，淹沒在自己的淚水中。

南娜非常努力地隱藏她的恐懼，但這份恐懼卻始終存在，而且主導了我們所有的會面與信件。南娜在字裡行間與信件頁緣哭泣。恐懼棲居在我們那塊玻璃牆的兩側。如果我移動身子去親吻南娜，這份恐懼總是比我更快抵達玻璃上的小縫隙。眼睛含淚的南娜表現出了她的渴望、寂寞與等待。我們一直要等到淚水入睡，或將這些淚水的焦點轉移至他處，才能在沒有淚水的恐嚇下，檢視我們兩人的感情。我們不發出任何聲音，以免提醒眼淚我們在這裡的現實。我們低語、比手畫腳，用眼神溝通。

眼淚擠進了房間內的每一個開放空間。如果我們動作太慢，淚水比我們早到，它們就會披上自己的黑色罩袍，盡可能佔據我們的空間。承諾會降下傾盆大雨的雲朵，被它們用來填滿天空。眼淚為我們安排飯桌，並在我們用餐前開始食用我們的麵包，與偷取我們親吻中的甜糖。只需要一分鐘，它們就能破壞南娜花了一個小時精心打扮的妝容。眼淚改變了我們那個角落的樣貌，一如它們改變了我們的臉孔樣貌。那名大提琴手現在穿上了更貼合當下場合的黑衣。當南娜哭泣時，我們不再有任何可以令彼此開心的好消息。眼淚是流血的靈魂，而我必須坐在那兒，眼睜睜地看著靈魂流血。我詛咒我那個朝著南娜不斷逼近，直到她感覺到窒息的角落。我持續詛咒著我的角落，直到一切都停止的那一刻來臨，甚至連我的詛咒都停了下來。然後我變成了那個哭泣的人。

在我們的眼淚與兩人偷偷摸摸的談情說愛之間，在數十封信件與我們在自己的小角落多次會面之間，南娜詢問了我的建議之後，決定接下一份新工作，這份新工作需要她搬到耶路撒冷占領區的一條街道上。

「這份新工作會讓我找到更多的自己。」

「我為妳高興，南娜。」

「不過還有一件事，我不希望你難過。」

「什麼事？」

「我一個月可能只能來看你一次，無法再多了。」

「我沒有問題。如果妳無法在工作中找到更多的自己，才會讓我更難過。」

「你說真的？」

「妳是真心在問這個問題嗎？」

「我就知道你會理解，但我還是覺得我必須問問你。」

「在天空子民的語言裡，沒有時空這回事，南娜，只有我跟妳。」

「在每一個時空中都這樣，對嗎？」

「沒錯。」

「我非常興奮。在耶路撒冷欸！」

「一座向外俯瞰另一座城市的城市，這就是妳將在那兒的方式。」

「我好愛你，納瑟。」
「如果我的愛和我這個人能夠滿足妳，該有多好，南娜！」
「只要你像愛它一樣愛我，就有可能。」
「愛什麼？」
「你的耶路撒冷啊。你的城市。」

之前，我曾搜尋過各種不同的方式，去應對我母親沒有止境的等待。母親出於對我的體貼，馴服了自己的不耐煩，直到她奮不顧身地成了等待這門藝術的專家，並採用各種技巧抵抗等待、抵抗我，也抵抗她自己。我必須與南娜一起重新學習那些所有的技巧。南娜的等待經過了好幾種型態，複雜而錯綜，我早期應對我母親的方式，並不足以讓我準備好面對自己所感覺到的痛苦。南娜在我身上看到了她的旅程序幕，而我則在她身上看到了我的高光時刻。如果她覺得她已經抵達了旅程的終點，那麼她必然弄混了抵達這個詞彙的意義。

我們在抵達時，用榔頭將釘子釘進了終點線，這樣我們才能將自己的問題、期望與慾望，全掛在釘子上。在我們抵達時，靈感就結束了。在我們抵達時，我們將衣物、信件、相簿與記憶，全從自己的旅程中倒出來，然後在牆上與天花板上，重新安排這些東西的擺置。我們撕掉了自己的護照，因為我們不再介意邊境或橋樑。火車也不再於我們的車站停留，因為我們已不在那裡。火車現在只會在經過時嗚一聲笛，或許我們會想要為車上的旅客送上祈禱，祝他們安全抵達各自的目的地。

抵達目的地是多麼美好的一件事啊！向我們的等待做最後的道別，不需要再為未來的會面添加祝願，甚至可以省去回憶舊時光的最後一杯咖啡。當抵達不再背負著任何過期的標誌時，抵達目的地是多麼美好的事情啊。這次的抵達，承載著獨一無二、唯一且舉世無雙的「我」，專用且最後的「我」，沒有其他版本的「我」。這是知足、接受與屈服的「我」。這是準備接受同樣獨特且完整，來尋找在抵達時會成為伙伴的另一個「我」的「我」。

南娜持續著她的等待與哭泣，而我則持續處在自己的抵達狀態中。我寫信給她，告訴她有關我的等待，以及我如何對自己的等待說出臨別贈言、幫它提行李，最後將它留在身後某個夏天中一棵只提供了極少陰影的樹下。

二〇一五年七月六日下午六點零五分

問安來了，我的愛、我的生命！

這是我從自己在耶路撒冷的房間裡寫的第一封信。昨天，星期日，是我新工作的第一天。我的同事為我舉辦了一場非常溫馨的歡迎會。一開始我還因為初來乍到而害怕，不過我很快就發現自己過於緊張。這裡離伯利恆近得多……你的信我收到了，信內附了我一直在等待的詩。我要怎麼樣才能把自己的感覺傳達給你呢？現在，讀了你的詩後，我該如何否認自己之前的主張，以為達爾維什的詩作《等她》（Wait for Her）是有史以來關於愛的最美麗詩篇呢？你的詩作才是我讀過最令人難以置信的作品。但是我一定要等待這麼長久的時間，才能發現有史以來關於愛情所寫下的最美麗詩篇，其實是寫給我的嗎？當我成了你的詩篇時，我怎麼可能不是世界上最幸運的人呢？你是我的摯愛，你是我希望與想要的一切……噢，我是多麼愛你！

二〇一五年七月二十八日

你另外還寫道：「妳穿著雲彩製成的長袍。先知在天使的旁觀下，寫下了婚姻誓約。哈茲瑪，我那遭到殺害的摯友，與一眾見證者，引妳步過通道走向我。」這正是我需要聽到的事情。我昨天哭了很久，但今天的狀況卻比以往都棒。謝謝你，我的愛。

我在自己的工作中瞭解到了更多人民因為占領區而飽受的煎熬。我知道你為我的所作所為感到驕傲，但是我承諾，我還要更努力地工作，讓自己配得上你對我的信心。我寧願死，也不願虛弱無力地站立，而死亡就在這兒，從各方面包圍著我們，並向我們逼近。我們所有的行動，都因為無力感而癱瘓。但你和我卻戰勝了一切。那就是我的承諾。那就是我的宗教。謝謝你讓這一步踏出得如此輕鬆，讓我沒有感覺你為此付出太多。謝謝你在我的孤獨中，以及在孤獨回頭定居在近處的時候，成為我的伴侶。這座城市讓我們充滿了陌生的感覺……我真希望自己可以解釋得清楚，這樣我就能在這封信中記錄下來了。

南娜上（在耶路撒冷，愛著你、等著你）

每個女人都是一座城市，擁有近代與遙遠過去的歷史。她擁有勝利與潰敗，也擁有創建者、征服者，以及所有懷著各種企圖且不請自來者的名字。她擁有她的愛人、那些想要她的人，以及那些寫下關於她故事的詩人。她擁有她自己的詩篇與散文、擁有保存著古老記憶的石塊，也擁有依然迴響著那些路過者聲音的街道。她擁有曾經目睹過年輕愛情被偷走親吻的巷弄，也擁有自己的大門與鑰匙，不過她只將鑰匙交給那些她信賴的人。她擁有許多祕密，深埋的祕密。她承載著那些絕望之人的痕跡，這些人在多次手忙腳亂的嘗試後，因為依然遭到她的高牆拒絕而感到絕望。她還擁有其他人，當這些人將自己勝利的旗幟插在她身上時，她倒在了他們的床上。

每個女人都是一座城市。我們進入了她之後，第一印象會決定我們是否回頭進行第二次的造訪。如果她勾起了我們的好奇心……如果她除了路邊的陳示、酒吧與書店的書架，還有其他可以提供的東西……如果她的水能接受我們裸泳，而且不會投來不贊同的眼光……如果她在我們無恥地調戲時，不轉身離去……如果她只聆聽卻不打斷，也不會偷偷地瞄一下自己的的手錶……如果她和我們陷入愛河，卻絲毫不考慮我們的年紀或我們會在她的心中棲居多長的時間……如果她在我們的衣服上，抹一點她的香水……那麼我們就會回頭進行第二次與第三次的造訪。我們與她陷入愛河，並因此落腳在她其中一個可以俯瞰著我們的陽台之上。

每個女人都是一座城市，而每個男人也都有一座他所定居的城市，不論是住在市心中或市郊。南娜在她的完美時刻，變成了一座城市、一個村莊、一個難民營。

「城裡的一切都在與我打情罵俏，納瑟！」

「我應該嫉妒嗎？」

「也許應該哦！」

「嫉妒這座城的石頭、聖潔，還是其他？」

「城裡的男人！」

「哦，城裡的男人？」

「你說的好像你一點都不在乎似的。」

「剛好相反，我非常在乎。」

「有多在乎？」

「我想要他們全都對妳打情罵俏。」

「然後呢？」

「然後我才是那個你會打情罵俏的對象。」

「你這個大壞蛋！」

「被妳抓到了！」

「你今天晚上會來我這兒嗎？我要等你嗎？」

「如果妳邀請我，我就過去，而且只有妳相信我在那兒才行。」

「我相信，雖然我還是希望你可以過來並且留下來。」

「好，那麼我會過去，但妳不准哭。」

「這一點我沒有辦法答應。」

我們的這座耶路撒冷多麼奇怪啊！這麼多人因為這座城而死亡，身後留下了孩子、寡婦與他們的背叛。這些為耶路撒冷而犧牲的人來自於太陽之外，騎著月亮與星星而至。一個來此移民定居、一個來此處進行征服，第三個則是帶著一紙命令而來。他們直接進了城，沒有詢問城裡的人是否需要改善、被征服抑或一紙命令。他們就這麼進了城，完全不考慮古老街區的文化、社會與宗教。

他們以各種可能的方式說服了她。定居者一開始使用的手段是調情與贈送一些不會傷及荷包的小禮物。他信口說著完全沒有愛意的愛語。他溫柔地慢慢脫下了她的衣袍，完成了自己的目的。然後他以許多長長的禱詞，向他的真主祈禱，寬恕他真的對她沒有一絲愛意。他讓她趕快把衣服穿好，不要耽誤他的禱告。

征服者省去了所有的預備工作。他沒有調情的行為，因為她對他的字母一無所知。他沒有贈送禮物，再不值錢的禮物也沒送，而是把這些禮物留給另一個可能更美麗的對象。他行動匆忙，毫不在意她花了如此長的時間去刺繡的衣服，他只是直接撕扯下她身上的一切，冷酷無情地猥褻她的胸部。他像個野獸那樣騎在她的身上。當他的呻吟聲加大時，她的沉默刺激到了他，於是他變得更加粗暴，想要得到可以恢復自己男子氣概的哭叫聲。他完成了自己的目的。這座城市在悲泣，而他則將她的眼淚當成了補償，補償那從未出現的哭叫聲。

帶著一紙命令的那個人有些猶豫地來到此地。他不知道在自我介紹的時候，應該送份禮物，還是應該附上一段簡短的愛語。如果他與她調情，她會不會拒絕這些行為，並認為他厚顏無恥？他向前進了一步，又往後退了一步。他坐到她身邊，看著她的反應，伸出手去觸碰她的左胸。她臉上的毫無表情鼓勵了他，於是他吻上了她的嘴，接著飛快地退開。他伸出了另一隻手，進一步試探。沒有變化。他不知道她在想什麼，也不瞭解她，但他的耐性已然用罄。就像所有雄性會做的事，他開始慢慢移除她的衣服。她也幫了他一把，把脫衣的時間縮短了一分鐘，或半分鐘。他完成了自己的目的。他把自己的衣服穿好，忽視了特定的一些細節，因為他突然想起來自己留在家裡的孩子，沒有人照顧。

他們全都死了。他們的一些墓塚依然還在，上面保留著他們的姓名、年份與他們死亡時的狀況。這類的紀念物，在誇大死者微不足道的行徑與事蹟時，從不令人失望。其他人沒有留下任何刻畫在自己墳墓上的東西。我們唯一能找到的，就只有不可信的權威在他們書中所留下的隻字片語。他們全都死了：那些調情的、粗暴的，以及那些猶豫的。當他們離開後，她被留下來撿拾自己的衣物。她停止了哭泣，治癒了他們在她身上種下的傷口，然後很快地忘了他們。她就寢入睡，醒來迎接新的可能。她獨自準備自己的早餐，祈求另一次嘗試的到來，一次值得她晚一個小時再吃早餐的嘗試。

這天不是個平凡的日子

二〇一五年八月二十八日星期五

嗨。我讀了你所寫的：「當我的祈求成真，這就是我們的生活的樣子。」讀到這句話時，我恨你，我恨我自己，我也恨你的信。我們已經從我們的角落分別了將近四十天，而你要說的只有這些？現在只有我還在愚蠢地堅持我們很快就會在一起、很快就能夠結合的信念嗎？你為什麼要質疑我相信的唯一一件事呢？

我試著去理解你不願意談論我們未來在一起的心理、試著去理解你對失望與挫敗的恐懼。但是這樣只讓我感覺到前所未有的寂寞。除了我們不能在一起的想法外，我可以容忍任何事情。我要你，不管這整個世界怎麼樣，就算這個世界讓我們跳入一場消耗戰當中……我們明天見面，不知道我到的時候，我的心會在哪裡。

南娜上

二〇一五年九月五日

向你問安，我的生命……

當士兵打開你的門時，我簡直要緊張死了。就好像我是第一次見到你。那次的見面讓你贏得了我的原諒，原諒你在上封信裡的罪惡。你像往常一樣望著我，但這次又有些不一樣。上帝把你賜給我，作為祂拒絕我其他所有願望的補償……我離開我們的角落時，心裡有個擁抱宇宙以及某些宇宙生物的慾望。謝謝你，我的愛。抱歉上週寫的信，也抱歉我在我們會面時的哭泣。當你凝視著我時，你的每一個動作都像是一個威脅。我以前從未對你感到如此困惑過。時間與地點怎麼能納入這樣的意義？還有身體？困惑只要碰觸到我的身體，就一定會留疤。我只要回到那個時點，就可以重新經歷相同的困惑，多少次都一樣。不論我們之間是什麼樣的距離，你都能將我淹沒，這個能力實在是太不可思議了。

愛你，

南娜上

二〇一五年的十月，伴隨著一個起初看起來非常平凡的早晨而至，就像那天之前與之後的早晨。我睜開眼睛，第一眼看到的就是南娜。她的外表顯示著我們前一夜熬夜熬得多嚴重。一開始，我用她喜歡的方式蹭了蹭她的鼻子，然後轉而檢查她的全身，確認沒有感覺到太痛的地方。我為自己被慾望控制而失了分寸所造成的所有疼痛之處道歉——我其實不是真心要道歉。我在鏡子前站了一小會兒，擦掉了南娜留下的所有唇膏印：我不能冒險讓附近的傢伙注意到任何令人起疑的痕跡，因為我無法承受他們在發現後那些隨之而來的瞥視，以及可能的侵擾性問題。南娜慢吞吞地行動，而且一如既往，她一點都不急著穿衣或洗臉。除了牆與我之外，沒有人會因為這天早晨的美麗景象而遭到殺害。沒有人看得到這一幕。南娜極為沉著，甚至在她藉由延長探視時間而騷擾我的牆這件事情上，也冷靜自持，整件事看起來像是南娜不喝一杯咖啡喚醒自己，就無法開啟她的早晨似的。我開始煮咖啡時，南娜開始穿衣。這個場景的致命性完全不輸以往。她說的話，除了牆和我之外，誰都聽不到。

「苦苦的咖啡……嚐起來就像你！」

「不苦的咖啡有什麼用？」

「一點點糖也殺不了你。」

「我以為我們對這一點已經達成了共識。」

「也許我需要你來提醒我。」

「我們說我們會用親吻來讓咖啡變甜。」

「我們真的說過這樣的話嗎？」

「我非常清楚地知道妳記得。」

「那這是邀請嗎？」

「如果妳想讓它變成邀請的話。」

「真奇怪，你在你咖啡裡加這個東西！」

「那是不要囉？」

「剛好相反：一個大大的、長長的、巨大的且令人精疲力盡的——要。」

「還有甜。」

「也很苦。」

咖啡，帶著其明確的不妥協特質，有一種類似東方的心境。咖啡不接受妥協。如果要喝苦咖啡，我們就不會滿足於接受某種逃避咖啡苦味的中立立場。但是當我們發現這一點時，當我們錯過了咖啡風味中那股甘美時，往往都已為時太晚，我們這時或許會咒罵自己的中立立場。咖啡就像俄羅斯輪盤賭博一樣纏住了我們：我們不知道自己的第一口是什麼味道，也不知道接下來入口的咖啡是什麼味道。什麼事情都可能發生，任何事。

喝咖啡前，我們可以清楚界定自己的心情。我們知道自己站立的位置、認得出自己在鏡子裡的早晨倒影、知道身邊其他人與無生命物體的名字，也區分得出自己的臉，就算夾雜在一堆其他臉孔之中，都不會把自己的臉弄丟。在喝咖啡前，我們對於自己的感官與情緒有必然的把握。

但是咖啡卻讓你陷入了它的情緒中，將你從現有的時空彈射出去，進入一個時空之外的維度中。咖啡改變了你對早晨的判斷、改變了你的外表，還會將你送回到鏡子之前，讓你可能對自己的滿意度與信心增加，也可能減少。咖啡對你、對你的問題以及你的觀點，有明確的立場。不要相信咖啡最初的香味。要等待你第一口咖啡之後沒有期待的意外。如果你是個喜歡固定慣例的人，小心上癮的問題，因為你將發現咖啡不會是可以拯救你的一套固定常規。或者如果你有一顆虛弱的心臟，咖啡的苦澀代表致命的風險。又或者如果你是一名囚犯，沒有咖啡喚醒你，你的一天就再也不會開始。

我們的第二個十月來得很快，昨天剛剛抵達。這個十月再次讓南娜在我們不管說什麼或寫什麼之前，都以淚水為之引言。她哭得非常兇，而我的無力感也極為強烈。我打開了一扇門讓她逃跑，但她卻愈發氣憤，流出了憤怒的眼淚。我為自己的無能為力，向她說了上千聲的道歉。南娜原諒了我，但拒絕接受我的道歉。我為十月道歉，但她卻開始祝福這個月份，並擁抱我，所以我寫了一手關於十月的詩。

十月，你……

十月來了：不要當著監獄大門的面關上這道門。十月
是淌血的雲。十月是一個胸膛，滴落著
約會與慾望。

十月歸返，所以洗去部落的塵土與古老的權威吧
那屬於古萊什部族的塵土和權威。十月是神聖信息的真主。十月
是故事與傳說。

十月是十誡與戀人們進入天堂的階梯。

十月是聖餐的分享與監獄探視
那一再發生的監獄探視。

十月是我摯愛的臉與她纏繞在我肩上的頭髮。十月
是對那些永遠別離之人的悲泣……是真的嗎
蝴蝶會流淚？

十月是我摯愛的生活：二十個吻，再疊加八個。
十月是當我勾畫她嘴唇時的我的字母
那不說一句話的唇。

十月是我母親縫製的一件長袍、是海的外衣、是岸的
喘息，也是燃燒的沙礫
在偷瞥視線中燃燒的沙礫。

十月是為了灌溉地球與我們心中激情的種子。十月
是祖父的喜悅，而祖父的皺紋與歌曲

是他臉上熟成的無花果。

十月是我站在裂縫上時的一杯南娜。十月
是一朵孤伶伶在天上、赤裸裸在游水的雲彩禮服
在夜色陰影中的游水。

十月是我繞行的黑石。十月，
朝聖者在薩法（Safa）和瑪爾瓦（Marwa）兩座山丘間靈活舞動。十月
是最後的奇蹟。

十月是睡在夢裡的郵差。十月
走在你的黎明之前。
十月說，「我是僕人、我是你的主人，我
也是寫下這些信息的人。」

十月是我牆上被框在相片裡的一個孩子的微笑，照
亮了我的日子。不需要讓太陽

存在於一陣瘋狂的親吻當中。

十月是她手帕香水帶來的窒息。十月是監獄的沉重
在我呼吸時壓在我胸膛的重量。十月是夜幕落下時，我們的逃亡
成為了星星的同伴。

十月，留下！在你之後，我不再有生活；我的生活中沒有生命
在你之前……十月，說說她和我吧。十月，
你的沉默沒有任何聲音。

十月是我的摯愛提出來關於過去戀人的問題。十月
可否為我說情，讓我死在她臉龐的邊界上，
那是我最渴望的墓地？

這天是南娜的生日。我們的小小角落已準備妥當，而我則是在等著她的到來。我把自己寫的詩帶在身上，這樣我就可以輕聲地念給南娜聽。那名大提琴手今天演奏的開朗音樂，令我驚喜，儘管她再次穿上了黑衣而來，但是我猜這應該是一個審慎樂觀的表現。南娜來了。她穿著一件凸

顯了她所有魅力的新衣。南娜就是有辦法把她穿的每一件洋裝都變成一個個的故事，只不過她本人依然比她穿的任何一件衣服、她曾經訴說過的任何一個故事都要美麗動人。

「生日快樂！」

「謝謝你，我的愛。」

「新的一歲了，南娜。」

「那麼我為什麼覺得自己這麼老呢？」

「年齡依然讓妳害怕嗎？」

「非常怕。」

「我們覺得自己幾歲，就是幾歲，南娜。」

「一點都沒有安慰到我。」

「那怎麼辦呢？」

「要你離開這個地方。」

我拿出了我謹慎藏了起來，沒有讓監獄警衛、南娜，或那名黑衣大提琴手發現的詩作。我將那首詩舉到了與眼睛齊高的位置，然後開始念給大吃一驚的南娜聽。我念了一行，或許更多行，也或許念了半首詩，我不記得了。當我抬眼望向南娜時，卻沒有看到人。南娜崩潰地倒在了她的椅子上。

南娜倒在了我的手與手指無法觸及的地方。她倒在了一個遠在我這具屬於塵世的軀體觸及之外的深淵中，但是與我這具軀體結合，卻是南娜一直以來費力紡織的目的。怎麼會有任何傷口對一個靈魂造成如此嚴重的創傷？怎麼會有任何傷口讓這個靈魂從它原來的崇高位置、天花板與牆上摔落下來？

我從自己的震驚中回過神後，看到南娜已淹沒在一片淚海當中。我從來沒有見過南娜這樣痛哭過。她的哭泣有一種足以毀滅聽覺範圍內所有生物的聲音。我看不到她的臉，只看得到她的淚水。我手上的紙掉在了地上。顫動的黃色「十月」掉在了地上，猶如對我們毫無憐憫之情的樹葉的掉落與死亡。所有的聲音變得一片沉寂；連大提琴的音樂都終止了。南娜的眼淚覆蓋了那個空間，填滿了時間中的那一刻。我想可能是出於對我的溫柔，南娜試著抑制自己的眼淚。但是什麼都阻止不了。她的眼淚還是如泉水般湧現，漫溢出她的眼睛，直到我們的角落再也沒有一塊可容站立的乾涸之處。她的眼睛在哭泣。她的整張臉在哭泣。我會枕於其上的她的胸膛也在哭泣。南娜身體的每個部位都在哭泣，而即使在哭泣，她依然是個奇蹟。

我猛然站了起來，開始繞著向我愈來愈逼近的我們的角落走著。我朝著每一個方向邁步，把臉埋在雙手之下。我的手從牆上掉了下來，我毫無方向地走著。我聽到了南娜的尖叫，她在淚水中呼喚我的名字，但是我沒有反應。她再次尖叫，這次更大聲。我依然將臉深深地、濕濕地埋在雙手之下。南娜停止了尖叫，她開始捶打我們之間的那道玻璃牆，再次尖叫我的名字。

我找回了自己的聲音。「所有的事情都必須結束，就在這裡，就在這一刻。」

「什麼都不會結束！」

「我再也無法忍受自己折磨妳的樣子了！」

「我現在沒事了。」

「這個狹窄的房間會成為妳的死亡之所，南娜。」

「你讓我走，我才會死，納瑟。」

「妳現在就離開這個地方，而且不要再回來。這就是妳要做的事情。」

「我不要。」

「看看妳自己。再看看我。這就是妳要的嗎？」

「其他的我什麼都不要！」

「這些都是我的牢籠，南娜。這是我的無期徒刑。這是我無法抹去妳臉上淚水的手。」

「我不需要你做這些。我只是難過一下下，現在全都過去了。我只是需要剛才的那次崩潰。」

＊＊＊

與南娜會面後，我摸索著來時路，回到了自己的牢房。就在我緩緩地向前走時，四周的牆發出了奇怪而令人害怕的聲音，它們朝著彼此移動，直到幾乎互相碰觸。我呼吸的空氣被困在了自己的肺裡。我的鐵鍊燙到發出熾光。陪同我的監獄警衛變成了行刑隊，步槍瞄準著我的胸膛，但是他們即使扣下扳機，也只是射殺一個已經死亡的人。回到牢房的路無止無境。我一路拖著自己的軀體，就像某人拖著他自己剛剛被屠殺的屍體般。

回到我的牢房後，我可以在每一堵壓縮的透明牆後看到南娜。第一堵牆後的她泣不成聲。她詛咒我不在她身邊，也不相信我會和她在一起的謊言。她在這一刻紡織出了一個關於她和我的未來的故事，下一刻卻是坐在她自己的床上，找不到可以寫的東西，然後把揉成了一團的紙張丟得滿房間都是。對面那堵牆後的南娜，將之前忽略的重要細節加入了她的紡織中。南娜活在我周遭的每一堵牆後。這些牆呈現著她彩色而且比本人還大的影像。我看到南娜孤伶伶的一個人、看到她的寂寞、看到她面對她朋友的問題，捍衛著我們的關係。我看到她在她的某位朋友描述最近一次的約會狀況時，逃回自己的房裡。我看到她在聽到另一位她的朋友陳述著懷孕、分娩以及產後各種問題時，再次逃離現場的畫面。我還看到了她把我藏在她父親看不到的地方，然後在面對她父親提出令她不安的質問時，說著各種謊言。

我看到了脆弱的南娜，也看到了堅強的南娜。然而她的寂寞卻強烈得令人無法承受。我朝著她孤立的心大叫。我從自己的窗子跳下去，高高地遨翔在士兵的步槍之上。我遊歷到很遠的地方，蜿蜒穿過曾經屬於我們的村莊。我飄越過一個神聖的夜晚，儘管環境惡劣，但夜晚卻溫柔。南娜居住的街道依然清醒著，而她的鄰居則在問外面那個小偷可能是誰。我在她的屋外站了一會兒，然後站到了她的門前，用力地敲著門，力氣大到我覺得自己的指關節必然會讓她的門受傷流血。但是南娜並沒有聽到我的敲門聲。我拋棄了自己的宗教與道德，不請自入地走進了她的屋子、她的房間，站在她的床前。我坐在床的一邊，大喊著，「南娜！我來了！」南娜沒有看到我，也沒有聽到我的聲音。她持續地聽不到我也看不到我，而我則持續地每晚從我的監獄中偷跑出去，或許南娜終會相信我正在那兒和她在一起。

二〇一五年十月三十一日

這次的探視很棒。不管怎麼說。我非常愛這次的探視，而我也更愛你了。當我看到自己穿上那件洋裝時，我愛死自己了，那是你送我的禮物……我想要讓你瞭解我崩潰的原因，我不希望我的眼淚再對你造成那樣的傷害了。如果你能看到當時的你，納瑟！我從來沒有想像過自己會看到你那個樣子。我知道對你來說很不容易，而那卻剛好證明了我擁有你是多麼幸運的一件事。我不脆弱，納瑟。不，我非常強壯。但我依然是個會感到痛苦與折磨的人。這一刻脆弱，下一刻堅強。我認識的人，沒有一個可以理解是什麼原因讓我們兩個人在一起。現在跟他們說話簡直就是浪費時間。有時候，我只是需要在某個不會用各種為什麼、怎麼這樣，以及多久的問題攻擊我的人面前，崩潰與大哭一場。但是沒有這樣的人。所以我去到你面前，在你面前崩潰……你說我需要一個可以倚靠的肩膀。是的，那正是我所需要的！但是你卻是我唯一可以找到的人。我以不要不公平地提出什麼另外的解決作法。我要你挪出地方來，包容我的脆弱。讓我毫無隱藏地說個清楚吧。我所要求的，納瑟，不過是你不要再找解決方案了。唯一的解決之法就是你出獄，我們在等待中愈來愈好。

今晚待在我身邊！
南娜上

我為南娜所感到的恐懼，嚴重地影響了自己。我不習慣這樣的恐懼，這完全是我過去所從未有過的經歷。那是充滿了問題與質疑的一種恐懼。恐懼每天早晨都在門口埋伏，以它準備了一整夜的問題襲擊我。這種恐懼總從最殘酷的問題開始：你在這兒做什麼？二十五年前當我與這個世界告別的時候，我就與恐懼分道揚鑣了，在這二十五年間，所有發生的事情都沒有將恐懼帶回我生命中。當南娜在那兒需要我，當她在那兒因為我的缺席而痛苦哭泣時，我在這兒做什麼？我在這兒做什麼？我不屬於這個監禁範圍。這些不是我的牆。那麼所有的這些緊緊依附又是怎麼一回事？這片屋頂是為我而設的嗎？這片屋頂與我的鬼畫符有什麼關係？為什麼這片屋頂一直在向我逼近？身上戴著鐐銬的我，在這兒做什麼？是什麼東西讓我的房間如此狹小，就像是間監獄的牢房？為什麼門上了鎖，不准進出？其他的人都在這兒做什麼？

我在那兒，喝完了用我們獨有的特別方式甜化的咖啡後，我在幫忙南娜準備早餐。我和南娜在那兒一面吃著我們的早餐，一面規劃著當天的行程。這是南娜需要的生活，也是她要我為她做的事情。只要可以提供她協助，我答應她我會做好準備，盡一切努力去做。南娜要我在她入睡前與入睡後親吻她，我會遵命。她要我幫她帶著她的女兒莎爾瑪去睡覺，並在早上把小丫頭叫醒，我會遵命。那麼我在這兒做什麼呢？為什麼我會開始相信自己的有生之年、相信自己禁錮的韌性、相信一個無期徒刑的全部刑期？

「你還好嗎？」

「我看起來不好嗎？」

「別再用問題回答我的問題。」

「我很好，而且我每一天都愈來愈愛妳。」

「納瑟，我們都很好，對嗎？」

「妳是我生命存在的中心。我所有的星球與我自己都圍著妳轉。所以妳來決定我們怎麼樣。」

「我現在很好，而且在一個安全、可靠的地方。我不要你為我擔心。」

「如果妳發生任何事，南娜，我會死。」

「除了和你在一起的生活外，我不會有其他的生活。你是我所需要的一切，沒有你，什麼都不夠。」

噢，我的牆！

自由的人在所有情況下都自由，
他有能力承擔任何來襲的災難；
就算被困難擊倒，他也不會毀滅；
就算被擊垮、擊敗，磨難也取代了安逸……

——伊瑪目賈法爾．阿爾薩迪克
（Imam Ja'Far Al Sadiq，西元七六五年去世）[50]

各種問題一天比一天逼人。我面對自己的恐懼，無處可逃。當恐懼變成了一個無限循環的圓，沒有私密、沒有可供庇護的角落讓自己縮於其中喘口氣時，是件很可怕的事情。每當我直接接觸到南娜的眼淚、寂寞與等待的探視，恐懼的圓都會更向內縮一點。那樣的恐懼控制了我所有

50 譯注：伊瑪目賈法爾．阿爾薩迪克（Imam Ja'Far Al Sadiq, 702-765），穆斯林聖訓傳導者與什葉派伊瑪目。創辦了賈法爾伊斯蘭法理學校。

的環境。那樣的恐懼包圍了我的牆與我的牢房，也將我的床、我的日曬時間，甚至我的祈禱都囊括其中。

當南娜停止哭泣的時候，她對於愛總是滔滔不絕。當南娜心情好的時候，她總能紡織出關於愛的具說服力的話語，並與自己的感情連結，這時她的問題全都不存在。當她來到我們的角落時，她會照亮她所經過的所有牢房陰暗角落，即使那些牢房的門全緊緊鎖住，擋住了陽光，也擋不住她。當她抵達我們的角落時，她會將我帶去一個太陽永不下沉、雨水永遠遮蔽不了天空的時空當中——但這只有在她心情好的時候。當她坐在她的椅子上，雙眼凝視著我的眼睛時，她眼中的光彩亮到讓我暈眩——但這只有在她與自己的感情連結的時候。當她想要與那名大提琴手媲美時，她來到這兒時所穿著的洋裝，絕不會讓人產生一絲質疑，誰才是我們這個角落與我們宇宙中的第一女主人——但這只有在她的問題全都不存在的情況下。當她坐在她的床上寫信的時候，她愛我。她既溫柔又粗暴地對我調情與挑釁。我緊緊地擁抱著那些信件，緊到幾乎要讓那些信件窒息而亡。我想要全身裹著南娜的氣味睡覺，並將她的胸膛當作自己的枕頭。

其他的時候，南娜就只是靜靜地坐著。她在投降時，沒有了愛的能力，當她的東方氣質陷入受害者心態當中時，她變得狂暴。當她來到我們的角落時，她會飛快地關上身後的門，猶如在來這兒的長長暗黑途中，有鬼魂一直對她緊追不捨。她不會注意掛在兩邊牢房裡的囚犯，因為她的恐懼比他們的尖叫還響亮，她的鬼魂也比他們的鬼魂更巨大。她為了隱藏自己的混亂而閃避我的視線。她環顧著我們的角落，只看到了太陽照不到、雨水也滋潤不了的牆。當她開口時，總是對她的漫漫長日、工作，以及當前專案帶來的痛苦，有許多的話要說。當我用一些愛語打斷她時，她會表現出遲疑的態度，淚水在眼眶裡打轉。等我停下來，她會再回到我打斷她之前的話題。

二〇一五年十一月六日

我的靈魂：

我開心極了！我收到的信以及之後的探視，都讓我轉化成了一顆精力球。當我把頭枕在你的胸前時，納瑟，我想我會寫篇關於我回到自己那個被竊走了的村子的故事。你所有的一切都是如此不可想像。除了你之外，還有誰可以讓一個女人感覺到自己子宮的輪廓，只因為提到了他未來會給她的孩子？夢想真的都會成真嗎？

二〇一五年十一月七日

我們今天聽說了賈米拉．布希雷德（Djamila Bouhired）去世的消息，她是個為了自己國家幫助阿爾及利亞獲得自由而犧牲的戰士。[51]這件事讓我想起自己實在是個太膽小的懦夫

51 原註：二〇一五年十一月流傳布希雷德去世的訊息為不實消息。
譯註：賈米拉．布希雷德（Djamila Bouhired, 1935-），阿爾及利亞民族主義激進者，民族解放陣線（National Liberation Front）成員，反對法國對於阿爾及利亞的殖民統治。一九五七年法國殖民當局指稱她涉入一起造成十一名平民死亡的咖啡館爆炸案，被判處死刑，但國際聲援運動迫使法國殖民當局減刑，於一九六二年釋放。阿爾及利亞獨立後，布希雷德擔任阿爾及利亞婦女協會（the Algerian Women Association）的主席。

了，以致於我根本不敢問你遭受刑求的相關事情，我擔心自己無法承受中間的細節……在我的工作中，我們要處理很多針對囚犯的刑求案，其中的細節總是令人非常痛苦。這個占領國政府根本沒有宗教。但是你，納瑟，你是我的宗教。然而痛苦是多麼真實啊！

二〇一六年一月八日

我跟你說過，我這一年的開始實在遭透了。但是時來運轉了！我收到了你寄給我的照片。謝謝你，親愛的，謝謝你為我製造出這一刻。你的每一張照片都是藝術作品，而我知道你之所以這樣做，全是為了要讓我開心。好了，你成功了！我所有的朋友都說你看起來帥極了——我告訴他們閃遠一點，因為你已經名花有主了。

南娜上

「納瑟，你對我說的那個手術……」

「手術怎麼了？」

「那個手術也不是真的必要嘛，對吧？」

「又不是心臟手術。那個手術可以幫我比較輕鬆地呼吸。」

「但是你不做那個手術也可以吧？我是說如果不要做手術的話。」

「應該可以吧。」

「那就真的沒有必要折騰這一趟。」
「為什麼？」
「你剛剛才說你不需要做那個手術啊。」
「南娜，怎麼了？」
「我害怕。我是怎麼了？」
「我不會有事的。沒有什麼好擔心的。」
「可是他們也許會……」
「不會，他們不會。我又不是第一個做手術的人。」
「答應我你會沒事。」
「好，我答應妳，不過妳要先把頭髮綁到後面，露出妳的整張臉。」
「簡直就是明目張膽的勒索！」
「因為妳總是說不。」
「噢！我愛你比愛我的生命更甚！」
「開車注意安全。」

就像是我還沒有受夠折磨似的，監獄當局一直到我的呼吸問題惡化，才決定對我進行打開氣道的手術。他們安排了一個日子，而那天也到了。我在重兵戒護下，被送去一家附近的醫院。我並沒有等太久，幾個小時內，我就進了手術室。當我在那天晚上醒過來後，我的腦子裡飛快奔馳著我是誰、我怎麼在這裡、這裡是哪裡的各種問題。這種狀況持續了好多個小時，直到最後鎮靜劑的藥效消褪到足以讓我恢復清楚意識，我才釐清了發生了什麼事情。我被銬在病床上，手、腳都上了銬。當時已經很晚了，所以我直接屈服在鎮靜藥物與睡眠的作用下。第二次醒來，我依然在藥物的影響下，腦子一片漿糊……我始終徘徊在半夢半醒之間，直到一個聲音穿透了我的昏睡狀態。

「妳不可以在這兒。」

「我是律師」

「律師也一樣。」

「我只是要確認他的狀況。」

「他很好。」

「讓我進去看看他。一下就好。」

「這也是禁止的行為。妳現在就必須離開；不要讓我……」

我拉開了將我與那些聲音隔開的簾子。一大群身穿軍裝、手持步槍的人將南娜圍在中間。然而她在他們面前，卻顯得高高在上，連聲音都蓋過了他們。來這兒是極危險的事情，他們若要摧毀她的事業，會是多麼輕而易舉！但是她還是來了。有她在場，充斥在醫院角落的死亡與火藥味道，全都蒸發了。

南娜離我只有一個心跳的距離。她就在我面前，沒有橫亙於在我們之間的玻璃隔板。儘管現場存在著明顯的緊張氣氛，但是她看起來比以往更漂亮、更美麗。有史以來第一次，南娜相信了我的真實性。她正在看著我，沒有檔板，也沒有鐵欄杆。她就在旁邊聞著我的氣味。如果她伸出手，還可以觸碰到我的身體與靈魂。她身上的一切似乎都散發著信賴與相信的氣息。在這樣一個禁閉卻真實的地方，躺在她的面前，就是她一直在紡織的世界：這是他的傷口、這是他正在流淌的鮮血，而這則是他的血絲線。在南娜的眼中，一切似乎都真實存在，甚至連躺在床上受傷與流血的我都不例外。是我，戴著她從未見過的手銬腳鐐。是我，在重重警衛與步槍包圍之下。是我，半裸著身子，胸膛裡充斥著已凝結的血液。

我要如何直視南娜的眼睛？沒有受傷、沒有受到任何銬鍊的束縛，視線內也沒有任何士兵或槍枝。讓她可以看到我盡顯優雅與尊嚴，畢竟充滿在我的胸膛裡的，是她的靈魂。這是南娜第一次看到我，並相信她所看到的一切。沒有人能夠像南娜那樣紡織出一個世界。就在我任由自己的鎮靜藥劑擺佈，無法確認眼前的景象是真實還是出於想像的當下，南娜選擇在這一刻第一次親眼看到我。

因為士兵的緣故，我非常擔心南娜的安全。我掙扎著與病床抗爭，手銬腳鐐嵌進的我的雙手與雙腳。我更奮力地掙扎，但一切都是徒勞。我的力量完全不是我的束縛與鎮靜藥物的對手，於是我很快就放棄了。肉體實在太可悲！

「南娜，我很好。別擔心。」

「你感覺怎麼樣？」

「只是一個小手術，沒有併發症。我現在很好，妳必須離開。」

「知道了，我要走了。」

「請告訴大家我很好，特別是我母親。」

「我會的。」

再次醒過來並相信之前的一切確實曾經發生過之前，我必然睡了許多個小時。期間的這幾個小時，並沒有破壞之前那個驚喜所帶來的美妙感。

二〇一六年一月二十一日

致南娜的摯愛之人：

我的天啊！我還是無法相信你拉開簾子的那一瞬間。那是我的勝利時刻。這樣一件微不足道的小事，卻如此神奇。你雖然虛弱，但看起來很平靜。你真帥，而且真實。我一直在腦子裡回播著你在病床上，而我們之間沒有玻璃牆的那一刻。我讚美上帝讓這一切發生。要是再多一些收穫，我一定會因為太多愛而昏倒在地……你是唯一讓我有這樣感覺的人。

每當我想起你的臉，以及在我們所擁有的那幾個瞬間，你凝視著我的樣子，我就感覺到一股自信。這是我感覺到一股巨大活力背後的力量。你是成就這一切的人。你是這種情況之所以發生的原因。別再否認了！你是我所有的原因，納瑟。

真希望我可以摸摸你的頭、看你入睡、握你的手，以及親吻你的額頭。但是我很抱歉，噢，我心摯愛，抱歉我無法做得更多，也抱歉我不是你醒來見到的第一個人。謝謝你在我們的聲音壓過他們的聲音時，成為我勝利的伙伴，也謝謝你讓我知道我可以為你瘋狂到什麼程度……今晚我最想要的就是你。我會為你毫無阻礙的復原而祈禱。

在我們第一次接吻前，有沒有可能先試一下樣本呢？我承認，我只是想偷一個額外的吻。如果你知道我有多愛你就好了！

南娜上

南娜對我的確定感，流露出明顯徵兆。在訪客探視的角落，我可以從我們寥寥可數的會面中看得出來，也可以從她的信中讀出來，儘管在那幾個月裡，她的來信同樣寥寥可數。可惜南娜多變的情緒很快回歸，舊有的恐懼也回來了，開始榨乾她的力量。她現在的恐懼比以往更強烈，也更暴力。由於在可見的將來，我沒有任何被釋放的跡象，而南娜長久以來一直期待的協會也沒有消息，於是她找了其他更遙遠的目標，藉此轉移她專注於等待以及放在我身上的焦點，就算只能轉移一點點也好。她買了一張車票，到好幾千公里以外一個足夠遠的地方，將她的恐懼全部留在身後——或至少，這是她以為自己正在做的事情。

然而不論多遠的距離，都不足以將我們從已經在心裡紮根的恐懼中拯救出來。恐懼會自己買車票到我們要去的任何地方。即使我們已將恐懼藏在看不見的地方，它還是會黏在我們的行李與衣服上。恐懼會比我們先行，並對我們計劃要去的地方進行偵察，留下絕對不會錯認的記號，提醒我們它的存在。恐懼可能會在愛情降臨之前或之後進入我們的心中，而且一旦進入，就絕不會自行離開。恐懼若非帶著其目標與原因離開，就是永遠留下來。我是南娜恐懼的目標與原因。她必須逃到這個星球的另一邊，去尋找壓抑她尖叫與抒解她痛苦的愉悅。

南娜去旅行了，而我被留下來與我的問題以及因她而起的恐懼共處。我在這兒做什麼？我對南娜做了什麼？這些問題從各個方面向我包圍過來。眾牆也開始以大大的字呈現這些問題。我的恐懼不斷增長，直到長到比我還大，而我則是不斷以各種控訴自我攻擊，至於所有的那些控訴，最後全以責難收場。南娜來到了我身邊，我愛上了她。但是我現在卻在緩慢而刻意地殺害她，寫著關於她遭到殺害的信件與詩作。南娜來到了我身邊，用我的絲線紡出了她的未來，然而我卻依然沉浸在自己的過去與現在之中。南娜在她二十八、九歲的時候，來到了我身邊，但我卻已邁入了四十五、六歲。我在這兒做什麼？我對南娜做了什麼？

我現在已鮮少遨翔去與她在一起了，因為她不再相信我的這些飛行。我痛恨她只為我這具塵世的軀體紡出一個未來的情況，因為我的這副軀體無法與她會合，提供她需要的慰藉。為南娜而生的恐懼就像影子般與我如影隨形。我在牢房裡的時候，那份恐懼和我在一起，在我一個小時的放風曬太陽時段中，它也跟在我身邊。我睡覺的時候，這份恐懼會離開，但我一醒來，它立刻回歸。我用自己知道的所有方法反抗，包括攻擊、逃避、面對、否認、詛咒與哀求，但這份恐懼始終騷擾著我的日子。

基於我對其詞彙的一無所知，我心中的這種新的陌生恐懼真的把我嚇壞了。南娜本來只要走出門救她自己，就可以讓我獲救，但她把所有的門都鎖上，一個人坐在門後，哭泣。我試著向我的恐懼投降，我希望它能將我毀滅，但讓我活著，卻讓它很開心。這份恐懼把我帶到了我的焦慮極限，然後緊抓著我的手腕，防止我跌入焦慮的深淵。如果它願意讓我墜落，該有多好！接下來的幾個月間，我的力量衰退，身體也因此被快速消耗，直到這副身體再也沒有足夠的力道繼續背負著我。我愈加漠視這副軀體，期待它或許就這麼蒸發或消失。只不過我的軀體並沒有死亡。不知道什麼原因，它繼續存活著。

南娜結束她的旅程回來了，但是她的每一個部分都希望自己依然在旅行中。我要如何從一道錯過了我卻攻擊南娜的傷口中復原？當我就是南娜的傷口時，我要如何讓傷口復原？我已厭煩了這些問題。我甚至更厭倦自己找不出任何答案的無能。如果那是我的傷口，我會離開去別處復原或死亡。

二〇一六年四月二十三日

向你問安來了，我的生命！

我們最近那次的相會太棒了！幾乎與魔法相去不遠！一座擁擠監獄裡的一個小小角落，是怎麼變成一場夢的？你認為有什麼可以取代這個小小的角落嗎？如果我可以像你與我在一起那麼棒地擁抱你就好了。我知道我常常做不到你所期待的連結程度，但是我愛死了每次的連結。如果我們的連結能更頻繁就好了！

我不是會為了某個框架或其他人會接受的關係而背叛自己的那種人，所以不要再試著用抽身的想法誘惑我了。

我知道我的等待包含了許多個難熬的夜晚，我也知道我必須從這個夢中醒過來。我試著與朋友談這件事，但他們幫不上任何忙。我回到自己的房間獨處，常常哭……我的孤獨與我的流亡，只有你能治癒。你什麼時候才會來，納瑟？我真的非常非常需要你。有關你的一切，都是既神奇又吸引人，而我內心的一切都在渴望著你……

順便一提，我上次的旅行太棒了，以致於我很快就已經開始在規劃下一趟旅行了。

南娜上

我多次向我的真主祈求解脫。我再也無法承受那已經將我擊垮的恐懼重擔了。我再也無法承受南娜那些控訴的眼淚了。在我的恐懼或痛苦中，沒有任何東西與南娜在她信中所寫的夢境相似。我的痛苦與南娜的痛苦一樣真實，而我需要從那些尚未降臨在我身上的傷口中復原。從頭到尾，我只要南娜。南娜是我所有傷口治癒的藥，一如我是她永遠也不會癒合的永恆傷口。我向我的真主祈禱，呼喚祂的名字尋求協助。我祈禱了好久。

我向我的牆祈求，我早已拋棄了它，而它也一直以變成了透明的方式，向我展開報復。我呼喚它所有的名字。我向它祈求不要再將我與我周遭的世界變得暈頭轉向了。我向它祈求恢復一些我可以讓我抓住的穩定力。我再次向我的牆提供了我的忠誠，也許它願意接受並滿足我的祈求。我用舊有的調情方式向它求愛。如果我的牆還記得那一切就好了！如果我的話語可以為我求情就好了！我的牆連續許多個月都維持著沉默、透明與隱形的狀態。它從近處觀察著令我暈眩的旋轉以及我的燃燒。但我不但沒有停止向它祈求，還送上了我的忠心。我非常瞭解我的牆的狀況，但我希望它能在沒有先決條件的前提下，回到我身邊。

「你在哪兒？」

靜默。

「你還是不要讓我看到你嗎？一下子也不行？」

沒有回應。

「你還要什麼？」

依然沒有回應。

「我已經獻出了我擁有的所有祭品！你還不能原諒嗎？你還不滿足嗎？」

靜默。

「如果你打算殺了我，動手吧，不然就別再懲罰我了。」

靜默。

「說些什麼！隨便你說什麼都好！」

靜默。

「南娜在這裡的存在會打擾到你嗎？」

靜默。

「如果我們兩個人當中有一個人可以看到你，那一定會是南娜。我在對你放手的時候，她堅持要維繫與你的關係。只要問問她的眼淚就知道了。問問她對你死板態度的咒罵。」

靜默。

「我累了。只有你可以把我從你那兒救出來。」

靜默。

「你為什麼不說些什麼呢？你為什麼不現身？」

靜默。

「去你媽的混蛋！我也混蛋，不論我對你堅持還是放手。」

靜默。

「去你媽的那些我在你天花板上塗鴉的東西！你一直在吃我的血肉：希望你吃進去的全都變成毒藥！」

靜默。

「去他媽的我的三位一體：我的牢籠、這些年，還有無期徒刑……去你媽的當下與現在。每個來這兒的人都已經是死人了。」

靜默。

我繼續說著、罵著，但我的牆依然維持著它的靜默。我一直說，直到力竭。然後我逃到了南娜身邊。當我在她胸前安定下來後，我已變得平靜。我說了一小段禱詞……然後睡著了。

在那段沉重的幾個月間，我會藉由睡眠躲避我的恐懼。那些時段是我與南娜在一起的唯一平靜時刻，遠離了我為她而生的恐懼，也遠離了她的哭泣。有一天，我和往常一樣早起。我閉著眼睛，試著拖延與自己恐懼相遇的時間。不過這個辦法無法永遠持續。於是我起床開始了自己的一天。

「納瑟。」

認出這個聲音時，我非常震驚。但我一刻都沒有遲疑。「我在這兒，噢，我的牆！」

愛……但是

你選擇為之而活的東西：
是你要為之而死的東西。

——蘇格拉底

我已經接受了我與牆的分開，那表示我失去了自己唯一的定錨點。我渴望自己的終點很快來臨，好讓我從傷口的痛苦中解脫，這道傷口既不折磨我的肉體，也不折磨我的靈魂，但無論如和，就是我的傷口。這道傷口也在南娜身上。只不過，我的傷口會在她的傷口流血前流血，而且我的傷口也比她的傷口深。如果我的死亡是源於為了南娜而生的恐懼，有什麼關係呢？她不就是包括我之所以活著在內的我所有的原因嗎？但是死亡並沒有來為我送上平靜，也沒有將南娜從我的桎梏與終身監禁的控制中解救出來……取而代之的是，我的牆回來了。

「我還在擔心你不會回來。」

「我永遠不會拋棄那些堅持的人，納瑟。」

「但是我沒有堅持下去。我放手了。」

「我在等著你回來。」

「我發誓，我從來沒有像為你哭的這樣為別人哭過。」

「我看到了。我聽得到你。」

「我依然愛她。」

「我聽到了。我看到了。我也讀到了。」

「她的存在會打擾到你嗎？」

「我喜歡她的味道以及她對流行的品味。」

「我幾乎要說你戀愛了。」

「你真無恥，納瑟！不過你沒看到她的臉嗎？」

我的牆就這樣回到了我的身邊，沒有提出任何與南娜相關的先決條件。對於南娜存在於我們的寫寫、畫畫與塗鴉中這件事，我的牆也與它自己取得了協調。隨著牆的回歸，我的明亮早晨、陽光普照的時間也回來了。我不再飽受恐懼、鬼魂與焦慮想法的折磨。所有的問題依然掛在我的牆上，卻沒有了之前的強度。牆恢復了它具隱藏功能的不透明度。現在我唯一可以看到的就只有南娜，她正坐在我的床上，等著我們清晨的苦咖啡。我們的哭泣不再讓我麻痺。我不再害怕提及佔據南娜信件空間愈來愈少的愛。我恢復了舊有的遨翔行為。我在南娜寂寞、精疲力盡與生病的時候，回到了她的身邊。我不再介意南娜是否相信我的存在，又或者否認我的存在。我重新用我知道的方式去愛她。我原諒了自己軀體的無能為力以及它的身體性。我原諒了南娜只為了我那副受到地球制約的軀體而紡織的作為。再一次，我的雙手鍛造出了綑縛自己的鐵銬。再一次，我的無期徒刑成了一個選擇。

二〇一六年六月二十五日

親愛的納瑟，

我們的會面令人難忘，就像這次之前的那些會面一樣。當你向我描述所有你和我一起的旅行計畫，而且完全沒有使用任何條件句型或詞彙時，你讓我如此開心。永遠不要離開我，納瑟！光是想到這件事，就讓我害怕……我們很快就會在一起，我知道我們一定很快就會在一起。我不知道這一頁能否傳達我的感覺，但我清楚知道自己已經開始學習去瞭解，將你的臉龐當作我的家是什麼意思……你知不知道我變得有多麼迷戀你？拜託，趕快出獄吧！不知道當我的家人與你碰面，並像我一樣認識你時，他們會有多喜悅。然而問題依然是：怎麼出獄？何時出獄？你對這件事情何時會發生的可能性，有任何具體的想法嗎？

愛你，

南娜上

南娜和我持續在我們的角落見面，但是兩人會面的間隔時間，慢慢地愈拉愈長，而且南娜只有在鮮少的情況下，才會抱著一張寫著關於愛或其他事情的紙。只不過什麼都改變不了我愛她的態度與我寫信的方式。她來與我會面。對她來說是為了喘一口氣，在忙裡偷閒兩個或更多個小時，而且在我們見面的期間，她相信她所編織出來的世界。只不過儘管擁有這樣的信念，她還是會哭，這時我會帶她去一個不認識眼淚的地方。她常常提到她的力量、她脆弱的正當性以及人性。我構建出了一個安全的區域，可以在她的力量無法支撐自己，以及在她放棄時，接受與瞭解她。

但是南娜在離開了我與我的角落後，發現她的恐懼正在門後等著她。她也相信那份恐懼，於是放棄了她和我一起織造出來的東西。我帶著躺在我胸前的南娜，回到自己的床位上，對於她所佔據空間的完整性以及個人所有權，都非常確定。但是南娜回到了她的車子上，關上了車門。當她孤獨地坐在那兒時，發現找不到可以安枕的胸膛，而她淚流滿面的臉，也找不到可以為之擦抹的手。

南娜的十月將至。由於所有的事情都在同一個時間發生，因此為她準備一份生日禮物，要比既往更難。想找到一份適合南娜的禮物，簡直就像個不可能的任務，但我還是做到了。我設計了一份複雜的祕密計畫，我的家人與親戚，甚至牢裡的其他獄友都有參與其中。為了不破壞這份驚喜，我把南娜完全蒙在鼓裡。我的禮物送到了她那兒，而從寄給我的一些照片中，我看到她打開禮物時，臉上的緊張與困惑。但是在我們下一次見面時，南娜卻說她非常喜歡那份禮物，而且更愛我了。

「戴在妳的手腕上很漂亮。」

「的確很漂亮！這完全就是我會為自己選擇的樣式。」

「這個手鐲也選擇了妳。」

「謝謝你，親愛的！其實真的沒有這個必要。」

「我不是因為有必要才準備的，南娜。」

「我知道，但我不想要任何東西。對我來說，有你就夠了。」

「搜尋任何可以讓妳放鬆心情的東西，已經成我的祈求與專心投入的任務。」

「你是怎麼做到的？我是指從監獄裡去買這份禮物。」

「這個手鐲感覺會帶來運氣。」

「你不想說。我瞭解。不管怎麼說，我都是幸運的那一個。」

「怎麼說？」

「這個手鐲占據了我的手腕，而你占據了我的心。」

＊＊＊

當我們一起待在我們的角落時，南娜與我遭到監禁的邊界達成了和平共處的協定，但是當她退到了更寬、更大的空間後，她又會詛咒我那個受到禁錮的牢籠。所謂更寬、更大的空間，或者應該說是大家讓她相信的世界，這個世界定義出了南娜角色的社會條件與期待，並合法化特定架構，禁止其他架構的存在。

當我們以各種社會和生理約束制約愛時，愛還剩下什麼？在不同的條件有如狂洩而下的雪崩環境下，愛可能圓滿嗎？我們為什麼要容許大家將愛詮釋成社會框架與詞彙，剝奪其中所有真正的連結呢？愛怎麼會是確保我們物種存活、我們發展成更高等存在的條件？愛怎麼會是某樣可以停止或減緩我們那發出不停歇的聲音，將血液打入全身血管的生物時鐘的東西？我們什麼時候把愛像地毯一樣攤開，就如同某種只存在於土壤層、完全不需要抬頭仰望的東西了？

南娜寫著她不再相信的東西。在我們的角落裡，她說著愛，但一旦離開，這些話語就全都蒸發，被話語自身的濕塵所扼塞。她坐在自己車子的方向盤後，與她生存的各種社會和生物方程式角力。但是因為找不到任何答案，所以她哭得更厲害，而且幾乎無法感覺到安全。

同時，我回到了自己的牆邊，它擁抱我，也擁抱了恐懼中的南娜。我又變成了那個有意識且已與周遭環境的各種多樣性都已取得了和解的「我」。我又變成了那個海德格人（Heideggerian person）[52]——一個創造自己本質的存在。我重拾我所選擇的名字去稱呼事物，並重新相信自己

52　譯注：馬丁・海德格（Martin Heidegger, 1889-1976），德國哲學家。

命名的奇蹟。我再次身處在我們的角落以及我為自己創造的所有空間中愛著南娜。

南娜繼續了第二次的旅行。她這次去了另外一個地中海海岸，以及一座擠滿的神祇的古老希臘山嶽，那些神祇儘管古老，卻持續在編織著祂們的奇妙世界。南娜旅行，在海中著衣，並用她的顏色迷惑海岸與海船。她無意識卻又故意地與海浪打情罵俏。她把玩著散落在沙灘各處的黑石，然後重新回到我們的角落。她身上光的絲線，令人想起一部古老的希臘史詩。

南娜幾乎遠離了我們的角落整整一個月。十一月已至，南娜給我的禮物也到了。但是南娜的信卻不再出現。南娜已經停止寫信了。

「納瑟，我要告訴你一件事。」

「幹嘛這麼嚴肅？」

「我想要你在你家人下次的探視前，從我這裡聽到這件事。」

「南娜，出了什麼事了？妳這樣讓我很緊張。」

「你送給我的禮物──我還給你的家人了。」

「你是說我剛送給妳的那份禮物，妳的生日禮物？」

「對。」

「為什麼要還？」

「因為我不配。」
「別再說這些謎語了，南娜。發生了什麼事？」
「你為了給我一份完美的禮物，儘管人在你的監獄裡，卻四處搜尋。我之前決定要走出這段關係，抽身離開……納瑟，隨便說些什麼……我既脆弱又孤獨，我想要逃離一切、逃離所有的人、逃離你。」
「那妳為什麼不逃呢？」
「那樣的想法只維持了一下子，一切都過去了。我現在在這兒。」
「那不僅僅只是一下子，南娜。妳已做出了決定。」
「沒錯，可是我沒有辦法貫徹那個決定，所以我又回到你身邊。」
「妳回到我身邊是因為妳的煩亂，還是出於同情與憐憫？」
「夠了！我依然愛著你。這是我永遠都不會逃離的事。」

愛不會賦予我們控制任何人的權力，也無法將我們的自我中心或內在的占有欲合理化。愛恰恰相反。愛提升了我們從人類離開他們森林洞穴那一刻所傳承下來的行為。愛是創造、是生命，是無止境的驚喜可能。愛是神聖的旋轉以及人類成為哲學家與半先知的行為。愛是瞬間與暫時的「我」對於永恆之「我」的一瞥。在我與南娜相遇之前，在南娜學會紡紗與編織那些絲線之前，那是我為我的牆所編織的故事，也是我對自己所宣稱的故事。南娜在來到我的牆對面的那片海岸上，尋找她的可能性之時，那是我的聖律。

這是我愛戀、渴望，以及熱情所傾注的南娜。這是我選擇一起生活的南娜。但是現在她卻處在自己恐懼最深的痛苦煎熬中。她坐在我面前，除了恐懼與困惑之外，沒有其他的表情。她就這麼坐在那兒，一個拖著軀體，沿著懸崖邊行走，並且因為力竭而腳步蹣跚的靈魂。沒有創造、沒有生命、沒有驚喜，也沒有永恆……她身上沒有一點與南娜相似的地方。她那雙曾經照亮了我們角落的眼睛，沒有了光芒。恐懼與鬼魂取代了天使，在她的臉上游水。南娜望著我，卻沒有在看我。音樂停了，那名大提琴手已離開了我們的角落，沒有向我們兩人當中的任何一個告別。幾天之後，南娜回到我家人那兒，重新拿回了我給她的禮物。

我的牆知道我必須要做的事情。它走了過來，用手臂圈住我，就像是在暗示某件我已經承認失敗了的事情。

「納瑟。」

「我知道。」

「可是我什麼都還沒有說。」

「你什麼都說了。」

「如果需要我的話，我就在這兒。」

「我不害怕，現在還不害怕。」

「你總是可以在這兒找到我。」

「如果我放你走呢？」

「你不會！」

「我放過一次。」

放手才能繼續堅持下去。沒有其他的方法了。我們堅守著愛，卻放開了愛的目的，讓愛因此成為了一個選擇——沒有條件、沒有算計、沒有目的。沒有依賴、沒有占有、沒有嫉妒，也沒有滅絕。愛本身就是目的，卻也是愛自身所渴望的目標。我從近處看到了愛如何因為條件與要求而窒息。只要任何條件的滿足慢了速度，或不經意地沒有通過某項測試，愛就會走進一個質疑的牢籠中。

沮喪的我看到愛如何變成一個威脅著愛人安全與平衡的怪物。這個怪物扭曲你熱情言辭中的字句、跑在你前面，比你更早進入愛人的心中。這個怪物讓你的胸膛成為一片痛苦的田野，沒有水、沒有綠草，也沒有避難之所。我害怕感情變成我無力解開的方程式之時。

放手才能繼續堅持下去。不論是出於選擇抑或必要，那都是戀人會做的事。我因為南娜而產生的恐懼已將我完全淹沒。她的恐懼，連同她所相信的條件與方程式，也壓垮了她。我想鼓舞她，讓她相信我有能力遨翔天空，飛向物質世界與物質領域以外的交界之處，但我失敗了。南娜痛恨乾涸的土地，然而當她一頭栽進我們的角落中，卻又不敢冒險離岸邊太遠。

神祇們會進入拘禁之地嗎？會，但祂們不會長時間停留。當南娜進入我的小角落時，她看到了某種與她為自己編織出來的人生相似的東西，那是一個答案，回答了她曾經向大海提出的所有問題。她坐在那兒，探索著對她與對我的可能性。她會離開一段時間，目的只是為了回到她的白色椅子上，去探索更多的可能性。她編織著她的條件，然後坐下等待。她等了一年。在哭泣中度過了第二年。到了第三年，她播下了一顆即將毀滅我們兩人的恐懼之種。在我的牆決定回到我身邊，並再次把我拉近時，它將我從恐懼中釋放了出來。我又一次愛上了南娜……所以我要放她離開。

狹小、擁擠與老舊

二〇一六年十二月。我們的會面即將結束。南娜說了很多，有時候說愛，但大多數時間都在談其他的事情，然後她毫無預警地淚流滿面。

「怎麼了，南娜？妳為什麼哭？」

「我害怕，納瑟。」

「怕什麼？」

「怕所有的事。怕我周遭以及加諸在我身上的所有壓力、怕遭到阻擋的地平線、怕你的終身監禁，也怕你的年紀。」

「所有的這些都怕？」

「我要一個人面對這所有的一切，而我周遭的一切都在崩解。你在這裡，我想……」

「妳想要什麼，南娜？」

「我想要當一個母親。」

「如果我們的角落阻擋了妳當母親的路，南娜，我會殺了這個角落。」

「納瑟，我愛你。」

「我知道。」

「可是我累了。而且害怕。」

「我也知道，南娜。」

「我們下次見面不會隔太久。」

「我會等妳。」

我再也無法承受自己對南娜帶來的煎熬了。我的愛已經將她帶到了她耐受值的最極限，而現在所有的愛都已耗盡。當初我在停止否認自己對她的感情時，完全無意將她帶到這樣的境地。我那時想要愛她、邀請她一起踏上超越這個世界邊界的長途旅行。我確定南娜也想要這樣做，因為她帶到我們角落裡的論述，與天空子民的語言類似。南娜竟然有能力讀懂我那特殊環境的奇特字彙，著實令我意外。我以一種普通凡人做不到的方法去愛她。我用超出了我能力的愛去愛她。我帶著她跨越了禁戒的邊界，而那些邊界，即使對我這種可以邀翔穿越各種邊界的人，其實都是禁區。我像一個只是為了愛她而出生的人那樣愛她。

我的這些意圖，怎麼會讓南娜的胸口充斥著痛苦的傷口？如果我對她的堅持代表著她的毀滅，我怎麼可能繼續緊緊抓著她不放？為了繼續愛她，我別無選擇，只能放她離開。我希望她信守她的承諾，不要讓我的愛變成一個威脅她安全的怪物，並在這樣的狀況發生前一個小時告訴我。那麼我們就會停下來，而南娜那張照亮了遠處天空的臉，將會是我看到的最後一個畫面。

因為南娜所紡出來的未來，根本不可能發生，於是她費力地拖著這份失望，離開了我們的小角落。她不再相信自己曾在某個三月天，獨自站在海岸邊與大海的對話。她的大海曾在那個時候狂躁不安，她選擇在安全的距離外與大海說話。但是我選擇走向自己牢房的路，卻是安全又可輕易跨越的路。我發現這次歡迎我回來的只有我的牆，沒有推開牆朝我衝過來的南娜。我的牆緊張而焦慮地看著我。但它的緊張很快就過去了。

「你一個人回來了。」

「你在期待其他人嗎？」

「南娜呢？」

「她離開了。」

「她不回來了嗎？」

「她說這個地方狹小、擁擠與老舊。」

「她真的這麼說？」

「真的。」

「但是這裡除了我和你之前的真主外，沒有其他人啊。她在說誰老舊？」

「我想她不是在說你，所以不用緊張。」

「你還好嗎？」

「南娜還好。」

「我問的是你。」

「我回答的是我啊。」
「所以我們都還好囉？」
「還好。至少這一陣子。」
我很快為自己煮了些咖啡。這是我從看到南娜的第一眼後，獨自喝的第一杯咖啡。這杯咖啡的苦，有種不一樣的味道。像是一種分別的苦。然後我開始寫信給南娜，談我孤獨的苦咖啡。

親愛的南娜，

每當世界向妳逼近，妳對其苦澀藥物般的恐懼就會增加，而我總是能逃離妳的恐懼，到妳身邊。我會緊緊抱住妳，直到妳的恐懼平息或消失。但這次不會了。因為我的存在已經成為了妳的一個重擔，當恐懼掌控了妳，妳最不需要的人就是我。

納瑟上

又過了幾天，瑪茲尤納和我的姐姐們來探視我。
「你確定要做麼做嗎？」我姐姐茵席拉赫這麼問。
「是。」
「可是她愛你啊！我從她談論你的聲音中，就可以聽出來。」
「我更愛她。妳在我的聲音裡聽不出來嗎？」

「你要不要再考慮一下？」

「我考慮過了。」

「那現在怎麼辦？」

「我要你們所有人都親近她。」

「我們會的。」

「還有去愛她。」

「我們都愛她，納瑟。」

你要如何開始放開你所愛之人的手？你要從什麼話開始說起？要快刀斬亂麻，還是能拖就拖？你將自己的禁錮、你的真主，以及你的牆都帶來了嗎？又或者，你其實已放過了她，讓她從困擾了如此之久的三位一體中抽身？你的開場白是關於愛情的最後話語嗎？又或者這些話只會讓你重新再考慮？你要直接了當地說，讓自己看起來像是個可以輕易分手的傢伙？你的靈魂承受得住因為要尋找她的臉、她的嘴，或她的胸膛這些你再也無法棲居之處，而出現的新傷口嗎？在她最後一次哭泣的時候，什麼東西可以拯救你呢？你會像既往一下坐在你的椅子上，還是會假裝你的椅子根本不存在——因為你若要死，你也想要站著死亡！你真的在意任何可以現在就殺死你的傷口嗎？

那天是二〇一七年一月十五日。我對於走向那個角落的路徑非常確定。我對於自己的禁錮、我的真主，以及我的牆非常確定。我對於自己舊有的信仰與故事也非常確定。我對於自己的遨翔、驚嘆以及自己的到來充滿信心。我對於即將踏出的步伐毫無疑問，我知道那些步伐將是帶我走向南娜的最後步伐。

我們一起踏出這些步伐：我、我的真主，以及一個最受約束的地方。我已經放開了足夠多的東西了。我們緩緩地走著，沒有望向彼此。就像是我們三者都在這段路上準備著各自的最後告別。引路的士兵打開了門。牆率先入內，然後是我的真主，我是最後走進去的一個。我坐在自己的白色椅子上，牆依然站著，而我的真主則在審視著牆與我的緊張。南娜進來了。

我是南娜唯一打招呼的對象。她如我們第一次見面那樣坐在白色的椅子上，困惑而緊張，就像她才是那個被圈禁在那些牆之中的人。我的真主一直在觀察，而我的牆則繼續站在那兒，他們都在等著看我要如何開始。我一如既往地歡迎南娜的到來，詢問她的近況，然而感覺上對方只是一個與南娜很相似的人。南娜的存在，有某種預示著她缺席的東西，而這樣的感覺充斥在我這個衰老又狹小的角落之中。我的真主望著我。我望著牆。此時此刻沒有外援。我在搜腸刮肚地想要找出合適的開場白時，南娜很明確地知道她要說些什麼。

「納瑟，我來是要跟你說一件事。」

「我在聽，南娜。」

「我決定分手。」

就這樣，在需要的時候，沒有任何準備或同伴的情況下，南娜說出了她來此要對我說的話。

快速、尖銳、果斷。南娜痛恨等待。這就是她紡織她自己生命的方式，從她選擇宣布她想我的一開始，就是如此。當她對我們失去了希望，她來到這兒，同樣也是以她的方式，為我們紡織出了結局。

「我以前就告訴過妳：這裡是一個無論發生什麼事都會愛妳的男人，沒有任何條件與要求。」

「我累了。我再也受不了了。」

「妳的決定很正確，南娜。」

「我還是很愛你，可是我再也不夠強壯了。」

「謝謝妳，南娜。我為自己心臟每次漏掉的跳動、每次加快的呼吸，以及一段太短的生活謝謝妳，而包含於這其中的一切，對我已然足夠。」

「你會好好的嗎？」

「在妳之後，我不再有生活，南娜。我從一開始就知道，但我接受了這個現實。」

我想要儘可能地縮短這一刻。若非出於對我自己以及對南娜的慈悲，就是因為我害怕自己掌控力之外的情緒。我要求南娜離開我的角落，因為淚水已經開始征服了她的臉。她拒絕離開，繼續坐在原處。「出去，南娜！」我大叫。南娜依然坐在她的椅子上。我最後一次站起了身，當著她的面更大聲的叫囂，但是她還有更多想要解釋的話。我的叫喊對象轉成了門外的警衛。「給我出去！」沒有人聽到我的叫喊。我開始用一隻不屬於我的手捶打著門。南娜擔心我的手，於是快速介入。

「好，我走。」她撿起了她的幾張紙後，往門口走去。

「南娜。」

「是。」

「開車注意安全。」

南娜走了。這個角落只剩下了我、我的真主，與一個極其廣闊的空間。我們沉默地回到了我的牢房。我的牆回到了它的位置上，我靠著我的牆，而我的真主在離開此處去處理自己的事務前，祂說：

「我們沒有想到你竟然能活著走出來。」

「你們沒想過嗎？」

「沒有。」

「你們為我擔心嗎？」

「怎麼可能不擔心？」

「但是你們幹嘛要擔心我會發生什麼事？」

「如果我們說出原因，你會相信嗎？」

「在我自己的那堆謊言上，我可以多加一個。」

「現在我們知道你成功逃脫了！」

「祢還沒有回答我的問題。」

然後就這樣，沒有任何遲疑或長長的準備，他們以尖銳而果斷的聲音，一起快速地說：「因為我們喜歡你的陪伴。」

自我

人藉由出生得到了自己的生命，
卻是透過選擇才得到了自己的本質。

——阿里・沙里亞蒂（Ali Shariati）[53]

我出生了兩次，遭到殺害的次數也相同。一開始，我在一座受到限制的難民營子宮中出生，那座難民營把我吊掛在它的牆上一小段時間。它訴說了一個我相信的故事，而我在那個故事上，建造了我的許多謊言。我住在那座難民營中心，也住在一座仿冒的城市的邊緣。我維繫著自己的謊言、自己的吊掛，與自己的邊緣性，直到我被一架具遠視功能的碾碎機殺死。這台碾碎機因殺戮而盲目，早已無法區別落入自己嘴裡的東西究竟是什麼。然後這台機器為了掩蓋自己的犯罪痕跡，將我深深埋入一個墓穴中。就像某個之前已經歷過這所有過程的人，我容忍著自己遭到殺害

53 譯注：阿里・沙里亞蒂（Ali Shariati, 1933-1977），伊朗社會學家，主要研究宗教社會學，被視為「伊斯蘭革命倡導者」（ideologue of the Islamic Revolution）。

的行為，住在成為了我墳墓的牆上。

孕育我第二次出生的子宮，是一個水泥與玻璃的角落。南娜在那兒編織著我的絲線與我早已習以為常的謊言，直到那個角落充斥著古老的神祇、游泳的天使，以及一名穿著紅衣，演奏著絕妙樂曲的大提琴手。南娜不斷地靠近，愈來愈近、愈來愈近，直到她相信自己所編織的東西，而我比她更相信。

第一次，我是從瑪茲尤納的子宮中出生，第二次是從南娜的子宮中出生。不公不義殺害了第一個寶寶，南娜殺了第二個。我的角落對她而言並不足夠。這個角落很大，但她只看到了這個角落的禁錮。

「你對我來說，並不足夠。你和你的信仰、你的牆、你的謊言，以及你關於遨翔的寓言。你對我來說，並不足夠。你和你的禁錮角落、你的廣大宇宙，還有你那奇怪的話語。你對我來說，並不足夠。你和你的傷口、你部分的傷口、以及你將會有更多傷口的承諾。你對我來說，並不足夠。你和你的年紀，現在你比我的二十多歲老了更多。」

南娜沒有說出這些話當中的任何一句，但是她也全都說了。我對她來說，並不足夠。我沒有滿足南娜情感計畫的條件。在我身上，南娜看到的是一個有缺陷的男人，一個若可以滿足必要的條件，就可以臻至圓滿的男人。南娜看到了追趕我的東西，卻沒有看到我。南娜用我們第一次相見之後的所有事情，紡織出了一首長詩，然後她將這首長詩抄錄在她的信中。她坐在那片愚蠢的玻璃後面，向我讀著她的詩。當她所紡出的成品因為其中的瑕疵而崩解時，她放棄了這首詩的出版。

在監獄裡，我可以選擇任何一個讓我愉悅的空間。我與這個宇宙的造物者，針對祂的創造與祂的存在，才剛剛結束了一段漫長而內容複雜的討論。我將自己的床安置於雲中，高居於上，杜絕了所有可能阻擋月亮陪伴我的東西，也確保不會有東西阻礙決定進行最後俯衝急墜的流星。我妥善安排了自己困囿於地球的時間以及與朋友共處的晚上，這樣他們才不至於打擾眾多女士與我排好的約會。地點、時間以及她們衣服的顏色，都由我選定。在我將自己的野草遍種在這些女子身上時，我從來不重複相同的愛語，也不會重複親吻相同的紅唇。

在監獄裡，我是那堵牆的主人，是那堵牆之前每一堵牆的主人，也是那堵牆之後可能出現的每一堵牆的主人。我是這些陽台以及陽台所俯瞰一切的主人。沒有人進得了我的花園，也沒有人可以採擷我女人們的胸脯。我就是我所有的夜晚與每一個黃昏。我就是早晨對於遲到陽光的飢渴，我也是緊緊依附著自己的白晝。我擁有太陽的時刻以及時刻的太陽，擁有那一天的每一個小時。我就是這個角落的真主、這座牢房的真主、我無期徒刑的真主、這面天花板的真主，也是等待的真主。這是我的墓穴。

「你對我來說，並不足夠。」南娜這麼說。

在我的監獄裡，我是自己事物的主人，也是賦予它們名字的人。只要我願意，我可以改變它們，如果我願意，它們可以維持原樣。我就是我的監獄，我也是監獄中的囚犯。我是自己注定失敗的見證者，我也是殉道者。我喪失了自由，卻也是我自己的自由。每一個南娜身上都有我的摯愛之處。我就是愛人，我也是被愛之人。

「你對我來說，並不足夠。」南娜這麼說。

在監獄裡，我是極度窮困者、是上癮的信仰者、是快速移動的緩慢、是快樂的悲哀、是大笑的哭泣者、是寬闊的禁錮、是痛苦掙扎的泳者、是失敗的勝利者、是叛教的虔誠信徒、是放蕩的苦行僧、是高傲的苦力，也是優秀的播種者。

「你對我來說，並不足夠。」南娜這麼說。

在監獄裡，我是納瑟、馬哈茂德、薩米爾、哈茲瑪、穆罕默德、阿馬德、瑪立克、阿布達、穆罕納德、法里斯、曼蘇爾、瓦里得、卡立德、薩依得、阿瑪爾、阿瑪德、阿喇、阿迪爾，也是阿西姆。

「你對我來說，並不足夠。」南娜這麼說。

在監獄裡，我的牆就是我，而我也是我的牆。這些都是我的東西，那些都是它們的名字。

「你對我來說，並不足夠。」南娜這麼說。

這是我的牢房、這是我的墓地、這是我的話語。我發誓，對我而言，我從未有過比這個居所更珍貴的住家了。

「你對我來說，並不足夠。」南娜這麼說。

這就是我，這就是我的真主，這就是我寬闊的禁錮。

「你對我來說，並不足夠。」南娜這麼說。

這是我的哭喊。這不過是一段不會止歇、不會被掐斷的語詞，一聲將永遠持續的哭喊：南娜，把我的自我還給我！

停筆於二〇一九年七月六日凌晨一點十八分
哈達林監獄第三十三號牢房

英文譯者路克・里夫格蘭後記

落在譯者肩上的責任一向重大，但是我從未有過比這個計畫感覺更沉重的擔子。

在所有狀況下，譯者都要扛起大膽的任務，用一種新的語言代表一位作者。在一種語言中的七萬字，經過了精心的選擇與謹慎的安排，在另外一種不一樣的語言中，更換成了九萬字。失敗的機會，不論大小，處處都是。儘管我對阿拉伯文與英文兩種語言的掌握和風格，都有絕佳的掌握力，埋頭衝鋒依然令人發怵。在這部作品中，我為之喉舌的作者身處獄中。他無法以任何語言自由地自我表述。他與讀者接觸的機會幾近於零，對於我在翻譯中的謬誤之處，修正或澄清的範圍也極其有限。因此我為這本冠著他名字的作品所選用的詞彙，責任更大。

更有甚者，我從未嘗試過任何感覺上如此急迫的翻譯計畫。我之所以翻譯的一個原因是我想幫助作者與一個讀者群建立起連結。納瑟・阿布・瑟路爾許已在獄中服刑超過三十年，他的這部文學回憶錄在翻譯上的任何延宕，都可能讓一個為了與世界分享他創意觀點，而等待了許久的人，進一步推遲他的期望。我接下這個翻譯計畫的第二個原因，是想為那些願意堅持跟著我的人，打開多扇瞭解之門，再說，這本書所要傳達的訊息，也非常急迫。這本書清楚闡述了巴勒斯坦人在他們自己土地上的異化經歷，以及因為以色列占領而失去尊嚴與希望的過程。早在二〇二四年十月七日發生於以色列、加薩與約旦河西岸那些令人髮指的屠戮事件之前，巴勒斯坦人民數十年的迫切問題，不但始終沒有獲得解決，而且情況持續惡化。

二〇二二年六月，我收到了另類出版社（Other Press）[54]的一封電子郵件，詢問我是否有意為一本他們打算要出版的作品進行試譯。我當時根本沒想到這封信的重要性。收到信的時候，我正在從事船員的工作，要將一艘帆船從法國瑟堡（Cherbourg）交運到芬蘭的赫爾辛基（Helsinki），而航程中絲毫不急促的節奏，讓我有時間開始愛上這本書。敘述者那些關於生命的存在問題，讓我產生了立即的共鳴。我對文學體裁與風格這種野心勃勃的拼貼手法非常感興趣——自傳與歷史、政治、心理分析的交替變換，還有青春期和監獄生活的動人小插曲，以及一個以詩詞、對話與信件訴說的愛情故事，這些全都被框構在敘述者與他監獄裡擬人化的牆的關係中。我看到了一個機會，我可以用我自己的精力與能力，去推動巴勒斯坦人尊嚴與自決的目標。

我在幾週內完成了前三章的翻譯。接著與另類出版的出版者茱蒂絲・格里維奇（Judith Gurewich）一番會談後，我簽下了一紙合約，九月開始動筆翻譯。四個月後的二〇二三年一月中，我完成了九萬七千字的初稿。而後與茱蒂絲經過一個回合的高強度編輯檢討——透過電子郵件以及在距離我家十分鐘自行車車程的她家所多次召開的閱讀會——八萬字的第二版草稿在三月底完成。另類出版的進度很快，但他們仍給了我時間，讓我將翻譯手稿放到一邊，到夏天再來以

54 譯注：另類出版社（Other Press）為一九九八年成立於美國紐約的一個文學小說和非小說類獨立出版商。最早以出版學術作品與精神分析作品為主，後來出版範圍拓展到長、短篇小說、非小說類作品、詩詞與回憶錄。

嶄新的眼光重新處理這本書。七月中，我在埃及胡加達（Hurghada）花了一個禮拜的時間，一面精修最終的稿件，一面等著修復我那艘帆船桅桿斷裂的問題。我當時正在沙烏地阿拉伯的吉達（Jeddah）駛往賽普勒斯（Cyprus）的航程中。（最後一回合的編輯工作在十一月，總編輯非常好心地允許我在那時針對排版校樣，提出另外四百五十處的調整。這樣的調整是我最喜歡的編輯類型。）

我感覺自己對這部作品的責任更大，因為我還擔任了編輯的角色，與茱蒂絲緊密合作，將最初的譯文刪減了近一萬八千字。我們相信精鍊的內容可以加速閱讀的速度，並因此接觸到更廣大的讀者群。這表示我們要省略一些例子、縮減或刪除特定的句子、移除一些我們覺得比較不重要的段落。為了讓這本書的內容盡可能吸引人，並提高閱讀性，譯本中某些地方的句法與標點符號，要比我在阿拉伯文原稿中所看到的更直接。我偶爾會在作品中補充一些定義或文化背景，幫助讀者瞭解原文讀者視為常識的事情。在整個過程中，我們致力於保留納瑟想法的廣度與複雜度，並精準地表達出這些想法，同時維持納瑟將反思層層堆疊的特有手法。

譯者參與一部作品的編輯到這個程度，並不常見，而對於一個在成長過程中始終對作者的文字懷有敬意，且不論是宗教或文學內容，對文本神聖性都抱持信仰的人來說，這項工作並不容易。此外，這樣做的風險極高：納瑟的故事，不論是對他還是對這個世界，都很重要，我非常怕出錯。然而將納瑟的作品介紹給更廣大讀者群的理由，讓這項嘗試更具正當性。這本書是一部重要的文學作品，因為這本書以一種獨一無二的方式，訴說著一個獨一無二的故事。這本書讓大眾注意到納瑟的監禁，進而對他的審判與刑期是否公正的問題，帶來了急迫性。

儘管英文作品的作者往往都是與出版者以這種方式運作，並在作品付印之前，獲益於編輯者的觀點，但是這樣的合作方式在阿拉伯語的出版界卻不普遍。不管怎麼說，鑑於作者與外面世界有限的溝通力，這本書都不可能運用這樣的合作方式。其實納瑟能夠設法將任何一份手稿送出來，交給他那備富聲譽的阿拉伯出版商達爾・阿爾阿達布（Dar Al Adab），就已經是奇蹟了。

納瑟的朋友與親戚給我的回饋，讓我放寬了心。他們閱讀了翻譯的部分內容後，說我在英文中的用字，呼應著他們聽到納瑟在阿拉伯文中的表述。我們甚至設法送了一份編輯過的翻譯草稿給監獄裡的納瑟。他透過手稿送回了一些修正處，也認可我刪除他其中一首詩的決定。除此之外，我還對過去一年間，所有提供我這部作品建議、意見的人，抱懷深深的感激：從納瑟的家人與朋友（包括夏莎・阿布・瑟路爾許、賈摩・阿布・瑟路爾許、納迪雅・達卡〔Nadia Daqa〕與納迪爾・阿爾阿札〔Nidal Al-Azza〕）、茱蒂絲在另類出版的團隊（包括伊芳・卡爾德納斯〔Yvonne Cárdenas〕、羅倫・謝卡利〔Lauren Shekari〕、蓋吉・德瑟〔Gage Desser〕與約翰・藍博〔John Rambow〕），到其他的朋友（包括卡里姆・詹姆斯・阿布札伊德〔Kareem James Abu-Zeid〕、尤瑟夫・哈納〔Yousif Hanna〕與阿瑪拉・雅克豪斯〔Amara Yakhous〕）。

翻譯是份重責大任，而這份工作有一個重要認知，那就是翻譯不可能完美的程度，與翻譯重要的程度一樣高。然而翻譯也是一種美妙的特權，讓我得以參與文學的創作，用一部像《牆》這樣複雜卻又多變的作品，延伸我的能力。當然，我希望讀者們會欣賞這本書的翻譯；更有甚者，我期待讀者們能夠得到鼓勵去閱讀阿拉伯原文、去翻譯納瑟的詩作，並討論納瑟作品的意義，直到他獲得自由，親自參與對話的那個時候。

寫於麻省劍橋

二〇二三年十二月

國家圖書館出版品預行編目資料

牆：被禁錮的自由與附著其上的靈魂，一名巴勒斯坦囚犯的獄中手記／納瑟・阿布・瑟路爾許（Nasser Abu Srour）著；麥慧芬 譯. -- 初版. -- 臺北市：商周出版，城邦文化事業股份有限公司出版：英屬蓋曼群島商家庭傳媒股份有限公司城邦分公司發行, 2025.09
336面；14.8×21公分
譯自：The tale of a wall : reflections on the meaning of hope and freedom.
ISBN 978-626-390-651-8（平裝）
1. CST: 阿布・瑟路爾許（Abu Srour, Nasser, 1969-） 2. CST: 政治犯
3. CST: 回憶錄 4. CST: 巴勒斯坦
783.528 114011740

牆

被禁錮的自由與附著其上的靈魂，一名巴勒斯坦囚犯的獄中手記

原著書名／The Tale of a Wall: Reflections on the Meaning of Hope and Freedom
作者／納瑟・阿布・瑟路爾許（Nasser Abu Srour）
譯者／麥慧芬
企劃選書／林瑾俐
責任編輯／林瑾俐

版權／吳亭儀、游晨瑋
行銷業務／林詩富、周丹蘋
總編輯／楊如玉
總經理／賈俊國
事業群總經理／黃淑貞
發行人／何飛鵬
法律顧問／元禾法律事務所 王子文律師
出版／商周出版
城邦文化事業股份有限公司
台北市南港區昆陽街16號4樓
電話：(02) 2500-7008 傳眞：(02) 2500-7579
E-mail：bwp.service@cite.com.tw
發行／英屬蓋曼群島商家庭傳媒股份有限公司城邦分公司
台北市南港區昆陽街16號8樓
書虫客服服務專線：(02) 2500-7718・(02) 2500-7719
24小時傳眞服務：(02) 2500-1990・(02) 2500-1991
服務時間：週一至週五 09:30-12:00・13:30-17:00
劃撥帳號：19863813 戶名：書虫股份有限公司
讀者服務信箱 E-mail：service@readingclub.com.tw
城邦讀書花園 網址：www.cite.com.tw
香港發行所／城邦（香港）出版集團有限公司
香港九龍土瓜灣土瓜灣道86號順聯工業大廈6樓A室
電話：(852) 2508-6231 傳眞：(852) 2578-9337
E-mail：hkcite@biznetvigator.com
馬新發行所／城邦（馬新）出版集團 Cité (M) Sdn. Bhd.
41, Jalan Radin Anum, Bandar Baru Sri Petaling,
57000 Kuala Lumpur, Malaysia
電話：(603) 9057-8822 傳眞：(603) 9057-6622

封面設計／許晉維
內文排版／新鑫電腦排版工作室
印刷／韋懋印刷事業有限公司
經銷商／聯合發行股份有限公司
電話：(02) 2917-8022 傳眞：(02) 2911-0053
地址：231新北市新店區寶橋路235巷6弄6號2樓

■2025年9月初版
定價 520元

Printed in Taiwan
城邦讀書花園
www.cite.com.tw

Originally published in 2022 as جدار حكاية by Dar Al Adab, Beirut
Copyright © Nasser Abu Srour, 2022 English translation copyright © Luke Leafgren, 2024
This edition arranged with Other Press through Peony Literary Agency Limited
Complex Chinese translation copyright © 2025 by Business Weekly Publications, a division of Cité Publishing Ltd.
All Rights Reserved.

著作權所有，翻印必究

ISBN 978-626-390-651-8（平裝）
EISBN 978-626-390-648-8（EPUB）

商周出版

廣　告　回　函
北區郵政管理登記證
台北廣字第000791號
郵資已付，免貼郵票

115020台北市南港區昆陽街16號8樓

英屬蓋曼群島商家庭傳媒股份有限公司　城邦分公司

請沿虛線對摺，謝謝！

商周出版

書號：BK5237	**書名：**牆	**編碼：**

請於此處用膠水黏貼

商周出版

讀者回函卡

感謝您購買我們出版的書籍！請費心填寫此回函卡，我們將不定期寄上城邦集團最新的出版訊息。

線上版讀者回函卡

姓名：＿＿＿＿＿＿＿＿＿＿＿＿＿＿＿＿ 性別：□男 □女

生日：西元＿＿＿＿＿＿年＿＿＿＿＿＿月＿＿＿＿＿＿日

地址：＿＿＿＿＿＿＿＿＿＿＿＿＿＿＿＿＿＿＿＿

聯絡電話：＿＿＿＿＿＿＿＿＿＿ 傳真：＿＿＿＿＿＿＿＿＿＿

E-mail ：

學歷：□ 1. 小學 □ 2. 國中 □ 3. 高中 □ 4. 大學 □ 5. 研究所以上

職業：□ 1. 學生 □ 2. 軍公教 □ 3. 服務 □ 4. 金融 □ 5. 製造 □ 6. 資訊
□ 7. 傳播 □ 8. 自由業 □ 9. 農漁牧 □ 10. 家管 □ 11. 退休
□ 12. 其他＿＿＿＿＿＿＿＿＿＿

您從何種方式得知本書消息？
□ 1. 書店 □ 2. 網路 □ 3. 報紙 □ 4. 雜誌 □ 5. 廣播 □ 6. 電視
□ 7. 親友推薦 □ 8. 其他＿＿＿＿＿＿＿＿＿＿

您通常以何種方式購書？
□ 1. 書店 □ 2. 網路 □ 3. 傳真訂購 □ 4. 郵局劃撥 □ 5. 其他＿＿＿＿

您喜歡閱讀那些類別的書籍？
□ 1. 財經商業 □ 2. 自然科學 □ 3. 歷史 □ 4. 法律 □ 5. 文學
□ 6. 休閒旅遊 □ 7. 小說 □ 8. 人物傳記 □ 9. 生活、勵志 □ 10. 其他

對我們的建議：＿＿＿＿＿＿＿＿＿＿＿＿＿＿＿＿＿＿＿＿

＿＿＿＿＿＿＿＿＿＿＿＿＿＿＿＿＿＿＿＿

＿＿＿＿＿＿＿＿＿＿＿＿＿＿＿＿＿＿＿＿

【為提供訂購、行銷、客戶管理或其他合於營業登記項目或章程所定業務之目的，城邦出版人集團（即英屬蓋曼群島商家庭傳媒（股）公司城邦分公司、城邦文化事業（股）公司），於本集團之營運期間及地區內，將以電郵、傳真、電話、簡訊、郵寄或其他公告方式利用您提供之資料（資料類別：C001、C002、C003、C011 等）。利用對象除本集團外，亦可能包括相關服務的協力機構。如您有依個資法第三條或其他需服務之處，得致電本公司客服中心電話 02-25007718 請求協助。相關資料如為非必要項目，不提供亦不影響您的權益。】

1.C001 辨識個人者：如消費者之姓名、地址、電話、電子郵件等資訊。
2.C002 辨識財務者：如信用卡或轉帳帳戶資訊。
3.C003 政府資料中之辨識者：如身分證字號或護照號碼（外國人）。
4.C011 個人描述：如性別、國籍、出生年月日。

請於此處用膠水黏貼